U0133410

朱光潜谈读书

朱光潜 著

华东师范大学出版社

图书在版编目（CIP）数据

朱光潜谈读书／朱光潜著．—上海：华东师范大
学出版社，2023
ISBN 978 – 7 – 5760 – 3859 – 0

Ⅰ.①朱…　Ⅱ.①朱…　Ⅲ.①读书方法　Ⅳ.
①G792

中国国家版本馆 CIP 数据核字（2023）第 086118 号

朱光潜谈读书

著　　者　朱光潜
责任编辑　乔　健
特约审读　王莲华
责任校对　庄玉玲　时东明
装帧设计　吕彦秋

出版发行　华东师范大学出版社
社　　址　上海市中山北路 3663 号，邮编 200062
网　　址　www. ecnupress. com. cn
电　　话　021 – 60821666　行政传真　021 – 62572105
客服电话　021 – 62865537（兼传真）门市电话　021 – 62869887（邮购）
地　　址　上海市中山北路 3663 号华东师范大学校内先锋路口
网　　店　http://hdsdcbs. tmall. com

印 刷 者　三河市中晟雅豪印务有限公司
开　　本　880 × 1270　32 开
印　　张　12
字　　数　269 千字
版　　次　2024 年 1 月第 1 版
印　　次　2024 年 1 月第 1 次印刷
书　　号　ISBN 978 – 7 – 5760 – 3859 – 0
定　　价　49. 80

出 版 人　王　焰

目 录
Contents

欣赏之趣——看似平常最奇崛

写作之方——读书破万卷，下笔如有神

读书之道

——好书不厌百回读

谈读书（一）

朋友：

　　中学课程很多，你自然没有许多时间去读课外书。但是你试抚心自问：你每天真抽不出一点钟或半点钟的工夫么？如果你每天能抽出半点钟，你每天至少可以读三四页，每月可以读一百页，到了一年也就可以读四五本书了。何况你在假期中每天断不会只能读三四页呢？你能否在课外读书，不是你有没有时间的问题，是你有没有决心的问题。

　　世间有许多人比你忙得多。许多人的学问都在忙中做成的。美国有一位文学家、科学家和革命家富兰克林，幼时在印刷局里做小工，他的书都是在做工时抽暇读的。不必远说，你应该还记得国父孙中山先生，难道你比那一位奔走革命席不暇暖的老人家还要忙些么？他生平无论忙到什么地步，没有一天不偷暇读几页书。你只要看他的《建国方略》和《孙文学说》，你便知道他不仅是一个政治家，而且还是一个学者。不读书讲革命，不知道"光"的所在，只是窜头乱撞，终难成功。这个道理，孙先生懂得最清楚的，所以他的学说特别重"知"。

人类学问逐天进步不止，你不努力跟着跑，便落伍退后，这固不消说。尤其要紧的是养成读书的习惯，是在学问中寻出一种兴趣。你如果没有一种正常嗜好，没有一种在闲暇时可以寄托你的心神的东西，将来离开学校去做事，说不定要被恶习惯引诱。你不看见现在许多叉麻雀抽鸦片的官僚们绅商们乃至于教员们，不大半由学生出身么？你慢些鄙视他们，临到你来，再看看你的成就吧！但是你如果在读书中寻出一种趣味，你将来抵抗引诱的能力比别人定要大些。这种兴趣你现在不能寻出，将来永不会寻出的。凡人都越老越麻木，你现在已比不上三五岁的小孩子那样好奇、那样兴味淋漓了。你长大一岁，你感觉兴味的锐敏力便须迟钝一分。达尔文在自传里曾经说过，他幼时颇好文学和音乐，壮时因为研究生物学，把文学和音乐都丢开了，到老来他再想拿诗歌来消遣，便寻不出趣味来了。兴味要在青年时设法培养，过了正常时节，便会萎谢。比方打网球，你在中学时欢喜打，你到老都欢喜打。假如你在中学时代错过机会，后来要发愿去学，比登天还要难十倍。养成读书习惯也是这样。

你也许说，你在学校里终日念讲义看课本不就是读书吗？讲义课本着意在平均发展基本知识，固亦不可不读。但是你如果以为念讲义看课本，便尽读书之能事，就是大错特错。第一，学校功课门类虽多，而范围究极窄狭。你的天才也许与学校所有功课都不相近，自己在课外研究，去发现自己性之所近的学问。再比方你对于某种功课不感兴趣，这也许并非由于性不相近，只是规定课本不合你的口胃。你如果能自己在课外发见好书籍，你对于那种功课的兴趣也许就因而浓厚起来了。第二，念讲义看课本，免不掉若干拘束，想借此培养兴趣，颇是难事。比方有一本小说，平时自由拿来消遣，觉得多么有趣，一旦把它拿来当课本读，用预备考试的方法去读，便不免索然寡味了。兴趣要逍遥自在地不受拘束地发展，所以为培养读书兴趣起见，应该从读课外书入手。

书是读不尽的，就是读尽也是无用，许多书没有一读的价值。你多读一本没有价值的书，便丧失可读一本有价值的书的时间和精力，所以你须慎加选择。你自己自然不会选择，须去就教于批评家和专门学者。我不能告诉你必读的书，我能告诉你不必读的书。许多人曾抱定宗旨不读现代出版的新书。因为许多流行的新书只是迎合一时社会心理，实在毫无价值，经过时代淘汰而巍然独存的书才有永久性，才值得读一遍两遍以至于无数遍。我不敢劝你完全不读新书，我却希望你特别注意这一点，因为现代青年颇有非新书不读的风气。别的事都可以学时髦，唯有读书做学问不能学时髦。我所指不必读的书，不是新书，是谈书的书，是值不得读第二遍的书。走进一个图书馆，你尽管看见千卷万卷的纸本子，其中真正能够称为"书"的恐怕难上十卷百卷。你应该读的只是这十卷百卷的书。在这些书中间，你不但可以得较真确的知识，而且可以于无形中吸收大学者治学的精神和方法。这些书才能撼动你的心灵，激动你的思考。其他像"文学大纲"、"科学大纲"以及杂志报章上的书评，实在都不能供你受用。你与其读千卷万卷的诗集，不如读一部《国风》或《古诗十九首》，你与其读千卷万卷谈古希腊哲学的书籍，不如读一部柏拉图的《理想国》。

你也许要问我像我们中学生究竟应该读些什么书呢？这个问题可是不易回答。你大约还记得北平《京报·副刊》曾征求"青年必读书十种"，结果有些人所举十种尽是几何代数，有些人所举十种尽是《史记》、《汉书》。这在旁人看起来似近于滑稽，而应征的人却各抱有一番大道理。本来这种征求的本意，求以一个人的标准做一切人的标准，好像我只喜欢吃面，你就不能吃米，完全是一种错误见解。各人的天资、兴趣、环境、职业不同，你怎么能定出万应灵丹似的十种书，供天下无量数青年读之都能感觉同样趣味发生同样效力？

我为了写这封信给你，特地去调查了几个英国公共图书馆。他们的青年读物部最流行的书可以分为四类：一、冒险小说和游记，二、神话和寓言，三、生物故事，四、名人传记和爱国小说。就中代表的书籍是凡尔纳的《八十天环游地球》（Jules Verne：*Around the World in Eighty Days*）和《海底两万里》（*Twenty Thousand Leagues Under the Sea*），笛福的《鲁滨孙飘流记》（Defoe：*Robinson Crusoe*），大仲马的《三剑客》（A. Dumas：*Three Musketeers*），霍桑的《奇书》和《丹谷闲话》（Hawthorne：*Wonder Book and Tangle Wood Tales*），金斯利的《希腊英雄传》（Kingsley：*Heroes*），法布尔的《鸟兽故事》（Fabre：*Story Book of Birds and Beasts*），安徒生的《童话》（Andersen：*Fairy Tales*），骚塞的《纳尔逊传》（Southey：*Life of Nelson*），房龙的《人类故事》（Vanloon：*The Story of Mankind*）之类。这些书在国外虽流行，给中国青年读，却不十分相宜。中国学生们大半是少年老成，在中学时代就欢喜煞有介事地谈一点学理。他们——你和我自然都在内——不仅欢喜谈谈文学，还要研究社会问题，甚至于哲学问题。这既是一种自然倾向，也就不能漠视，我个人的见解也不妨提起和你商量商量。十五六岁以后的教育宜注重发达理解，十五六岁以前的教育宜注重发达想象。所以初中的学生们宜多读想象的文字，高中的学生才应该读含有学理的文字。

谈到这里，我还没有答复应读何书的问题。老实说，我没有能力答复，我自己便没曾读过几本"青年必读书"，老早就读些壮年必读书。比方在中国书里，我最欢喜《国风》、《庄子》、《楚辞》、《史记》、《古诗源》、《文选》中的书笺、《世说新语》、《陶渊明集》、《李太白集》、《花间集》、张惠言《词选》、《红楼梦》等。在外国书里，我最欢喜济慈（Keats）、雪莱（Shelly）、柯尔律治（Coleridge）、布朗宁（Browning）诸人的诗集，索福克勒斯（Sophocles）的七悲剧，莎士比亚（Shakespeare）的《哈姆雷特》（*Hamlet*）、《李尔王》（*King Lear*）和《奥瑟罗》（*Othello*），歌德的《浮士德》（Goethe：*Faust*），易卜生（Ibsen）的戏剧集，屠格涅夫（Turgenef）的《处女地》（*Virgin Soil*）和《父与子》（*Fathers and Children*），陀思妥也夫斯基的《罪与罚》（Dostoyevsky：*Crime and Punishment*），福楼拜的《包法利夫人》（Flaubert：*Madame Bovary*），莫泊桑（Maupassant）的小说集，小泉八云（Lafcadio Hearn）关于日本的著作等。如果我应北平《京报·副刊》的征求，也许把这些古董洋货捧上，凑成"青年必读书十种"。但是我知道这是荒谬绝伦，所以我现在不敢答复你应读何书的问题。你如果要知道，你应该去请教你所知的专门学者，请他们各就自己所学范围以内指定三两种青年可读的书。你如果请一个人替你面面俱到地设想，比方他是学文学的人，他也许明知青年必读书应含有社会问题科学常识等，而自己又没甚把握，姑且就他所知的一两种拉来凑数，你就像问道于盲了。同时，你要知道读书好比探险，也不能全靠别人指导，你自己也须得费些功夫去搜求。我从来没有听见有人按照别人替他定的"青年必读书十种"或"世界名著百种"读下去，便成就一个学者。别人只能介绍，抉择还要靠你自己。

关于读书方法。我不能多说，只有两点须在此约略提起。第一，凡值得读的书至少须读两遍。第一遍须快读，着眼在醒豁全篇大旨与特色。第二遍须慢读，须以批评态度衡量书的内容。第二，读过一本书，须笔记纲要和精彩的地方及你自己的意见。记笔记不特可以帮助你记忆，而且可以逼得你仔细，刺激你思考。记着这两点，其他琐细方法便用不着说。各人天资习惯不同，你用哪种方法收效较大，我用哪种方法收效较大，不是一概论的。你自己终久会找出你自己的方法，别人决不能给你一个方单，使你可以"依法炮制"。

你嫌这封信太冗长了吧？下次谈别的问题，我当力求简短。

再会！

你的朋友 孟实

选自《给青年的十二封信》

谈读书（二）

　　十几年前我曾经写过一篇短文谈读书，这问题实在是谈不尽，而且这些年来我的见解也有些变迁，现在再就这问题谈一回，趁便把上次谈学问有未尽的话略加补充。

　　学问不只是读书，而读书究竟是学问的一个重要途径。因为学问不仅是个人的事而是全人类的事，每科学问到了现在的阶段，是全人类分途努力日积月累所得到的成就，而这成就还没有淹没，就全靠有书籍记载流传下来。书籍是过去人类的精神遗产的宝库，也可以说是人类文化学术前进轨迹上的纪程碑。我们就现阶段的文化学术求前进，必定根据过去人类已得的成就做出发点。如果抹煞过去人类已得的成就，我们说不定要把出发点移回到几百年前甚至几千年前，纵然能前进，也还是开倒车落伍。读书是要清算过去人类成就的总账，把几千年的人类思想经验在短促的几十年内重温一遍，把过去无数亿万人辛苦获来的知识教训集中到读者一个人身上去受用。有了这种准备，一个人总能在学问途程上作万里长征，去发现新的世界。

历史愈前进，人类的精神遗产愈丰富，书籍愈浩繁，而读书也就愈不易。书籍固然可贵，却也是一种累赘，可以变成研究学问的障碍。它至少有两大流弊。第一，书多易使读者不专精。我国古代学者因书籍难得，皓首穷年才能治一经，书虽读得少，读一部却就是一部，口诵心惟，咀嚼得烂熟，透入身心，变成一种精神的原动力，一生受用不尽。现在书籍易得，一个青年学者就可夸口曾过目万卷，"过目"的虽多，"留心"的却少，譬如饮食，不消化的东西积得愈多，愈易酿成肠胃病，许多浮浅虚骄的习气都由耳食肤受所养成。其次，书多易使读者迷失方向。任何一种学问的书籍现在都可装满一图书馆，其中真正绝对不可不读的基本著作往往不过数十部甚至于数部。许多初学者贪多而不务得，在无足轻重的书籍上浪费时间与精力，就不免把基本要籍耽搁了；比如学哲学者尽管看过无数种的哲学史和哲学概论，却没有看过一种柏拉图的《对话集》，学经济学者尽管读过无数种的教科书，却没有看过亚当·斯密的《原富》。做学问如作战，须攻坚挫锐，占住要塞。目标太多了，掩埋了坚锐所在，只东打一拳，西踏一脚，就成了"消耗战"。

读书并不在多，最重要的是选得精，读得彻底。与其读十部无关轻重的书，不如以读十部书的时间和精力去读一部真正值得读的书；与其十部书都只能泛览一遍，不如取一部书精读十遍。"好书不厌百回读，熟读深思子自知"，这两句诗值得每个读书人悬为座右铭。读书原为自己受用，多读不能算是荣誉，少读也不能算是羞耻。少读如果彻底，必能养成深思熟虑的习惯，涵泳优游，以至于变化气质；多读而不求甚解，则如驰骋十里洋场，虽珍奇满目，徒惹得心花意乱，空手而归。世间许多人读书只为装点门面，如暴发户炫耀家私，以多为贵。这在治学方面是自欺欺人，在做人方面是趣味低劣。

读的书当分种类，一种是为获得现世界公民所必需的常识，一种是为做专门学问。为获常识起见，目前一般中学和大学初年级的课程，如果认真学习，也就很够用。所谓认真学习，熟读讲义课本并不济事，每科必须精选要籍三五种来仔细玩索一番。常识课程总共不过十数种，每种选读要籍三五种，总计应读的书也不过五十部左右。这不能算是过奢的要求。一般读书人所读过的书大半不止此数，他们不能得实益，是因为他们没有选择，而阅读时又只潦草滑过。

常识不但是现世界公民所必需，就是专门学者也不能缺少它。近代科学分野严密，治一科学问者多固步自封，以专门为藉口，对其他相关学问毫不过问。这对于分工研究或许是必要，而对于渊通深造却是牺牲。宇宙本为有机体，其中事理彼此息息相关，牵其一即动其余，所以研究事理的种种学问在表面上虽可分别，在实际上却不能割开。世间绝没有一科孤立绝缘的学问。比如政治学须牵涉到历史、经济、法律、哲学、心理学以至于外交、军事等，如果一个人对于这些相关学问未曾问津，入手就要专门习政治学，愈前进必愈感困难，如老鼠钻牛角，愈钻愈窄，寻不着出路。其他学问也大抵如此，不能通就不能专，不能博就不能约。先博学而后守约，这是治任何学问所必守的程序。我们只看学术史，凡是在某一科学问上有大成就的人，都必定于许多它科学问有深广的基础。目前我国一般青年学子动辄喜言专门，以至于许多专门学者对于极基本的学科毫无常识，这种风气也许是在国外大学做博士论文的先生们所酿成的。它影响到我们的大学课程，许多学系所设的科目"专"到不近情理，在外国大学研究院里也不一定有。这好像逼吃奶的小孩去嚼肉骨，岂不是误人子弟？

有些人读书，全凭自己的兴趣。今天遇到一部有趣的书就把预拟做的事丢开，用全副精力去读它；明天遇到另一部有趣的书，仍是如此办，虽然这两书在性质上毫不相关。一年之中可以时而习天文，时而研究蜜蜂，时而读莎士比亚。在旁人认为重要而自己不感兴味的书都一概置之不理。这种读法有如打游击，亦如蜜蜂采蜜。它的好处在使读书成为乐事，对于一时兴到的著作可以深入，久而久之，可以养成一种不平凡的思路与胸襟。它的坏处在使读者泛滥而无所归宿，缺乏专门研究所必需的"经院式"的系统训练，产生畸形的发展，对于某一方面知识过于重视，对于另一方面知识可以很蒙昧。我的朋友中有专门读冷僻书籍，对于正经正史从未过问的，他在文学上虽有造就，但不能算是专门学者。如果一个人有时间与精力允许他过享乐主义的生活，不把读书当作工作而只当作消遣，这种蜜蜂采蜜式的读书法原亦未尝不可采用。但是一个人如果抱有成就一种学问的志愿，他就不能不有预定计划与系统。对于他，读书不仅是追求兴趣，尤其是一种训练，一种准备。有些有趣的书他须得牺牲，也有些初看很干燥的书他必须咬定牙关去硬啃，啃久了他自然还可以啃出滋味来。

读书必须有一个中心去维持兴趣，或是科目，或是问题。以科目为中心时，就要精选那一科要籍，一部一部地从头读到尾，以求对于该科得到一个赅括的了解，作进一步作高深研究的准备。读文学作品以作家为中心，读史学作品以时代为中心，也属于这一类。以问题为中心时，心中先须有一个待研究的问题，然后采关于这问题的书籍去读，用意在搜集材料和诸家对于这问题的意见，以供自己权衡去取，推求结论。重要的书仍须全看，其余的这里看一章，那里看一节，得到所要搜集的材料就可以丢手。这是一般做研究工作者所常用的方法，对于初学不相宜。不过初学者以科目为中心时，仍可约略采取以问题为中心的微意。一书作几遍看，每一遍只着重某一方面。苏东坡与王郎书曾谈到这个方法：

> 少年为学者，每一书皆作数次读之。当如入海，百货皆有，人之精力不能并收尽取，但得其所欲求者耳。故愿学者每一次作一意求之，如欲求古今兴亡治乱圣贤作用，且只作此意求之，勿生余念；又别作一次求事迹文物之类，亦如之。他皆仿此。若学成，八面受敌，与慕涉猎者不可同日而语。

朱子尝劝他的门人采用这个方法。它是精读的一个要诀，可以养成仔细分析的习惯。举看小说为例，第一次但求故事结构，第二次但注意人物描写，第三次但求人物与故事的穿插，以至于对话、辞藻、社会背景、人生态度等都可如此逐次研求。

读书要有中心，有中心才易有系统组织。比如看史书，假定注意的中心是教育与政治的关系，则全书中所有关于这问题的史实都被这中心联系起来，自成一个系统。以后读其他书籍如经子专集之类，自然也常遇着关于政教关系的事实与理论，它们也自然归到从前看史书时所形成的那个系统了。一个人心里可以同时有许多系统中心，如一部字典有许多"部首"，每得一条新知识，就会依物以类聚的原则，汇归到它的性质相近的系统里去，就如拈新字贴进字典里去，是人旁的字都归到人部，是水旁的字都归到水部。大凡零星片断的知识，不但易忘，而且无用。每次所得的新知识必须与旧有的知识联络贯串，这就是说，必须围绕一个中心归聚到一个系统里去，才会生根，才会开花结果。

记忆力有它的限度，要把读过的书所形成的知识系统，原本枝叶都放在脑里储藏起，在事实上往往不可能。如果不能储藏，过目即忘，则读亦等于不读。我们必须于脑以外另辟储藏室，把脑所储藏不尽的都移到那里去。这种储藏室在从前是笔记，在现代是卡片。记笔记和做卡片有如植物学家采集标本，须分门别类订成目录，采得一件就归入某一门某一类，时间过久了，采集的东西虽极多，却各有班位，条理井然。这是一个极合乎科学的办法，它不但可以节省脑力，储有用的材料，供将来的需要，还可以增强思想的条理化与系统化。预备做研究工作的人对于记笔记做卡片的训练，宜于早下功夫。

选自《谈修养》

人文方面几类应读的书

百川先生：

暑中我因校事赴成都，最近回校才看到中周社转来黄梅先生的信，提议要我开一个为获得现代公民常识所必读的书籍目录。这很使我为难，一则我目前极忙，没有工夫仔细斟酌；二则我所学的偏重人文方面，对于社会科学和自然科学都是外行。读书不是一件死板的事，一个方单不能施诸人人而有效。各人的环境、天资、修养和兴趣都不能一笔抹杀。一个人在读书方面想有成就，明眼人的指导固大有裨益，自己的暗中摸索有时也不可少，因为失败的教训往往大于成功的。读者既然要求一个目录，我姑且就我的能力所及，随便谈谈几类应读的书籍，不过要特别声明：这是我个人的意见，只能供参考，不敢希望每个人都依照。

第一，我以为一个人第一件应该明确的是他本国的文化演进、社会变迁以及学术思想和文艺的成就。这并不一定是出于执古守旧的动机。要前进必从一个基点出发，而一个民族已往的成就即是它前进出发的基点。知道它的长处所在和短处所在，我们才能知道哪些东西应发扬光大，哪些应弥补改革，也才能知道它在全人类文化中占何等位置，而我们自己如何对它有所贡献。我不是一个历史学者，但对于过去一切典籍，欢喜从历史的眼光去看。从前人有"六经皆史"的说法，其实不只是六经，一切典籍所载都可以当作史迹看。史是人类活动进展的轨迹，它的功用在观今鉴古，继往以开来。我赞成多读中国古典和西方古典，都是根据这个观点。每种学问都有一个渊源，知道渊源才可以溯理流派。知道渊源固不是三五部书所可了事。但是渊源又有渊源，我们先从最基本的着手，然后逐渐扩充，便不至于没有根底。

回到了解中国固有文化的问题，向来中国传统教育所着重的大政并不错。中国中心思想无疑是儒家，而儒家的渊源在《论语》、《孟子》和"五经"。无论从思想还是从艺术的观点看，《论语》都是一部绝妙的书，可以终身咀嚼，学用不尽的。我从前很欢喜《世说新语》，为的是它所写的魏晋人风度和所载的隽词妙语。近来以风度语言的标准去看《论语》，觉得以《世说新语》较《论语》，真是小巫见大巫。《孟子》比较是要偏锋、露棱角，但是说理文之犀利痛快，明白晓畅，后来却没有人能赶得上。"五经"之中，流品不齐，《书经》是最古的政治史料，《易经》是最古的解释自然的企图，《诗经》为中国纯文学之祖，《春秋》为中国编年史之祖，《礼记》较晚出，内容颇驳杂，但是儒家思想见于此经者反比他经为多，其中如《檀弓》、《学记》、《乐记》、《儒行》、《礼运》、《大学》、《中庸》诸篇，妙文至理，是任何读书人不应放过的。诸子之中，老庄荀墨家最重要，次可略览《韩非子》、《列子》、《淮南子》及

《吕氏春秋》。读先秦典籍不可不略通文字训诂，段玉裁的《说文解字注》最便于初学，王引之的《经传释词》颇有科学条理，亦可看。要明白中国思想演进，佛典及宋元明理学都不可忽略，可惜我对此毫无研究，不敢多舌。我只能说，在佛典中我很爱读《六祖坛经》和《楞严经》，这也许是文人积习。在理学书籍中我觉得《近思录》和《传习录》很简便。史籍最浩繁，一般人可选读前四史，全读《资治通鉴》，遇重大事件翻阅《通鉴纪事本末》，遇重大问题翻阅《三通》。治一切学问都不可不明白史的背景，可惜我们至今没有一部完善的通俗的通史，近人张荫麟钱穆诸君所编的各有特见，但都只能算是草创。文艺方面除着《楚词》及陶杜诸集外，一般人可从选本入手。选本甚多，选者各有偏重，难得尽满人意。梁以前作品具见于《昭明文选》，这是选学之祖，诗文兼收，为治辞章者所必读。后来选本比较适用的，文推姚姬传的《古文辞类纂》；诗推王渔洋的《古今诗选》，王壬秋的《八代诗选》，沈归愚的《古诗源》和《唐宋诗醇》，曾国藩的《十八家诗钞》；词推《花间集》，张惠言《词选》和朱疆邨的《宋词三百首》。曲读《西厢记》、《琵琶记》、《桃花扇》及其他数种；小说读《水浒》、《红楼梦》及其他数种，对于一般人也就可知其梗概了。

在现代，一个人如果只读中国书，他的见解难免偏狭固陋，而且就是中国书也不一定能读得好。学术和其他事物一样，必以比较见优劣，必得新刺激才可产生新生命。读书人最低限度须通一个外国文，从翻译中窥外人文物思想，总难免隔靴搔痒，尤其是现在我们的译品太少，而且大半不很可靠。

要明了一个文化，大约不外取两种程序。拿绘画来打比，或是先绘一个轮廓，然后点染枝节，由粗疏逐渐到细密；或是先累积枝节，逐渐造成一个轮廓，由日就月将而达到豁然贯通。这两种程序可以并行不悖，普通学者大半兼采这两个方法。治西方文史，为一般人说法，我主张偏重第一个方法。因为从枝节架轮廓，需要很长久的耐苦，如果枝节不够充实，所架成的轮廓也就一定不端正恰当。我们一般人对于西方文史所能花费的时间精力是有限的，想明白西方文化的轮廓，我们最好先读几部较好的历史。我们所感觉困难的是较好的历史大半是专史而不是通史。从史学观点看，韦尔斯的《世界史纲》（有中译）也许不很完善，但对于一般人却是一部好书。关于近代的，Fisher 的欧洲通史值得特别介绍。如果再求详尽精确，读者可参考 Lavisse 的通史（法文）以及剑桥大学的中世纪和近代欧洲史。这都是权威著作，有很好的史籍目录可供采择。有时候小册书也很有用，比如谈古代欧洲的，像 Livillgstone：*Greek Genius and Its Meaning to Us*；Lowes Dickenson：*Greek View of Life*；Warde Fowler：*Citystate in Greece and Rome*，都非常好。

欧洲文化，大概地说，有三个重要来源：一是希腊的，科学哲学的思想和文艺作品都是后来的模范；一是希伯来的，宗教信仰大半是它的贡献；一是条顿的，继承希腊精神而发挥为近代科学与工商业文化。在这三个成分中，希腊文化最重要也最难了解，它的内容太丰富而且它离我们也太久远。我们最好先从文艺入手。希腊人最擅长的是造型艺术，雕刻尤其精妙，图画建筑和陶器次之。读者最好择一部希腊艺术史，仔细玩味原迹的照片或图形。从这中间他可领略一些希腊人的生活风味。再进一步他就应该读《荷马史诗》，希腊的社会人情风俗及人生理想可于此窥见一斑，再加上几部悲剧代表作，对于希腊人的印象就更明了了。在思想方面，柏拉图的《对话集》最好能全读，至少也应读《理想国》，这是用对话体写的。从古到今，没有一个哲学家能像柏拉图那样面面俱到，深入浅出，用极寻常而幽美的文字传极深奥的道理。要做一个循规蹈矩的哲学家，读柏拉图是最好的门径；要引起一点哲学的兴趣，训练一点哲学的头脑，读柏拉图也比读任何其他哲学家强。亚理斯多德比较干枯，但是很谨严细密，能把他的《伦理学》看一遍也很好。此外，我们可读晚出的普鲁塔克①的《英雄传》。这是拿罗马伟人和希腊伟人对照的传记，可以见出那时代人物的生活和风格。罗马时代的著作无甚特创，不是专习文学哲学的人就把它完全丢开也无大妨碍。

希伯来的经典流行的只有一部《圣经》。这部书在西方的影响大概超过任何一部书。它分《旧约》、《新约》两部分。《旧约》是犹太教的经典，大部分是犹太的历史和宗教家的训词。《新约》记耶稣生平言行及耶稣教传播的经过。一般人对《圣经》不必全读，《旧约》中读《创世纪》、《出埃及记》、《约伯传》、《颂诗》数篇，《新约》中读任何一个《福音》也就够了。

中世纪常被人误认为"黑暗贫乏"，其实中世纪民众艺术，如雕刻建筑图画诗歌传奇之类，是很光华灿烂的。读者可择看一部较详尽的艺术史（如 Michet 所著的），读一两部传奇（如《罗兰之歌》、《亚瑟王传》之类），再加上一两部耶教大师的著作（如《圣奥古斯丁自传》之类），对于中世纪人的丰富的内心生活便可知其梗概。但丁是文艺复兴初期的大师，他的《神曲》不可不读。较软性的读物有薄伽丘的《十日谈》和塞万提斯的《堂吉诃德》。文艺复兴期的最具体的成就仍在造型艺术，读者可看 Vasari 的《艺人传》和 Beransen 的《意大利画》。

近代欧洲学术分野逐渐细密，著述也更浩繁，我们很不容易介绍几部书来代表一个时代。在思想方面，卢梭的影响最大，他的《自传》[2]和《民约论》是了解近代欧洲的一个钥匙。正统派哲学家自然要推康德和他们的唯心派的继承人。但是他们的作品大半难读，一般读者如能去硬啃康德的《纯粹理性批判》和黑格尔的《逻辑学》固然顶好，否则看一两部较好的哲学史也可略见一斑（通行的有 Rogers，Thilly，Weber，Windelband 所著的都可用）。在文艺方面，各国都有特殊的造诣，一般读者要想面面俱到，实不可能，只能就他们所懂的文字和兴趣所偏重的去下功夫。那就成了专门学问，我们不能在这里介绍书目。我们为一般人说法，只能介绍几位登峰造极的作者，比如说，一个普通读者如能就莎士比亚的剧本，莫利哀的喜剧，歌德的诗文集，易卜生的剧本，屠格涅夫、托尔斯泰、陀思妥耶夫斯基诸人的小说集中各选读三数种，也就很可观了。

社会科学和自然科学非本文范围所及。但有几部虽为科学专著而已成古典的书籍不能不约略提及，例如达尔文的《物种起源》，亚当·斯密的《原富》，穆勒的《群己权界论》[3]，里波、詹姆斯和弗洛伊德的心理学著作，马克思的《资本论》，佛来柔的《金枝》（Frazer：*Golden Bough*），都有很广泛的读者，并不限于专门家。

本文匆匆写就，可议的地方自知甚多。但是我相信，如果读者将这寥寥数十部书仔细读过，他对于人类文化的了解不会很错误。我希望关于社会科学和自然科学的书籍另有知道清楚的人去拟一个目录。

如果你觉得这信对于读者有若干帮助，即请借贵刊披露，并以答黄梅先生。

朱光潜

载《中央周刊》5 卷 4 期，1942 年 9 月

注释

①普鲁塔克（希腊文：Πλούταρχος；拉丁文：Plutarchus，约公元 46 年 ~ 120 年）罗马帝国时代的希腊作家，以《比较列传》(οἱ βίοι παράλληλοι)（又称《希腊罗马名人传》或《希腊罗马英豪列传》）一书闻名后世。

②即《忏悔录》。

③《群己权界论》：即《论自由》(*On Liberty*)，作者为约翰·斯图亚特·密尔（John Stuart Mill，又称穆勒），此书为古典自由主义最重要的著作之一，原作 1859 年在英国出版。严复于 1899 年着手翻译，1903 年由上海商务印书馆出版中译本，中文译名为《群己权界论》。

谈学问

　　这是一个大题目，不易谈；因为许多人对它有很大的误解，却又不能不谈。最大的误解在把学问和读书看成一件事。子弟进学校不说是"求学"而说是"读书"，学子向来叫作"读书人"，粗通外国文者在应该用"学习"（learn）或"治学"（study）等字时常用"阅读"（read）来代替。这种传统观念的错误影响到我国整个教育的倾向。各级学校大半把教育缩为知识传授，而知识传授的途径就只有读书，教员只是"教书人"。这种错误的观念如果不改正，教育和学问恐怕就没有走上正轨的希望。如果我们稍加思索，它也应该不难改正。学是学习，问是追问。世间可学习可追问的事理甚多，知识技能须学问，品格修养也还须学问；读书人须学问，农工商兵也还须学问，各行有各行的"行径"。学问是任何人对于任何事理，由不知求知，由不能求能的一套工夫。它的范围无限，人生一切活动，宇宙一切现象和真理，莫不包含在内。学问的方法甚多。人从堕地出世，没有一天不在学问。有些学问是由仿效得来的，也有些学问是由尝试、思索、体验和涵养得来的。

读书不过是学问的方法之一种，它当然很重要，却并非唯一的。朱子教门徒，一再申说"读书乃学者第二事"。有许多读书人实在并非在做学问，也有许多实在做学问的人并不专靠读书，制造文字——书的要素——是一种绝大学问，而首先制造文字的人就根本无书可读。许多其他学问都可由此类推。子路的"何必读书然后为学"一句话本身并不错，孔子骂他，只是讨厌他说这话的动机在辩护让一个青年学子去做官，也并没有说它本身错。

一般人常埋怨现在青年对于学问没有浓厚的兴趣。就个人任教的经验说，我也有这样的观感。平心而论，这大半要归咎我们"教书人"。把学问看成"教书""读书"一个错误的观念如果不全是我们养成的，至少我们未曾设法纠正。而且我们自己又没有好生学问，给青年学子树一个好榜样，可以激励他们的志气，提起他们的兴趣。此外，社会上一般人对于学问的性质和功用所存的误解也不无关系。近代西方学者常把纯理的学问和应用的学问分开，以为治应用的学问是有所为而为，治纯理的学问是无所为而为。他们怕学问全落到应用一条窄路上，尝设法替无所为而为的学问辩护，说它虽"无用"，却可满足人类的求知欲。这种用心很可佩服，而措词却不甚正确。学问起于生活的需要，世间绝没有一种学问无用，不过"用"的意义有广狭之别。学得一种学问，就可以有一种技能，拿它来应用于实际事业，如学得数学几何三角就可以去算账、测量、建筑、制造机械，这是最正常的"用"字的狭义。学得一点知识技能，就混得一种资格，可以谋一个职业，解决饭碗问题，这是功利主义的"用"字的狭义。但是学问的功用并不仅如此，我们甚至可以说，学问的最大功用并不在此。心理学者研究智力，有普通智力与特殊智力的分别；古人和今人品题人物，都有通才与专才的分别。学问的功用也可以说有"通"有"专"。治数学即应用于计算数量，这是学问的专用；治数学而变成一个思想缜密、性格和谐、善于立身处世的人，这是学问的通用。学问在实际上确有这种通用。就智慧说，学问是训练思想的工具。一个真正有学问的人必定知识丰富、思想锐敏、洞达事理，处任何环境，知道把握纲要、分析条理、解决困难。就性格说，学问是道德修养的途径。苏格拉底说得好，"知识即德行"。世间许多罪恶都起于愚昧，如果真正彻底明了一件事是好的，另一件事是坏的，一个人决不会睁着眼睛向坏的方面走。中国儒家讲学问，素来全重立身行己的功夫，一个学者应该是一个圣贤，不仅如现在所谓"知识分子"。

现在所谓"知识分子"的毛病在只看到学的狭义的"用"，尤其是功利主义的"用"。学问只是一种干禄的工具。我曾听到一位教授在编成一部讲义之后，心满意足地说："一生吃着不尽了！"我又曾听到一位朋友劝导他的亲戚不让刚在中学毕业的儿子去就小事说："你这种办法简直是吃稻种！"许多升学的青年实在只为着要让稻种发生成大量谷子，预备"吃着不尽"。所以大学里"出路"最广的学系如经济系、机械系之类常是拥挤不堪，而哲学系、数学系、生物学系诸"冷门"，就简直无人问津。治学问根本不是为学问本身，而是为着它的出路销场，在治学问时既是"醉翁之意不在酒"，得到出路销场后当然更是"得鱼忘筌"了。在这种情形之下的我们如何能期望青年学生对于学问有浓厚的兴趣呢？

这种对于学问功用的窄狭而错误的观念必须及早纠正。生活对于有生之伦是唯一的要务，学问是为生活。这两点本是天经地义。不过现代中国人的错误在把"生活"只看成口腹之养。"谋生活"与"谋衣食"在流行语中是同一意义。这实在是错误得可怜可笑。人有肉体，有心灵。肉体有它的生活，心灵也应有它的生活。肉体需要营养，心灵也不能"辟谷"。肉体缺乏营养，必酿成饥饿病死；心灵缺乏营养，自然也要干枯腐化。人为万物之灵，就在他有心灵或精神生活。所以测量人的成就并不在他能否谋温饱，而在他有无丰富的精神生活。一个人到了只顾衣食饱暖而对于真善美漫不感觉兴趣时，他就只能算是一种"行尸走肉"，一个民族到了只顾体肤需要而不珍视精神生活的价值时，它也就必定逐渐没落了。

学问是精神的食粮，它使我们的精神生活更加丰富。肚皮装得饱饱的，是一件乐事，心灵装得饱饱的，是一件更大的乐事。一个人在学问上如果有浓厚的兴趣，精深的造诣，他会发现万事万物各有一个妙理在内，他会发现自己的心涵蕴万象，澄明通达，时时有寄托，时时在生展，这种人的生活决不会干枯，他也决不会做出卑污下贱的事。《论语》记"颜子在陋巷，一箪食，一瓢饮，人不堪其忧，回也不改其乐"。孔子赞他"贤"，并不仅因为他能安贫，尤其因为他能乐道，换句话说，他有极丰富的精神生活。宋儒教人体会颜子所乐何在，也恰抓着紧要处，我们现在的人不但不能了解这种体会的重要，而且把它看成道学家的迂腐。这在民族文化上是一个极严重的病象，必须趁早设法医治。

中国语中"学"与"问"连在一起说，意义至为深妙，比西文中相当的译词如 learning、study、science 诸字都好得多。人生来有向上心，有求知欲，对于不知道的事物欢喜发疑问。对于一种事物发生疑问，就是对于它感觉兴趣。既有疑问，就想法解决它，几经摸索，终于得到一个答案，于是不知道的变为知道的，所谓"一旦豁然贯通"，这便是学有心得。学原来离不掉问，不会起疑问就不会有学。许多人对于一种学问不感觉兴趣，原因就在那种学问对于他们不成问题，没有什么逼得他们要求知道。但是学问的好处正在原来有问题的可以变成没有问题，原来没有问题的也可以变成有问题。前者是未知变成已知，后者是发现貌似已知究竟仍为未知。比如说逻辑学，一个中学生学过一年半载，看过一部普通教科书，觉得命题、推理、归纳、演绎之类都讲得妥妥帖帖，了无疑义。可是他如果进一步在逻辑学上面下一点研究工夫，便会发现他从前认为透懂的几乎没有一件不成为问题，没有一件不曾经许多学者辩论过。他如果再更进一步去讨探，他会自己发现许多有趣的问题，并且觉悟到他自己一辈子也不一定能把这些问题都解决得妥妥帖帖。逻辑学是一科比较不幼稚的学问，犹且如此，其他学问更可由此类推了。一个人对于一种学问如果肯钻进里面去，必须使有问题的变为没有问题（这便是问），疑问无穷，发现无穷，兴趣也就无穷。学问之难在此，学问之乐也就在此。一个人对于一种学问说是不感兴趣，那只能证明他不用心，不努力下功夫，没有钻进里面去。世间决没有自身无兴趣的学问，人感觉不到兴趣，只由于人的愚昧或懒惰。

学与问相连，所以学问不只是记忆而必是思想，不只是因袭而必是创造。凡是思想都是由已知推未知，创造都是旧材料的新综合，所以思想究竟须从记忆出发，创造究竟须从因袭出发。由记忆生思想，由因袭生创造，犹如吸收食物加以消化之后变为生命的动力。食而不化固然是无用，不食而求化也还是求无中生有。向来论学问的话没有比孔子的"学而不思则罔，思而不学则殆"两句更为精深透辟。学原有"效"义，研究儿童心理学者都知道学习大半基于因袭或模仿。这里所谓"学"是偏重吸收前人已有的知识和经验。思是自己运用脑筋，一方面求所学得的能融会贯通，井然有条，一方面由疑难启发新知识与新经验。一般学子有两种通弊。一种是聪明人所常犯着的，他们过于相信自己的思考力而忽略前人的成就。其实每种学问都有长久的历史，其中每一个问题都曾经许多人思虑过，讨论过，提出过种种不同的解答，你必须明白这些经过，才可以利用前人的收获，免得绕弯子甚至于走错路。比如说生物学上的遗传问题，从前雷马克、达尔文、魏意斯曼、孟德尔诸大家已经做过许多实验，得到许多观察，用过许多思考。假如你对于他们的工作茫无所知或是一笔抹煞，只凭你自己的聪明才力来解决遗传问题，这岂不是狂妄？世间这种"思而不学"的人正甚多，他们不知道这种凭空构造的"殆"。另外一种通弊是资质较钝而肯用功的人所常犯的。他们一味读死书，古人所说的无论正确不正确，都不分皂白地接受过来，吟咏赞叹，自己毫不用思考求融会贯通，更没有一点冒险的精神，自己去求新发现，这是学而不思。孔子对于这种办法所下的评语是"罔"，意思就是说无用。

学问全是自家的事。环境好、图书设备充足、有良师益友指导启发，当然有很大的帮助。但是这些条件具备不一定能保障一个人在学问上有成就，世间也有些在学问上有成就的人并不具这些条件。最重要的因素是个人自己的努力。学问是一件艰苦的事，许多人不能忍耐它所必经的艰苦。努力之外，第二个重要的因素是认清方向与门径。入手如果走错了路，愈努力则入迷愈深，离题愈远。比如学写字、诗文或图画，一走上庸俗恶劣的路，后来如果想把它丢开，比收覆水还更困难，习惯的力量比什么都较沉重，世上有许多人像在努力做学问，只是陷入"野狐禅"，高自期许而实荒谬绝伦，这个毛病只有良师益友可以挽救。学校教育，在我想，只有两个重要的功用：第一是启发兴趣，其次就是指点门径。现在一般学校不在这两方面努力，只尽量灌输死板的知识。这种教育对于学问不仅无裨益而且是障碍！

选自《谈修养》

研究文学的途径[①]

　　我生长在安徽的桐城，自幼便深刻地受着古文的影响，虽然以后进武昌高等师范，但是对科学依然隔膜，考到科学的功课时，便当作文做，自己那时的英文程度亦不好。及到后来保送到香港大学去时，因为要通过入学考试原故，才下死功去钻研英文和其他科学，数学亦是那时学好的。进港大以后，因学校的制度不同，他们注意在普通科，虽然人文科而趣味亦偏重在文学，但只能下三分之一的功夫，而三分之二的时间却要用在心理、生物、哲学、教育学、历史等上面。那时对治学的感想还没有甚么，只觉得自己天真烂漫的。在香港读了五年，1921 年到上海，在吴淞中国公学任教。江浙战争起后，中公停顿，便开办立达学校。在立达的生活是苦干的一页，教员自己掏腰包租房子设学校，学生大都是中公来的，那时一面教书，一面拿出钱来，维持生活的办法是在上海医专等校兼课，学校便是这样维持下去。

一　人格感化的教育

　　那时人对于中学教育的感想，觉得中等教育应有办学人自己的旨趣，而不全依政府的规定，在立达中可说是行的感化教育，师生不在法治精神下相处，完全好像一家人似的；并且学校还不主张开除学生。在上海任教两年，后来考起安徽省的官费留学便到英国去，那是 14 年的事。到英国直接进爱丁堡大学，那里是三年修满，行自由选科制，每年只习两科，虽是只有两科，工作却很繁重。在爱大主要还是学文学，其次哲学、心理学、艺术史等，那时的趣味是两方面的，一是文学，特别是诗的方面；一是哲学和心理学。我的文学的趣味亦常常变迁，起初，我喜欢浪漫主义时代作品，看不起十七世纪的 neo-classic 的修辞和感伤的情绪。近代英国诗，尤其是象征主义的，反对修辞和感伤至烈，可说后来亦喜欢过它。古典的东西我亦喜欢，但我真正下功夫研究的却是十九世纪的英诗，如华兹华斯（Wordsworth）、布朗宁（Browning）诸人。对文学我不信甚么主义的文学最好，我以为不管属于任何主义的作品，好的终是好的，坏的终是坏的。

二　学文学应通心理学

学文学我以为应通心理学，它对文学的理论方面是大有帮助的，其研究近代小说，所需心理学的知识更多。美学我也喜欢，重视；我受它和文学的训练，对我有莫大的裨益。文人们说科学使人客观化，但我以为文学能使人客观化，我自己便是一例。我学文学与美学的所得是学会看人，把"自我"置诸物外，纯粹作为旁观者，这样自己常是小说家、戏剧家去看人，看社会，这种"无我"的境界使自己摆脱许多无谓的烦恼和纷纭。1927 年从爱丁堡大学毕业，转到伦敦大学。在伦大是最自由研究的时期，读书的范围很宽泛。在大学中只选一两门功课听讲，而大部的时间都用在伦敦博物院的阅览室里自修，特别偏重于美学和文学批评的读物与研究。《文艺心理学》的作品便在那时完成的。两年后到巴黎，换个口味研究法国文学和继续心理学的研究。在那里住到一年到斯特拉斯堡（Strasbourg，在法）去。地方虽换，研究的工作还是继续的。《悲剧心理学》（The Psychology of Tragedy）便在那里完成的。两年后便回国来，任教北大。

三　兴趣与训练是治学两大要素

现在对治学的意见，是觉得兴趣和训练两者都必要；前者好像是引进，而后者则像是推动。两者相辅相成，舍一取一是不完备的。对个人的感想是觉得从前读书似乎随便一点，原因是不对任何人负责；现在教学了，小心翼翼地研读，好像责任在鞭策自己似的。生平的憾事是不娴音乐，不习运动，我以为两者对生活极重要，因为音乐可以陶冶性情，安慰寂寞，运动可以健练身体，活泼精神。从前常感没有工夫去注意它们，而现在更没有机会，同时亦来不及了。

载《大学新闻周报》第 3 卷第 10 期，1935 年 5 月 7 日

注释

①本文为讲演，由辛村记录。——编者。

如何把"死"知识变"活"

我们应该把自己的知识加以有机化，这就是说，要使它像一朵花、一只鸟或是一个人，成为一种活的东西。

一种活的小东西就是一种有机体，有机体有三个大特征：

第一，有机体的全体和部分融会贯通，有公同生命流注其中，彼此息息相关，牵其一即动其余。人体是最好的实例，每一器官，如呼吸循环消化等等，都自成一系统，各系统又组合成一大系统，掌生命所借以维持的各种机能。人体的健康的发展需要各系统都健旺，某一部分有病，其余各部分都要受影响。有机体在西文叫做 organism，和"器官"（organ）与"组织"（organization）同根，我们可以说，有机体能成为有机体，就因为各器官有组织。有组织才有条理，有生命。

第二，有机体的生长是化学的化合而非物理学的混合，是由于吸收融化而非由于堆砌。把破铜烂铁塞进口袋里去，尽管塞得多，铜仍然是铜，铁仍然是铁，丝毫不变本质。食料到了肚皮里去，如果也这样不变质，就决不能产生生命所借以维持的血液。食料要成血液，必须经过消化作用。所谓"消化"

就是把本来不是自己的东西变成自己的，把异体变成本体。本体因吸收融化异体而扩大起来，这就是"生长"。

第三，每个有机体都有它所特有的个性，两个有生命的东西不能完全是一样。这是由于生长的出发点（得于遗传的）不同，可吸收的滋养料（得于环境的）不同，利用遗传与环境的组织力量也不同。因为自己的组织力也是生长的一个要素，所以有机体的生长不完全是被动的而同时是主动的，不完全是因袭的而同时是创造的。每一种有生命的东西都多少是它自己的造化主。

有机体的这三大特征也就是学问的特征。

第一，学问不是学问，如果它不是一种完整的生命，用普通话来说，如果它没有"组织"，不成"系统"。

其次，学问不是学问，如果它的生长不借消化而借堆砌，不能把异体变为己体，这就是说，不能把从外面吸收来的知识纳进原有的系统里去，新来的与原有的结成一个有生命的整体。

第三，学问不是学问，如果它在你心里完全和在我心里一样，没有个性。没有个性也没有生命，原因在没有经过自己的组织和创造。

一切学问的对象都不外是事物的关系条理。关系条理本来存在事物中间，因为繁复所以显得错乱，表面所呈现的常不是实际所含蕴的。我们的蒙昧就起于置身繁复的事物中，迷于表面的错乱而不能见出底蕴，眼花手乱，不知所措。学问——无论是科学、哲学或是文艺——就在探求事物的内在的关系条理。这探求的企图不外是要回答"何"（what）、"如何"（how）、

"为何"（why）三大类问题。回答"何"的问题要搜集事实和认清事实，回答"如何"的问题要由认清事实而形容事实，回答"为何"的问题要解释事实。这三种问题都解决了，事物就现出关系条理，在我们的心中就成立了一个完整的系统。比如说植物学，第一步要研究所搜集来的标本；第二步要分门别类，确定形态和发展上的特性；第三步就要解释这些特性所由来，指出它们的前因后果。第三步工夫做到了，我们对于植物学才有一个完整的观念，对于植物的事实不但能认识，而且能了解。这种认识和了解在我们的心里就像一棵花的幼芽，有它的生命，有它的个性，可以顺有机体的原则逐渐生长。以后我们发现一个新标本，就可以隶属到某一门类里去，遇到一个新现象，就可以归纳到某一条原理里去，如果已有的门类和原理不能容，也可以另辟一门类，另立一原理。这就犹如幼芽吸收养料，化异体为己体，助长它的生长。一切知识的扩充都须遵照这个程序。

学问的生长是有机体的生长，必须有一个种子或幼芽做出发点，这种子或幼芽好比一块磁石，与他同气类的东西自然会附丽上去。联想是记忆的基本原则，所以知识也须攀亲结友。一种新来的知识好比一位新客走进一个社会，里面熟人愈多，关系愈复杂，牵涉愈广，他的地位也就愈稳固。如果他进去之后，不能同任何人发生关系，他就变成众所同弃的人，决不能久安其位，或是尽量发挥他的能力，有所作为。比如说，我丝毫不懂化学，只记得 H_2O 化合成水一个孤零零的事实，它对于我就不能有什么意义，或是发生什么作用，就因为它不能和我所有的知识发生密切关系。孤零零的片段事实在脑里不易久住，纵使勉强把它记牢，也发生不了作用。我们日常所见所闻的事物不知其数，但是大半如云烟过眼，因为不能与心中已有知识系统发生关系，就不能被吸收融化，成为有生命的东西存在心里。许多人不明白这道理，做学问只求强记片段的事实，不能加以系统化或有机化，这种人，在学问上永不会成功。我尝看见学英文的人埋头读字典，把字典里的单字从头记到尾，每一个字他都记得，可是没有一个字他会用。这是一种最笨重的方法。他不知道字典里零星的单字是从活的语文（话语和文章）中宰割下来的，失去了它们在活的语文中与其它字义的关系，也就失去了生命，在脑里也就不容易"活"。所以学外国文，与其记单字，不如记整句，记整句又不如记整段整篇，整句整段整篇是有生命的组织。学外国文如此，学其他一切学问也是如此。我们必须使所得的知识具有组织，有关系条理，有系统，有生命。

一个人的知识有了组织和生命，就必有个性。举一浅例来说，十个人同看一棵树，叫他们各写一文或作一画，十个人就会产生十样不同的作品。这就显得同一棵树在十人心中产生十样不同的印象。每个人所得印象各成为一种系统、一种有机体，各有它的个性。原因是各人的性情资禀学问不同，观念不同，吸收那棵树的形色情调来组织他的印象也就自然不同，正犹如两人同吃一样菜所生的效果不能完全相同是一样道理。知识必具有个性，才配说是"自己的"。假如你把一部书从头到尾如石块一样塞进脑里去，没有把它变成你自己的，你至多也只能和那部书的刻板文字或留声机片上的浪纹差不多，它不能影响你的生命，因为它在你脑里没有成为一种生命。凡是学问都不能完全是因袭的，它必须经过组织，就必须经过创造，这就是说，它必须有几分艺术性。

做学问第一件要事是把知识系统化，有机化，个性化。这种工作的程序大要有两种。姑拿绘画来打比。治一种学问就比画一幅画。画一幅画，我们可以先粗枝大叶地画一个轮廓，然后把口鼻眉目等节目一件一件地画起，画完了，轮廓自然现出。比如学历史，我们先学通史，把历史大势作一鸟瞰，然后再学断代史、政治史、经济史等等专史。这是由轮廓而节目。反之，我们也可以先学断代史、政治史、经济史等等，等到这些专史都明白了，我们对于历史全体也自然可以得到一个更精确的印象。这是由节目而轮廓。一般人都以为由通而专是正当的程序，其实不能通未必能专，固是事实；不能专要想真能通，也是梦想。许多历史学者专从政治变迁着眼，对于文学哲学宗教艺术种种文化要素都很茫然，他们对于历史所得的轮廓决不能完密正确。

就事实说，在我们的学习中，这两种貌似相反的程序——由轮廓而节目，由节目而轮廓——常轮流并用。先画了轮廓，节目就不致泛滥无归宿，轮廓是纲，纲可以领目，犹如架屋竖柱，才可以上梁盖瓦。但是无节目的轮廓都不免粗疏空洞，填节目时往往会发现某一点不平衡，某一点不正确，须把它变动才能稳妥。节目填成的轮廓才是具体的明晰而正确的轮廓。做学问有如做文章，动笔时不能没有纲要，但是思想随机触动，新意思常涌现，原定的意思或露破绽，先后轻重的次第或须重新调整，到文章写成时全文所显出的纲要和原来拟定的往往有出入。文章不是机械而是自由生发的，学问也是如此。节目常在变迁，轮廓也就随之变迁，这并行的变迁就是学问的生长。到了最后，"表里精粗无不到，然后一旦豁然贯通"，学问才达到了成熟的境界。

心中已有的知识系统对于未知而相关的知识具有吸引性，通常所谓"兴趣"就是心中已有的知识萌芽遇到相关的知识而要去吸收它，和它发生联络。兴趣也可以说是"注意的方向"，我们常偏向某一方向注意，就由于那一个方向易引起兴趣，这就是说，那一方向的事物在我们的心里有至亲好友，进来时特别受欢迎，它们走的路（神经径）也是我走过的路，抵抗力较低。自己做诗的人爱看别人的诗，诗在他的脑里常活跃求同伴；做生意的人终日在打算盘，心里没有诗的种子，所以无吸收滋养的要求，对诗就毫不发生兴趣。这道理是很浅而易见的。做学问最要紧的是对于所学的东西发生兴趣，要有兴趣就必须在心里先下种子，已有的知识系统就是一种种子。但是这种种子是后天的，必须有先天的好奇心或求知欲来鼓动它，它才活跃求生展。所谓"好奇""求知"就是遇到有问题的东西，不甘蒙昧，要设法了解它。因此，已有的知识系统不能成为可生展的种子，除非它里面含着有许多问题。问题就是上文所说的"注意的方向"，或"兴趣的中心"。我们在上面曾说过，一切学问都不外要求解答"何"、"如何"、"为何"三大类问题。一种知识如果不是问题的回答就不能成为学问，问题得到回答，学问才算是"生长"了一点。我们说"知识的有机化"，其实也就是"知识的问题化"。我们做学问，一方面要使有问题的东西变为没有问题，一方面也要使好像没有问题的东西变为有问题。问题无穷，发现无穷，兴趣也就无穷。

世间没有一种没有问题的学问，如果有一种学问到了真正没有问题时（这是难想象的）它就不能再生长，须枯竭以至于老死了。

这番话的用意是在说明无论学哪一科学问，心中必须悬若干问题，问题才真正是学问生长的萌芽。有了问题就有了兴趣，下功夫也就有了目的，不至于泛滥无归宿。比如说，我心中有"个性是否全由于遗传和环境两种影响？"这个问题，我无论是看生物学、心理学、史学或哲学的书籍，都时时留心替这问题搜集事实，搜集前人的学说，以备自求答案。我们看的许多零零碎碎的东西就可以借这问题联络贯串起来，成为一种系统。这只是一例。一个人同时自然可以在心中悬许多问题，问题与问题之间往往有联络贯串。

心中有了问题，往往须悬得很久，才可以找到一个答案。在设问题与得答案两起迄点之间，我们须做许多工作，如看书、实地观察、做实验、思索、设假定的答案等等。我们记忆有限，不能把所得的有关的知识全装在脑子里，就必须做笔记卡片，做笔记卡片时我们就已经在做整理的工作，因为笔记卡片不是垃圾箱，把所拾得的东西混在一起装进去，它必须有问题，有条理，如同动植矿物的标本室一样。

做研究工作的人必须养成记笔记做卡片的习惯。我个人虽曾经几次试过这个方法，可是没有恒心，没有能把它养成习惯，至今还引以为憾。但是我另有一个习惯，就是常做文章。看过一部书，我喜欢就那部书做篇文章；研究一个问题，我喜欢就那问题做篇文章；心里偶然想到一点道理，也就马上把它写出。我发现这是整理知识与整理思想的最好方法。比如看一部书，自以为懂了，可是到要拿笔撮要或加批评时，就会发现对于那部书的知识还是模糊隐约，对于那部书的见解还是不甚公平正确，一提笔写，就逼得你把它看仔细一点，认清楚一点。还不仅此，我生性善忘，今天看的书明天就会杳无踪影，我就写一篇文章，加一番整理，才能把它变成自己的，也才能把它记得牢固一点。再比如思索一个问题，尽管四面八方俱到，而思想总是游离不定的，条理层次不很谨严的，等到把它写下来，才会发现原来以为说得通的话说不通，原来似乎相融洽的见解实在冲突，原来像是井井有条的思路实在还很紊乱错杂，总之，破绽百出。破绽在心里常被幻觉迷惑住了，写在纸上就瞒过自己瞒不过别人，我们必须费比较谨慎的思考与衡量，并且也必须把所有的意思加以选择、整理，安排成为一种有生命的有机体。我已养成一种习惯：知识要借写作才能明确化，思想要借写作才能谨严化，知识和思想都要借写作才能系统化，有机化。

我也是从写作的经验中才认出学问必是一种有机体。在匆忙中把这一点意思写出，不知道把这道理说清楚没有。如果初学者明了这一点意思，这对于他们也许有若干帮助。

原题《知识的有机化》
载《中学生杂志》第 57 期，1944 年 5 月

怎样学美学

——1980 年 10 月 11 日在全国高校美学教师进修班上的讲话

先给大家说一段顺口溜：

不通一艺莫谈艺，实践实感是真凭。

坚持马列第一义，古今中外要贯通。

勤钻资料忌空论，放眼世界需外文。

博学终须能守约，先打游击后攻城。

锲而不舍是诀窍，凡有志者事竟成。

老子决不是天下第一，要虚心争鸣，接受批评。

也不作随风转的墙头草，挺起肩膀，端正人品和学风！

头一次见面同志们总是问我身体好不好。现在我身体还可以，没有什么大毛病，但毕竟八十三岁就要满了，身体很衰弱。在学校里干扰相当多，来信、来访、约稿，天天为这些麻烦，很想闭门谢客，自己做点工作。现在有这么个进修班，我非常高兴。因为我们这辈搞美学的人，大多老了，有的去世了，就是不太老的，头脑也有些僵化了，没有多大发展余地了。而美学又是个重要的科目，特别是搞文艺的人，总想了解些美学。国内自五十年代中期美学大辩论之后，关心美学、要学美学的人，越来越多，这是好现象。同时，我也感到，美学领域到现在为止，还是非常落后的，这个事实不要讳言。要摆脱落后状况，主要靠你们在座的中年一批人。你们将来再带动一批，这样美学一定会有一个健康的发展。因为我们国家大多数人爱好文艺，有接近文艺的机会；有的还在进行创作，这些人迟早会遇到一些理论性的问题。所以说，在我们国家，美学的前途是广阔的。我对今天在座的诸位，抱有很大的期望。今天我不是来上课，是来随便谈谈。我想谈的就是"顺口溜"里的那么几点：

第一点，搞文艺理论的人要懂得一点文艺。或者学点音乐，或者学点绘画，学点雕刻，或者学点文学，最好能动手创作。所以我那个"顺口溜"头两句就是："不通一艺莫谈艺，实践实感是真凭。"我以为这是首要的。没有在园子里栽过花、种过田，你谈什么植物学？学一行就要干一行，不干不行，发空论不行。美学，主要是艺术理论、文艺理论。你们提的问题中，出现最多的就是艺术美同自然美究竟是什么关系，这个问题我下边再说。但这个问题是怎么来的？根源是没有搞过艺术。没有亲身搞过艺术，欣赏的经验也不多，这种情况很危险，只能隔靴搔痒、套公式、搞概念游戏。任何科学家一走上这条路就没有前途。我看过现在的好多教科书，文学方面也好，美学方面也好，我总有个感觉，似乎这些作者对艺术没有沾过边，如果沾过边，他不会那么说。今天在座的有许多人是自己搞过艺术的，你们会理解我的意思。有好些文章我不太愿看，只有少数人，比如王朝闻，他的文章为什么读起来感觉有兴趣？就因为他懂得艺术，有些实践。当然还有其他人。所以我说学美学，最好懂得艺术。不懂得，现在从头学起也不迟。读小说、看电影、看戏，这些大家都会吧。

大家提出的问题，几乎都涉及马克思主义，涉及历史唯物主义、辩证唯物主义。马克思主义的基本问题解决了，你们的问题也就解决了。这里我先强调一下，近来不是说解放思想吗，那么是不是要从马克思主义这个思想里解放出来？我觉得这个论调是个荒谬的论调。任何科学，不论你是不是共产党员，不论是社会主义国家还是资本主义国家，不论搞社会科学还是自然科学，不懂马克思主义，走不上正道，这是一定的。马克思主义是非学不可的。应该坦白地说，我们美学处于落后状况，是情有可原的，而马克思主义的研究也处于落后状况，则是说不过去的。因为解放几十年了，毛泽东同志一直提倡学习马列，这个口号一直没有停过，今天还是"四个坚持"之一嘛。我觉得马克思主义、毛泽东思想还是要坚持，是"解放"不了的。你从马克思主义解放到哪里去？没有出路。

马克思主义研究在中国的落后状态，究竟是什么原因造成的？原因之一，是马列的著作大都是在革命战争年代翻译的。一些老同志在很困难的情况下，把马恩列的主要著作译过来，费了很大工夫。这些译者中个别的我还很熟悉，我觉得他们作了很大的贡献。不过也要看到，他们所处的是极端不利的环境，而且大半外语没有过关，所以我们出的马恩著作——列宁的可能好一些，因为懂俄文的多一点，翻译上的问题要少些——马恩经典著作的译文，如果仔细校对起来，几乎每一页都可以看到问题。我在有些文章中也零星指出过。这里举几个简单的例子。比如《费尔巴哈和德国古典哲学的终结》，这本书在座的恐怕都读过，对这个书名，起过怀疑没有？大概怀疑的不多。书中最后一句话是说，继承德国古典哲学的是德国工人运动嘛，怎么说德国古典哲学到马克思就完蛋了呢？是这个意思吗？最近北大西语系德语专业一个学生给我来信说，根据德文大词典，"终结"是表示一个时间段落，这段时间完了就可以算终结。这个学生以为抓住了一点，就只有那么个解释。其实，那个词在词典中含义很多，其中有一个是"出路"，译"出路"就说得通了，最近有个英文译本就是采用"出路"、"结果"这一类说法，这就对了。可见一个词的错译，会对整本书产生误解。再一个例子，列宁的《国家与革命》，"国家"这个词，俄文是госyдарство，英文译成 state，既不是 country，也不是 nation。大家记得斯大林对于 state 的解释，他认为有几个条件：一定的疆域；有一个民族或几个民族；第三它有政权。如果译成政府的意思，包括不了疆域和人民的意思，只包含政权。这个问题为什么严重？因为牵涉到国家消亡论，到了共产主义，消亡的是什么呢？消亡的是政权，而不是人口，也不是疆域。所以译"国家"要不得。再如《一八四四年经济学—哲学手稿》（下简称《手稿》），其中说到眼睛这个感觉器官成了"theoretiker"，过去译成"理论家"，现在还是这样译法。眼睛怎么是"理论家"呢？这是因为有个很简单的词"theory"，一般译为"理论"，从这里弄出个重大错误。这个词源于希腊文，指的是看到的东西，思想也好，形象也好，都叫"theory"，实际也就是认识，有理性认识，感性认识，这是常识，大家都清楚。译成"理论"，就只看到理性，没看到感性。这个问题出在一个词，错得厉害。还有《费尔巴哈论纲》的头一段，说费尔巴哈认为理论能力是人的最基本的能力，原话记不得了，是这么个意思。你们有人搞过费尔巴哈，费尔巴哈是不是这么个看法？他的看法恰恰相反。他轻视理论，诉诸直观，直观就是知觉、感觉，属于感性。费尔巴哈强调感性认识，反对空议论，反对所谓理论。这和第一段的说法怎么对得起来呢？不是自打耳光吗？用这种译文怎么好正确地理解马克思呢？这是一个严重问题。这个问题大家会逐步认识，认识了就会解决。我想，美学也和其他社会科学一样，首要的工作是要准确地搞一套马恩列这些大师的著作的中译本。

马克思主义的研究情况有些落后，还表现在另一个方面，比如到现在为止，还是认为人性论、人道主义都是反马克思主义的，这个问题是值得讨论的。汝信同志八月底有篇讲人道主义的文章，这是我近两年看到的难得的好文章，介绍给诸位仔细看一看。看了这篇文章，我对马克思主义在中国的前途感到很乐观。将来会走上正轨的。怎样从马克思主义观点看人性论、人道主义，这个题目不久要在天津讨论，这是个基本问题，应该搞清楚。另一个国内争论的问题是，马克思主义美学是不是有一种实践观点？有文章表示怀疑，说这是苏联修正主义者和中国资产阶级知识分子捏造出来骗人的。这是个落后的现象，到现在还有人有这么个看法。有些提法，是出于大家对马克思主义缺乏研究。比如大家提出的问题中有一个是自然美与艺术美的关系问题。这在 1957 年美学大辩论时就讨论过，一直没有解决。这个问题必须解决。懂得马克思主义就能解决。马克思的《手稿》里不止一次提到，彻底的人道主义加彻底的自然主义就是共产主义。人道主义在书中见过两次。还有人性问题。马克思把人性叫做人的"本质力量"。他指的是哪一些呢？就是人的感觉能力、思想能力、劳动能力、交朋友的能力，等等，这些能力是生来就有的，具有自然的性质，这就是人性。我刚才说的那几句话非常重要，它要解决的是人和自然的关系问题，我们过去通常把人归到一个范畴，把人以外的一切东西归到另一个范畴，叫做自然，叫做现实世界。这个分法是有的，这个分别也是很鲜明的。但这个分别很误事，问题在什么地方呢？问题就出在我们这个美感是纯粹主观的，还是客观的，还是主客观统一的？有人问，实践与美、与人的意识是什么关系？这个问题提得很好。《手稿》就解决了这个问题。还有艺术的本质和一般规律、艺术对现实的审美关系和艺术与现实的关系在含义上有什么不同？都可以从《手稿》得到解答。"现实"就是马克思所谓的自然、社会。人是主体，人以外就是自然，就是现实世界。这个现实世界是怎么来的？和人有关系没有？马克思甚至把人也看成自然。比如北京城，大家都觉得很美，这个美是怎么来的？种种设施怎么来的？比如说，唐宋以前，有没有这样一个城市？我的历史知识很差，不了解北京城究竟起于何时，至少北宋中期以后，起码一千多年吧，当时北京是不是同现在一样美？是不是有所谓美？我想，依马克思主义的看法，人和自然的对立是有的，但应该统一起来。怎样统一？马克思说，彻底的人道主义就是尽量发挥人的本质力量，彻底的自然主义就是尽量呈献自然界的财富。中国有句老话，人尽其能，地尽其利。人尽其能，就是彻底的人道主义；地尽其利，就是彻底的自然主义。当然人尽其能、地尽其利是中国老话，是对太平盛世的一种向往，同马克思的看法还是有区别的。马克思认为，这两者要加起来，地不尽其利人也不可能尽其能，人不尽其能地也不能尽其利。开发自然需要发挥人的能力。马克思的看法，基本问题在劳动。而劳动是人改造自然从而也改造了人自己的过程。的确，我们现在的自然界和三千年前的自然界不是一回事了，人不同地也不同了。我们现在面临的自然界，不是凭空就有的，而是人的劳动创造的。自然美为什么毕竟还是个艺术品？因为经过人的劳动参与创造的优美形象，就是艺术品。研究马克思，就会发现，他是把人也摆在自然中间，人改造自然，也提高自己的认识能力、实践能力。彻底的人道主义，彻底的自然主义，如果你懂得马克思这两句话，就不会把现实美和艺术美对立起来，因为这样对立在马克思主义里没有什么根据。过去，只有社会主义国家、共产党或同情共产党的人才搞马克思主义，现在在哲学社会科学界，不论是哪一个社会科学家，哪怕是资产阶级，都在搞马克思主义，马克思主义成了一门科学，叫马克思主义学。这门科学引出了好几个流派。比如存在主义，它也自称马克思主义，发展了马克思关于异化的学说，至于对不对，那是另外一回事。这说明马克思主义重要。不了解马克思主义，不可能了解现代社会，当然也不可能了解过去的历史。所以马克思主义还是要搞的。过去有些错误的讲法，经过实践是检验真理标准的学习，应该清楚了。这个学习好几年了，搞清楚了没有呢？马克思主义的实践观点是马克思主义的基本观点，它肯定劳动创造世界，它的所谓实践，就是劳动。你怎么能把人和自然隔开，把自然美同艺术美隔开呢？说不通的。

我认为马克思主义研究相当落后，还有一个方面，那就是有人认为马克思主义美学从来没有一个完整的系统。我看责任不在马克思，而在持这种看法的人，在所谓研究马克思主义的理论家。马克思主义在美学方面有个完整体系没有？请大家想一想。这里基本的问题是什么？基本的问题就在它的出发点是否是历史唯物主义、辩证唯物主义。这个大前提要抓住。美学只是这个大前提下面的一个项目。其次，马克思对古代艺术，从古代希腊的神话、史诗、悲剧，到中世纪的但丁，一直到十九世纪的巴尔扎克，他对这些人都有非常重要的看法。同时，还有一些重要问题，我们现在还在研究的问题，如现实主义、浪漫主义，它们是什么关系？悲剧、喜剧、典型人物、形象思维，这样一些问题，在马克思主义有关著作中，散见各处，搜集起来是很完整的体系。说马克思主义美学没有完整体系的人，就是要人搞美学不要去学马克思主义，那怎么行？产生这个错误的原因之一，是没有较好的马恩论文艺的选本。马克思主义论文艺，选本很多，最早是德国立夫习兹编选的，这个选本较好。但是我们市场上流行的是苏联社会科学院搞哲学的人选的，那个选本荒唐透顶，我可以举很多例子。主要问题是，马克思主义的思想，在一篇文章中是有个上下文的，不能割裂。这个选本却把它搞得支离破碎，把整篇文章割裂开来，东扯一句，西拉一句，这是林彪"立竿见影"的办法。其实选本要选《手稿》、《劳动在从猿到人转变过程中的作用》（下简称

《从猿到人》）。我觉得从美学角度学马克思主义，首先要从《从猿到人》读起。我刚才说的一套话，《从猿到人》里都有。近年来，国际上对《手稿》争论很多，我们也注意到了。一种说法是这篇早年著作过时了。我们认为不过时。另一相反的看法，就是原来编辑马克思著作的两个德国人，说《手稿》是马克思哲学思想到了顶峰，以后转到阶级斗争学说去了。这就糊涂了，因为《手稿》本身就讲阶级斗争，就是证明私有制不合理，这不是当时工人运动中间的一个基本思想吗？说"顶峰"也不对，因为马克思的思想还要发展、丰富。马克思后来在《资本论》中关于劳动过程那一节，就又对《手稿》作了进一步发展。说得最清楚、最通俗的是恩格斯的《从猿到人》。不要小看这篇东西，那也是《手稿》的进一步发挥。所以一个人的思想要从整体来看。上面说到的情况说明我们马克思主义研究的落后，这个情况我不止在一个场合说过。

中国社会科学和任何事业都落在中年这一代人身上，就是四十到六十岁这一代人。我刚才说了，如果不认真学习马克思主义，不但美学搞不好，"四化"也搞不好。

上面所讲的是"坚持马列第一义"。我有几篇文章同这个问题有关，大家看到的时候注意一下，一个是我关于《手稿》中的异化问题、劳动创造世界的问题，写了一篇长文，还摘译了《手稿》中的两章，在文章中说明了个人看法，发在《美学》第二期上。另外，我在《社会科学战线》上对《费尔巴哈论纲》原来的译文提了些意见，说明为什么译法不妥。我把《论纲》重新译了一下，大家可以比较一下，看看马克思主义实践观点究竟是怎么回事，《手稿》是否过时，它同《资本论》、《〈政治经济学批判〉导言》以及《从猿到人》有什么联系，我也都说了。我还把文章里的想法简单扼要地写在一本通俗读物《谈美书简》（上海文艺出版社出版）里，其中特别长的一篇，就是说的这个问题。最近我还在《武汉大学学报》发表一篇文章，说了自己对马恩论文艺的新的编选工作的意见，诸位有工夫也可以看看。

第二条是"古今中外要贯通"。这还是从马克思主义来的。马克思主义在欧洲哲学思想上的重大发展，就是树立了历史发展的观点。过去的著作大半拘泥于某个时代的论述，或者专门研究哪个时代，就从哪个时代来论述。而马克思树立了社会科学中的历史发展观点，叫做历史学派。历史学派在欧洲从意大利人维柯的《新科学》开始，他是社会学的开山祖，历史学派的开山祖。《新科学》中谈到许多文艺方面的问题，像语言学与美学的关系、形象思维和抽象思维，是谈得很好的。这本书我已译出五分之一。希望明年译完。我的用意，是在帮助我们了解马克思主义，了解辩证唯物主义、历史唯物主义，了解马克思主义的基本观点——实践观点。过去的看法就是认识在先，实践在后，知而后行嘛；马克思不完全反对这句话，但这句话不够，更重要的是行而后知这一方面，就是把实践论摆在认识论之前。马克思主义还有一个观点叫整体观点，对事物要整个地看，不是就某一点看。研究社会、研究任何科学是这样，研究美学也是如此。要树立整体观点。大而言之，宇宙是一个整体。宇宙不是把人同自然分成两片；人不是脱离自然而独立的，自然也不是脱离人而独立的。这两方面要摆在一起来看。学习马克思主义，要学基本观点。马克思主义的历史发展观点是怎么回事？其中一条是劳动创造世界，这就关系到审美观点。人在改造自然中间改造自己。美学研究主体客体关系，人和自然的关系，是这个大项目下的一个项目。

"古今中外要贯通"，诸位可以自己去体会。过去一般是把自然科学和社会科学分开，现在好多人还是这个观点，自然科学是一回事，社会科学又是一回事。现在看这也不妥。马克思在《手稿》里瞭望到将来自然科学和社会科学将合成一种科学，即"人的科学"。美学能不能脱离自然科学？很难哪。美学固然脱离不了历史，脱离不了哲学，也脱离不了某些自然科学。搞绘画、雕塑的人，也会从材料的角度、工具的角度、技术的角度提出这个问题，就是说艺术不能超于技术之外，不能超越自然科学（包括技术在内）的发展。所以不要把美学看成孤立的科学。大家说要下定义，美学定义下不了。过去下的定义多得很，后来就发现不顶用了。因为世界在发展，问题越来越多。现在的美学有些像自然科学。把它说成是社会科学，当然是对的，但不要以为它可以脱离自然科学。读一读《从猿到人》，就会懂得这个道理。所以不要把美学看成孤立的学问。起码要懂西方历史、中国历史，懂得"发展"这个意义，还要懂心理学。人道主义、人性论，都牵涉到哲学、心理学。特别是艺术欣赏、艺术创造、美感、审美态度中的心理过程究竟怎样，都要借助于自然科学中的心理学来研究。还有社会学、神话一类，也要学。一个人在开始的时候要学广一点。我劝诸位慢些转向专门搞美学。要放眼世界，上下古今都贯通才行。搞艺术也要懂艺术史，中国人至少要知道中国的艺术是怎么发展的，绘画、戏曲之类如何发展到今天这一步。至少要摸索一门艺术发展的历史线索。在这个过程中，要重视资料。任何一门科学，不搞资料、闭门造车不行。要放眼世界，看看人家在搞些什么，吸收经验、吸取教训嘛！而我们现在资料非常缺乏，有些人对资料的认识不很正确。我现在要向大家诉一下苦：大家问我现代西方美学研究情况怎样，我坦白地说，我毫无所知。四十年代以后，我就没有看新的外国书。"四人帮"横行时代，我没有办法看书，但我可以看马列的书，他们不能禁止。但多年以来，会议、来信、看稿很多，真是不胜其烦。希望大家重视资料，多看点资料。

要看外国文学资料，关键在于外文的掌握。现在多数人没有过关。诸位要认真学一门科学，包括美学，至少要搞一门外文。搞一门外文也就够了，但要搞好一点，要搞通。这也不是想象的那么难。我是解放后才学俄文的，办法是听广播，请一位俄国老太太教发音，搞了一个多月。用两年时间读了几本书：《联共党史》，托尔斯泰短篇小说，屠格涅夫的《父与子》，契诃夫的《樱桃园》、《三姊妹》，高尔基的《母亲》。每本书看四遍，第一遍粗读，看个大意；第二遍死啃，一字一句都尽可能弄懂，最花时间；第三遍从文学角度看，如人物、典型环境、典型性格等等；过些时候再看第四遍。两年后，我就抱着词典开始翻译。林彪、江青横行十年，我的俄文几乎忘得差不多了，现在看俄文确实有困难，但勉强还可以看。所以，既要认识到学外文的重要，又不要把学外文的困难夸张得太厉害。我快六十岁才学俄文，诸位都是四十多岁的人，为什么不能学？学中文的特别要学一种外文，而且要学好一点，这会大有好处。要看外国小说、戏剧，还是看原文比较妥当。

还有个基础问题，像金字塔，基础要广一点，才能逐渐在上层立出个尖顶，不能一下子搞个尖顶，那样搞出来也要倒塌。孔夫子说博学而守约。学要博，守要约。用毛泽东同志的话说，就是先打游击战，再打歼灭战，然后再攻城。攻城阶段要放得迟一点。你们现在恐怕还是要打些游击战，然后专攻美学。

刚才有同志问艺术的功用是什么，它在社会生活中的作用是附属于道德、教育、宣传等功利活动的呢，还是自有独立的价值？如果这种独立价值存在，它又是什么？

这个问题很重要，提得很好。写文章、搞电影、戏剧的人，没有不注意这个问题的。从去年文代会以来也一直在讨论。不能认为艺术无功用。人类有这么个东西，它就有它的功用，不然它不会存在。这是个老问题，从柏拉图、亚理斯多德起就在讨论。柏拉图说艺术没有功用，但他承认有坏影响。坏影响也是一种"功用"嘛。亚理斯多德不同，他是个医生的儿子，他从医学观点看这个问题，说悲剧对人的心理健康有好处。他用的是"katharsis"，这个词可译为净化作用、升华作用、发散作用，说的是人一活动，把他的闷气发散掉就好了。从医学看有点道理。学美学也要学点语言学。中国话讲"苦闷"，苦和闷联在一块；说"畅快"，快和舒畅联在一块。一个东西积压在那里，阻碍自然流动就发病，发散掉就好了。发热、伤风咳嗽都是这样。亚理斯多德说的是悲剧，喜剧又不同了。柏拉图是从政治观点看问题的。他的《理想国》对艺术社会功能基本上是否定的。他要把诗人驱逐出境。

这个艺术功能问题，也就是艺术要为社会服务的问题，历代都在讨论。过去的看法没时间谈了，这里只讲当前的讨论。我认为艺术是有功用的，有时候它也会放毒，要肯定这一点。最近我掀起一场争论，就是意识形态与上层建筑的关系问题。过去有人说意识形态也适应于上层建筑的政权部门。斯大林在《马克思主义与语言学问题》中说意识形态适应政治的上层建筑，首次把地位摆错了。我指出来，大家还不肯相信，还在争论。我在继续注意这个问题。总之，社会上的一样东西，不管好东西坏东西，既然存在一个时期，它就有存在的道理，其中就涉及社会的作用问题。艺术是不是要为社会服务？从柏拉图到现在都肯定艺术要为社会服务。那么艺术是不是耳提面命那么一种情况？也不是。艺术还是有相对的独立性的。是不是要附属于道德、伦理、宣传教育？说"附属"恐怕不妥，我不赞成"附属"的提法。艺术有自己独立的价值，这个独立价值就是它对人类起促进认识的作用，提高人的作用，提高文化的作用。这是个大问题，我回答不好，临时想了一下，就这么回答。这个问题值得大家继续研究。

载《美学讲演集》

朱光潜教授谈美学[①]

问：朱先生是中国美学界的老前辈，在你开始从事美学研究时，中国学术界对美学了解的程度如何？

朱：在中国，美学作为一门独立的科学是在鸦片战争后从西方介绍过来的。北大前校长蔡元培是老一辈中较早开始研究美学的。他是留法勤工俭学的倡导者，接触到法国孔德派实证主义，受了些影响。从法国回来他在灯市口办了个孔德学校，中小学都有，还有个很好的法文图书馆，那些书可惜后来都散失了。以后蔡先生又到德国，读了不少德文美学著作，当时他提了一个很重要的口号："以美育代宗教"。这是孔德派在法国的口号。那当然是片面的提法，但在当时还是有影响的。

另外一位就是王国维。王国维是汉学家，搞中国考据学的，清华大学研究院的教授，在中国学问方面是有些成就的。他的《人间词话》反映了不少尼采、叔本华的影响。他在美学中强调"有我之境"与"无我之境"的区别。

提起尼采，鲁迅也介绍过他。1929 年以后，还翻译了普列汉诺夫的《艺术论》和卢那察尔斯基的《艺术论》等书，介绍给中国读者。

还有一个人现在还在，就是吕叔湘的哥哥吕澂。

问：是搞佛学的那位吕澂先生？

朱：对，他早年也搞过一阵美学，有美学著作。此外，早期搞美学的人也就不多了。因过去到西方留学，学理工的多，学文科的本来就少。在我们那个时期如此，就是现在也还如此。近代美学的研究在德国最盛，一些重要的美学家都在德国，重要的学术观点也都是在那里起来的。

总的来说，当时国内美学研究基本情况是落后的，资料也不全。学美学也要学历史、心理学和社会学，我们在这些方面基础都很薄弱。

这是说专门研究美学的人，没谈到研究戏剧、电影及文艺理论等方面的许多人，但应当重视他们的工作。如茅盾、焦菊隐等人，他们做了很多很好的工作，周扬介绍过车尔尼雪夫斯基的《生活与美学》，是三十年代一部最有影响的美学著作，以后斯坦尼斯拉夫斯基在中国也是有影响的。

问：你对美学的爱好和研究是如何开始的？

朱：我原来是在武昌高师学国学的，中文系。可是那里的教师水平太差，我非常不满意，给教育部写信告状，当然没下文，一年不到我就想走。这时正巧武汉大学答应香港大学送二十名师范大学生去，我考取了教育系，在那里学英文，学教育学、心理学、生物学等等，对心理学我最感兴趣。

从香港回来，我就在上海和上虞教书。那时年轻，还是有点朝气，跟国民党校长争教育民主，不成，就和匡互生离开学校，同朱自清、夏丏尊、丰子恺几个在上海办起了立达学园，搞了个开明书店。只是学园刚一办起，我就考取了公费留英。

1925 年我到英国，先是在爱丁堡学习，那里哲学很强，我学了点哲学、英国文学和心理学。当时有一个跟我同一旅馆的英国历史讲师汤姆逊，他对克罗齐很有兴趣，经常跟我谈，我因而也学起克罗齐的美学。我在爱丁堡的哲学教授叫侃普·斯密斯，是研究康德的专家，列宁曾在《唯物主义和经验批判主义》里提到过他。他不赞成我搞美学，说美学是一潭泥，玄得很，不容易搞。

后来，我到了法国斯特拉斯堡大学，那是歌德的母校，有很好的文艺传统，那里哥特式大教寺是有名的建筑物。学校里课不多，主要去图书馆，也常听音乐会和看戏。我在那里呆了三年，又学了法文和德文。以后，我又跑到德国和意大利，接触了他们的文化，特别是我还一个人跑到意大利罗马地下墓道里考察过哥特大教寺和壁画的起源，参观过梵蒂冈和佛罗伦萨等地所作的著名雕刻和文艺复兴时代的建筑、绘画及雕刻，在艺术上得到一些感性认识。我认为这对研究美学是非常必要的。

问：你在《文艺心理学》中说，你是从研究文学、心理学、哲学而走向美学研究的？

朱：是的，美学是我所喜欢的这几门学问的联络线。我相信，研究文学、艺术、心理学的人们如果忽略了美学，那是一个很大的欠缺；而这些年我更进一步体会到，研究美学的人们如果忽略文学、艺术、心理学、哲学和历史，那就会是一个更大的欠缺。

问：朱先生的一些早期著作大多是在这段时期写的？

朱：我几乎所有较重要的著作都是当学生时候写的。最早的一部美学处女作是 1936 年出版的《文艺心理学》。文艺心理学当时法国巴黎大学文学院院长写过一本，现在苏联也有了。那是从心理学角度探索文艺创作的问题的，这部书稿是在爱丁堡写成，国内出版的。

《谈美》的信是《文艺心理学》的通俗叙述，也是在爱丁堡写成的。

问：这本书连同《给青年的十二封信》，当时在青年中影响很大，很多人至今还藏有这两本书。我手头的那本是第二十九版的。

朱：这两本书的销行数量是很特殊的。当时自己也是个青年人，思想上跟青年还是相当接近的。

接着我还写了一部《诗论》，对过去用功较多的诗这门艺术进行了一些探讨，用西方诗论来解释中国古典诗歌，用中国诗论来印证西方著名诗论。在我过去的写作中，如果说还有点什么自己独立的东西，那还是《诗论》。《诗论》对中国诗的音律，为什么中国诗后来走上律诗的道路，作了一些科学的分析。

在斯特拉斯堡大学，我用英文写过一篇博士论文，叫《悲剧心理学》，由大学出版社出版，寄了一百多本到中国，现在都没了，我自己也没有，大概只有科学院图书馆还留了一本。

问：最近看到一个英国汉学家麦独孤（B. S. McDougall）的一篇研究先生的论文，她主要研究的就是《悲剧心理学》。

朱：那是在新西兰工作的一个英国汉学家，她的资料工作做得很细。为了写这篇文章，我所进过的大学，她都去访问过，调查过有关档案；我早年的作品她也几乎都看过，而且提出很正确的意见。她也写过文章评何其芳，把何的诗翻成外文，并写了评介文章，我看她写得很客观。他们的资料工作比我们自己的还要好些。

还有一部《变态心理学》（商务版）和一部《变态心理学派别》（开明书店版），也是学生时代的著作，我手头也都没有了。最近我才看到台湾盗印了我在开明书店印的那个版本，已经盗印到第八版了。

其次就是一些零星小文章了。国民党时代在四川我写过《谈文学》、《谈修养》。《谈修养》还是《给青年的十二封信》的调子。写《谈文学》时，都是白天办公，晚上回来等老婆孩子都睡了，在他们的鼾声中写的。

问：1949 年以后你有什么重要著作？

朱：建国以后，我唯一重要的著作就是《西方美学史》。五十年代的美学大辩论引起国内对美学的广泛注意，1961 年北京大学要求我在哲学系开美学专题，1962 年科学院教材会议指定我编一本《西方美学史》，同时中央几位领导同志又指名要我去中央党校讲课，我讲了三个月。就以北大和中央党校讲课的提纲为基础，我花了大约一年多时间，写出了《西方美学史》，1963 年在人民文学出版社出版。1971 年恢复工作后我首先把黑格尔的《美学》译完，接着译歌德的《谈话录》，以后又把《西方美学史》看了一遍，改了些，特别是绪论、结论部分改得很多，就是现在的这个本子。

今年百花文艺出版社又要我将八十岁以后这三年写的文章编成集子，有十篇文章，七八月就可付印。

实际上，我在美学研究方面，自己写的不算什么。美学研究方面如果还可以介绍的话，那主要是我摸资料摸得多，翻译了不少重要的书，如最近再版的柏拉图《文艺对话集》，过去译的莱辛的《拉奥孔》、克罗齐的《美学原理》、爱克曼的《歌德谈话录》、黑格尔的《美学》等等。我译的东西放在书架上，比我自己写的多得多。我有个想法：无论搞什么学问，没有资料不行，人家在搞些什么，走过什么路，哪些路错了，哪些还有可取的地方，这些都是重要的。

问：意大利沙巴蒂尼教授认为《文艺心理学》是你的代表作，你是怎么看的？

朱：我自己认为比较有点独到见解的还是《诗论》。《文艺心理学》主要是介绍当时外国流行的一些学派。

问：你在美学上的一些重要观点是怎么形成的？克罗齐对你的思想有哪些影响？

朱：美学观点的形成，这是个大题目，不好回答，因为这些观点不只是从读美学书中得来的。我过去一向搞中国文学，搞美学比较迟。从外表看受克罗齐的影响较深，但沙巴蒂尼给我一个批评，说我不是克罗齐主义，他说我的那些不成系统，所介绍的那些人都跟克罗齐毫不相干。是的，问题在于当时我的目的是介绍欧洲一些主要流派，不是自成一个体系。当时中国需要的不是某一个人的体系，而是美学的一般情况，我主要是起这么个作用。所以沙巴蒂尼的批评是对的，我不是一个忠实的克罗齐的信徒，当时我也无意做他的信徒，从我写的

《克罗齐哲学述评》就可以看出。

问：沙巴蒂尼说你的某些美学观点曾受中国道家思想的影响，是否正确？

朱：是这样的。不过说实话，像我们这种人，受思想影响最深的还是孔夫子。道家影响有一些，后来还受一些佛家的影响。在这一点上我和吕澂有些相似。有相当一个时期我搞佛学，佛学在中国还是有影响的。看中国《文心雕龙》这本书，这是中国文艺理论方面最好的著作，体系完整，过去我们还没有那么完整的东西。刘勰这个人是个佛教徒，他接受了印度文化的影响。

这个受影响是好事，是文化交流。闭关自守是危险的。马克思、恩格斯的《共产党宣言》就说过，世界市场出现以后，没有哪个可以闭关自守。这是实话，现在的世界文学，是世界共同的，闭关自守的状况不能再存在下去了。美学也一样，也不能再闭关自守了。

问：解放后国内几次美学界的争论，你是怎么看的？

朱：我觉得对我还是关心的。从1957年起就有些针对我的批评，这之前，周扬、乔木、邵荃麟都跟我打过招呼，要我正确对待。所以我还是积极认真地参加了这个讨论，有来必往，无批不辩。

一个人的思想总是不断在发展前进，不可能永远留在哪一点上。美学大辩论对我个人最大的收获，就是促使我认真学习马克思主义，从而认识到过去唯心看法的错误，这以后的三十年来，我的工作只搞马克思主义这一项，我没有啃别的东西。愈学我愈觉得马克思主义是抓住要害的，我相信无论搞哪种东西离开马克思主义不行。

五十年代的那场大辩论，有些题目是可笑的。但作用非常大，现在的青年人对于美学的兴趣就是从这场讨论引起的。我从那时起几乎天天接到他们的信，提这个那个问题，甚至托我买这本那本书，简直不得开交。哈哈。这对我个人是个沉重的精神负担，但从整个来说是好事，发生兴趣了嘛。1961 年我在北大哲学系开了美学课，以后很多学校的文科都有了美学课，特别是在中文系。

同时，"四人帮"反面教育也很深，大家感觉到思想要解放，美学要发展，像那样搞是不行的。

问：你主张的美是主客观统一说的观点是怎么形成的？它与你以前的观点有什么关系？

朱：这是个到现在还值得讨论的问题，有人认为美是客观存在的一个属性，这个东西无论有人感觉到还是无人感觉到，是不以人的意志为转移的。我从中国实际方面研究，感到这个说法不妥当。因为中国文学主要是抒情，要有情感才行，而美感还是一种情感，离开人是不行的。这使我相信在文艺活动中人要起很大作用，在当时这是我的一个看法。同是反映客观现实，但你反映的同我反映的不同，这一阶级同那一阶级反映的又不一样，是不是这样？我过去一向着重人的心理作用，那肯定是片面的，后来现实主义的理论起来了，我接触到了，其实这也不仅是近代如此，古代亚理斯多德就说，文艺模仿自然，自然也应包括人的思想感情。我的观点形成，首先是受了过去中国封建时代思想的影响，后来是资产阶级思想的影响，但关键的是在美学大批判后，我认真研究马克思主义之后形成的。

马克思的《经济学—哲学手稿》中的思想就是主客观统一的思想。他说历史是怎么前进、发展的？人凭生产劳动改造自然，在改造自然过程中更清楚地认识自然，同时改造自己。《经济学—哲学手稿》有个著名的论断：共产主义就是彻底的人道主义加上彻底的自然主义。这个自然主义不是后来文学流派的自然主义，而是说人要开发自然，要尽量把自然财富开发出来，在这个过程中，人把他的能力他的本质力量也尽量发挥出来。只有达到了彻底的人道主义才能达到彻底的自然主义，而人呢？也只有尽量地发挥自然财富也才能彻底发挥自己的作用。两者联成一片，用中国的一句老话，这就叫"人尽其能，地尽其利"。历史就是这么个过程，这个"人"是要紧的。我们处在"人"的地位，把"人"都丢了，就做不成什么事了。我认为我提的这个问题，对于主客观统一说是个重要的说明，说明好多问题，也说明我的思想是怎么形成的。

问：那么你的人同自然的关系也就是主客观的关系了？

朱：对。马克思主义总是把主体和对象看成统一体，就是要从实践出发，先有实践后有认识，分析到最后都是劳动。这个劳动都是有目的的，一是改造自然，扩充物质财富，另一是人们改造自己，扩充他来自实践的认识。所以人同自然的关系也即主客观关系。认识与实践的统一，实践是基本的，就是说还是要劳动。因此我们讲美学不完全是个理论问题，这个理论问题必须以创作实践为根据。

问：现在我国有些理论，尤其是美学研究，基本上还是从概念到概念。

朱：是这样，好些理论的毛病就是把理论单纯当作理论，对作品本身没下功夫，实际创作的甘苦他毫不知道，所以公式化概念化都有。

在片面强调客观方面，我们也受了斯大林以后苏联文艺理论的一些影响，以后形成的公式化概念化都是从这时候开始的。当然这并不是苏联的唯一状况，苏联关于美学的教育情况我也摸了一下，那比我们还要强。问题在于从日丹诺夫那个大批判以后，都是只有客观现实单独一方面起决定作用了。我们受那个影响现在还没肃清，将来会肃清的。我是相信马克思主义的。

片面的唯物主义，马克思给他起了个名字叫"抽象唯物"，就是说单讲唯物主义那是抽象唯物，单讲唯心主义那也是抽象唯心，这二者都是不行的。

问：朱先生在《西方美学史》序言中提出上层建筑不等于意识形态这个重要理论问题后，引起了一些争论。是否请朱先生再进一步就这个问题发表一些意见？

朱：这个问题的提出，我主要根据经典著作上的三处论述：一是马克思的《政治经济学批判》一书中上层建筑同基础的关系的那一章；还有就是恩格斯致施米特的一封信和《反杜林论》；三是斯大林的《马克思主义和语言学问题》。我当时有点疑问，就是上层建筑同意识形态的关系和分别。我认为马克思原来的用语并不是经济基础，而是"经济结构""现实基础"，在这上面竖立着上层建筑。这上层建筑包括两项：政治的、法律的上层建筑，也就是说政权机构及其措施，比方我们的公安部门、军队等。马、恩提到政治观点、政治理论、政治思想的时候，同政治问题的提法是不同的。这是两个不同的提法，他们没有把两方面看作一回事。关于这问题，我是把斯大林《马克思主义和语言学问题》上的一段话，同马、恩、列所讲的加以比较后得出来的看法。我认为根据马、恩、列的提法，特别是列宁的说法，可以清楚地看到有三个部分：经济基础（原文是经济结构现实基础），在这基础上竖立着上层建筑，而上层建筑一方面是法律的政治结构，另方面是意识形态。这一点我不怀疑，我看大家都不会怀疑，的确是那么回事。问题是马克思原来提的上层建筑无论政治方面也好，意识形态也好，都要适应基础。后来斯大林的提法就不同了，我想这分别应仔细考虑，关系很大，问题就是从这里起因的。

这个问题的实质就是学术同政治的关系问题。现在大家提出学术、文艺要不要为政治服务，当然是要为政治服务，从古到今，不只是社会主义时代，学术、文艺一向都是为政治服务，而且一向是为统治阶级服务的，向来如此。但是不是这两者就可以等同了呢？不能。这又回到马克思的英明论断，马克思认为，上层建筑，不论是政治的、法律的上层建筑，或是意识形态的上层建筑，都要为基础服务，这是很清楚的。但同时，它们究竟是两回事，不能等同起来。

问：你强调不能划等号，而不同意见认为意识形态就包括在上层建筑里，实际是可以划等号，距离是否就在这里？

朱：这个问题在于我们过去学的都是形式逻辑，我自己也是这样，辩证逻辑是解放后才学的。形式逻辑很简单，A 同 B 同属于 C，那个 A—C、B—C，都是部分同整体的关系，这个部分不能脱离整体，形式逻辑就是这样。我也是受了形式逻辑影响的。不过这个问题是不是就要划等号呢？我看批评者也没这样明确的提过，但他们都认为我否定意识形态属于上层建筑，一般对我的矛头都对着这点。这些批评有一部分是对的，因为原来我的提法有点片面，有的前后不够一致，不过基本是说得很清楚的：政治也好，艺术也好，都同属于上层建筑。但我有时说的话有点使人感觉好像学术、文艺等意识形态的这些东西不属上层建筑，可能写文章的时候没写清楚，这是我的错误。另外，在社会存在决定社会意识问题上，我也有过错误的认识，有错误就应承认错误。当然，还有一些我想不通的，有保留的，这还要进一步研究。尤其是政治同学术、艺术的关系，这是讨论的实质，究竟怎么解决，大家要进一步研究，我自己更要进一步研究。

问：这个问题不但在中国讨论，国外这些年也在讨论。英国人伊格尔顿写了一本《马克思主义文艺批评》，他说得较多，而且引证了不少其他人的观点。另外在《马克思与世界文学》中，柏拉威尔也谈得较多，但他只谈马克思，不谈恩格斯，有时显得不怎样完整。

朱：我知道，斯大林时代就有这个辩论，我们翻译的材料也很多。

问：你提到过这个问题。

朱：提到过，苏联《哲学问题》杂志嘛。不过那时厉害，《论艺术在生活中的地位和作用》那篇文章一出来就鸦雀无声，我觉得当时苏联有点压力，要是讨论能深入下去，倒还好些。

问：今后还打不打算就这个问题再写文章？

朱：不写了，还是搞研究，多看点书。现在外国马列主义研究还是相当广泛的，无论赞成的、反对的意见我都要看看。

问：朱先生对中国美学发展的前景是如何估计的？

朱：看现在的局面，我对前途是非常乐观的，美学大辩论在国内将死水一潭的空气触动了一下，大家对这门科学感到兴趣，所以我是比较乐观的。不过我也认为美学的真正发展，还是要相当一个时期。首先要有资料，你不能闭关自守，要看看人家，放眼世界啊。所以要多介绍外国资料，无论是马克思主义、修正主义还是资本主义都应该介绍。人的思想都有偏差，但某些方面总还可能有些道理。我说好些问题都是这样。所以前途是光明的，但还要经过一番痛苦的斗争和努力才行。

问：除了资料问题，朱先生还认为存在着哪些主要问题？应当如何使美学研究真正深入下去？

朱：学美学，第一件要学马列主义；第二要睁眼看看世界，看人家美学在搞些什么，自己搞了些什么；第三美学不是孤立的学问，不懂心理学不行，绝对不行。

将来美学要有前途，不只美学，还有其他一切科学，包括自然科学，都必须要学习马列主义。我们国家还要下大力搞一本比较精确的马恩全集的译本，现在不少经典著作的本子在选本和译文上都有问题。这个事情是相当困难的，但一定要做，必须要做。将来的美学发展要从这里搞起，译文不好，美学研究也不可能搞得很好。

问：朱先生的外文功力是闻名的。对一些著作：克罗齐的

《美学原理》、爱克曼的《歌德谈话录》、莱辛的《拉奥孔》、黑格尔的《美学》等，先生能把非常复杂的问题用非常浅显的文字表达出来，这个功夫是一般人很难做到的。

朱：我是学中文的。搞翻译只懂外文不行。文字是无底洞，到现在我有的普通字还不会写，一方面忘记了，一方面有的根本不知道，这说明过去功夫还不够。第二，学外文首先要区别外文与中文的不同，分别在什么地方。现在很多人总是把中文的调子按到外文上，中国式的外文；译外文时也是把外文架子套在中文上，变成外国式的中文。这两种情况都很普遍。

问：你这是翻译心理学。

朱：哈哈——，这是通病。

问：在广博和精深的问题上，朱先生有什么见解？

朱：我教我的学生，年轻的最好多看，东看一点西看一点，但到一定阶段就要集中全力打歼灭战。

我学俄文很迟，快到六十岁了。在解放初期，听广播、请人教发音等，花了一年功夫。根据我的情况不能再这样读了，就直接挑了几本书啃。首先啃《联共党史》，斯大林的这本著作写得好，政治词汇大半都有，文字非常清楚。我把《联共党史》读了两遍，就把政治词汇掌握了。接着我又挑了四本书：契诃夫的《樱桃园》和《三姊妹》、屠格涅夫的《父与子》和高尔基的《母亲》，硬啃。头遍只求粗通大义；二遍是关键，要求懂透，逐字逐句地抠，要把每句话的语法辞义都搞通，这遍费时最多，而这段，搞外国语不下这功夫是不行的；第三遍整个看看前后脉络，文章结构安排，从文学观点看。以后搁下些时候再看看，看那么三四本后，我就抱本字典动手翻译了。

问：四十年代你很爱写对话体的文章，解放后好像不写了。这种对话体我是很爱读的。

朱：那是我受柏拉图的影响。柏拉图的文章确实写得好，深入浅出，举的例都是茶碗茶杯那些普通东西，从中引出很深刻的道理。当时我试写过几篇，希望将来有人写那个。我们在文字方面单调一些，尤其是理论文章。

问：国内的理论文章多半是长的，长篇小说也似乎已经不是一部二部三部，而是五六部了。

朱：这风气要改。现在大多数人都非常忙，没多少时间看书，而真正想搞点东西则必须看书。所以我主张不要搞长篇大论，你有点道理，三五千字尽可以了，主要意思就可以写清了，小说有生活的写长点还好，没有生活硬写那么长的就不好。

问：这问题一时恐怕还难以扭转。

朱：也好解决，它自己会解决，没人看就解决了。

问：近年来你还搞点外国文学研究吗？

朱：没功夫了。

问：你对中国当代的文艺创作有什么看法？

朱：这是个重要问题，谈不好，主要是对当前文艺创作情况了解不够，看了一点都是零零星星的。

我看近年的相声发展得不坏，侯宝林很有办法，讽刺得那么厉害，但是以很愉快的方式说出来，使你听了很高兴。这很好嘛，哈哈。

电影也看了些，但好片子还是不多。

小说、报告文学只能看些短篇，我最欣赏的是刘宾雁的《人妖之间》，这是我所看的短篇中最好的一篇。这个人是有头脑的，他没有什么框框约束，敢说话。当然有的话不全对，但总的实在是篇好文章。我们新起的一些人，我看写文章还是有不少写得好的。去年的得奖小说大多我都找来看了，文字都不坏，都还有点修养，我很乐观，前途是大有希望的，希望在年青人身上。

在文艺方面，老年人思想僵化的不少，搞来搞去还是原来他那一套。有些不适当的吹捧很不好。

问：对所谓"伤痕文学"，从美学角度你认为应当怎么看？

朱：我想还是要百花齐放，不要一花独放。没有哪一派的美学家反对写伤痕，我没看到过。从另一个方面说，现实主义同浪漫主义要结合，这同刚才讲的主客观统一也有关系。这个浪漫主义偏重主观，现实主义偏重客观。年青作家的作品我看过一些，像北大《未名湖》等，我很欣赏。说老实话，我是很乐观的，下面一代还有人才。当然有一些不好的文章，但不能一概而论。

问：朱先生是否还准备再写一本谈美的新著？

朱：问题在于时间和精力。我有个打算：我现在正在译维柯的《新科学》，约五十万字，两年把它搞完，在这中间不搞任何事，是这么个决心。《新科学》译完，我写本介绍维柯的小册子，这可以办到。维柯这人我认为是很重要的，在《新科学》中他涉及的问题很多：古代社会、宗教、文学、语言等等，这是值得介绍的。如搞完这，老天爷还照顾我，身体还可以的话，再考虑别的计划。

载《美育》第一、二期，1981 年

注释

①这一篇专访的采访者署名冬晓。——编者注

我学美学的经历和一点经验教训

我的第一部美学著作是1936年出版的《文艺心理学》。《谈美》的信是概括这部处女作的通俗叙述。接着我就写了一部《诗论》，对过去用功较多的诗这门艺术进行了一些探讨。这三部书都是我在英、法两国当大学生时写出初稿的。我还用英文写过一本博士论文，叫做《悲剧心理学》，由斯特拉斯堡大学出版社出版。

在《文艺心理学》的"作者自白"里我已简略地回答过一些报刊编辑部向我提出的这个问题，现在先把有关的一段话抄下来，然后稍作补充：

从前我决没有梦想到我有一天会走到美学的路上去。我前后在几个大学里做过十四年的学生，学过许多不相干的功课，解剖过鲨鱼，制过染色切片；读过建筑史，学过符号名学，用过熏烟鼓和电气反应机测验过心理反应，可是我从来没有上过一次美学课。我原来的兴趣中心第一是文学，其次是心理学，第三是哲学。因为喜欢文学，就被逼到研究批评的标准，艺术与人生，艺术与自然，内容与形式，语文与思想等问题。因为喜欢心理学，我就被逼到研究想象与情感的关系，创造和欣赏的心理活动以及文艺趣味上的个别差异。因为喜欢哲学，我就被逼到研究康德、黑格尔和克罗齐诸人讨论美学的著作。这样一来，美学便成为我喜欢的几门学问的联络线索了。我现在相信：研究文学、艺术、心理学的人们如果忽略了美学，那是一个很大的欠缺。

事隔半个世纪，现在来检查过去写的这段"自白"，它还是符合事实的。不过要作两点补充。当时我也很喜欢历史，为着要了解希腊文学和艺术，我在爱丁堡大学曾正式选修了欧洲古代史。可是我考了两次都没有及格，为着遮羞，写"自白"时没有敢提到它。现在回想起来，这门不及格的欧洲古代史对我向往美学毕竟起了不小的作用。当时我还是一个穷学生，但是省吃俭用，还一个人跑到意大利罗马地下墓道里考察过哥特大教寺和壁画的起源，参观过梵蒂冈所藏的一些著名雕刻和文艺复兴时代散在意大利各城市的建筑、绘画和雕刻，体会到"耳闻不如目见"这句话的意义。

另一点须补充的是，"自白"最后一句后面还应加上这么一句："研究美学的人们如果忽略文学、艺术、心理学、哲学（和历史），那就会是一个更大的欠缺。"这一点是我从参加国内美学讨论到现在所看到的美学落后状态中体会出来的。关起门来学美学，不知"天有多高，地有多厚"，那是有害于己而无益于人的。

上文我提到"当时我还是一个穷学生",这对于我学起美学来也颇有影响。我在学生时代还编写过一部《变态心理学》、一部《变态心理学派别》(都出版过)和一部《符号逻辑》(稿交商务印书馆,在日本侵略上海时遭火灾焚毁了)。为什么一方面读书,一方面又写出那么多书呢?这就是因为我穷,不得不"自力更生",挣点稿费来吃饭过活。在这样"骑两头马"的生活中,我也吸取了一点有益的教训,就是做学问光读不写不行。写就要读得更认真一点,要把所读的在自己头脑里整理一番,思索一番,就会懂得较透些,使作者的思想经过消化,变成自己的精神营养。根据这点教训,我指导研究生,总是要求他们边读边写。他们也因此取得了较好的成绩。不过要补充一句,光写不读也不行。

有些同志问我是"怎样研究起美学来的",显然是问我怎样开始学美学的。这个"开始"我已交代清楚了,不过我觉得这还未免"有头无尾"。从前人说得好,"学无止境","活到老,学到老"。老实说,我一直在学美学,一直在开始新的阶段。解放后我有幸参加了几年之久的国内美学界的批判和讨论。我至少是批判对象之一。我是认真对待这次批判的,有来必往,无批不辩。从此我开始挪动了我原来的唯心主义立场。当时是我的论敌而现在是我的好友的一位同志,看到我在答辩中表示决心要学马列主义,便公开宣布"朱某某不配学马列主义"!这就激发了我的自尊心,暗地里答复了他,"我就学给你看看"!于是我又开始了我的新的美学行程。这三十年来我学的主要是马列主义。译文读不懂的必对照德文、俄文、法文和英文的原文,并且对译文错误或欠妥处都作了笔记,提出了校改意见。前几年，我看到世界各国马克思主义的学者们都在热烈讨论马克思的《经济学—哲学手稿》，这是我在五十年代就已读过而没有读懂的。于是又把它翻出来再啃，并且把其中关键性的"异化劳动"和"私有制与共产主义"两章重译过。虽不敢说我读懂了，毕竟比原来懂得多一点。这部经典著作受黑格尔和费尔巴哈的影响都很深。我对费尔巴哈毫无研究，预备补了这一课再回头去啃，但愿老天爷分配给我足够的时间和精力！

下面再谈点经验教训。和青壮年朋友见面谈心时，他们常问我，活到八十多岁了，一生都在学习和研究，有什么值得一谈的经验教训？

我首先谈到的，总是劝他们要坚持锻炼身体。从幼年起，我就虚弱多病，大半生都在和肠胃病、内痔、关节炎以及并发的失眠症作斗争。勉强读书学习，效率总是很低的。从此我体会到英国人说的"健康的精神寄托于健康的身体"那句至理名言，懂得劳逸结合的重要。所以我养成了不工作就出外散步的习惯。在"文革"中我被"四人帮"关进牛棚，受尽精神上和肉体上的折磨，一场大病几乎送了命。但我对国家和个人的前途是乐观的，于是，坚持慢跑、打简易太极拳和做气功之类简单的锻炼，身体就逐渐恢复过来了。就现在说，我的健康情况比自己在青壮年时期较好，也比一般同年辈的同事们较好，因此精神也日渐振作起来了，工作量总是超过国家所规定的。例如前年除参加许多会议和指导两个研究生之外，还新写过一部八万字的《谈美书简》，校了近百万字的书稿清样，还写了五六万字的美学论文和翻译论文。这一点切身经验，一方面使我羡慕青壮年朋友们比我幸福，还有一大段光阴可以利用；另一方面也深感到劳逸结合的原则在各级学校，特别在小学里，没有受到足够的重视，课程排得满满的，家庭作业也太繁太重，这不是培养人才而是摧残人才。

从锻炼成健康的身体中来锻炼出健康的精神，这是做一切工作所必遵循的一条辩证唯物主义的准则。不过我是毕生从事美学理论工作的，青壮年朋友们希望从我这里吸取经验教训的当然不仅在这条一般的原则，而主要还是在美学研究方面。在这方面我是走过崎岖曲折道路的，大半生都沉埋在我国封建时代的经典和西方唯心主义的美学和文学的论著里。到解放后，经过五十年代国内的美学批判讨论的刺激和鼓舞，我才逐渐接触到社会主义的新生事物和马列主义、毛泽东思想。先是逐渐认识到自己过去美学思想的唯心主义的基本错误，后是马克思主义的历史辩证发展观点也使我逐渐认识到过去西方唯心主义美学传统毕竟不是无中生有，其中有些论点还可以一分为二，去伪存真，足资借鉴。我写《西方美学史》以及我译黑格尔的《美学》、莱辛的《拉奥孔》和《歌德谈话录》之类美学经典著作都是从这个观点出发的。成就和理想还有很大的距离。古话说得好："前修未密，后起转精"，"补苴罅漏，张皇幽眇"，只有待诸后起者了。

从我自己走过的曲折的道路和观察到的我国美学界现实情况看，应该谈的主要有两点：一是"博学而守约"，二是解放思想，坚持科学的严谨态度。

所谓"博学"，就是把根基打广些；所谓"守约"就是"集中力量打歼灭战"。先说博学，作为一个近代理论工作者，起码要有一般的近代常识，不但要有社会科学常识，也要有自然科学常识。在自然科学方面，美学必须有心理学的基础。多年来我们高等院校里根本没有开设心理学的学科；"文革"后虽是开设了，能教的人为数寥寥，愿学的人也不很多，而且教材和阅读资料都极端贫乏。学美学的人就没有几个懂得心理学的。要不然，在"反形象思维论"的论战中就不会闹那么多的缺乏心理学常识的笑话了。

在社会科学方面，美学不但对文艺的创作和理论两方面都要有历史发展的认识，而且还要密切结合当前社会生活和文艺动态，最重要的当然还是马克思主义经典著作。"指导我们思想的理论基础是马克思列宁主义"这个伟大号召挂在每个人的口头上，可是把它放在心坎上坚决要理解它和运用它的人还不能说很多。美学家之中还有人发表评论马克思的《1844 年经济学—哲学手稿》的文章，宣扬这部书对美学的用场寥寥可数，而且公开咒骂马克思主义的实践观点，仿佛马克思在这部经典著作里并没有明确地提出实践观点，所谓实践观点不过是苏联几个修正主义美学家捏造出来，借以偷运唯心主义的骗人伎俩，而我国某个美学教授主张实践观点也不过是他们的应声虫。也就是在这篇评论里，我们的美学家还再三提到马克思在《政治经济学批判》第二章分析货币时谈到的金银的"审美属性"，认为马克思也和他本人一样，肯定了"美单纯是客观事物的一种属性"那种观点。"审美属性"在原文是 ästhetischen Eigenschaften，头一个词有人译为"美学"，把审美活动看成美学，当然不妥，而这位作者把"审美"和"美"等同起来，认为审美属性就是美这一客观属性。实际上"审

美"作为一个范畴，既可以指美，也可以指丑；既可以指雄
伟美，也可以指秀媚美；既可以指悲剧性的，也可以指喜剧性
的。说金银有审美属性，不过是说金银可以起审美的作用或引
起美感，并不是说金银本身就必然是美的。马克思在有关的一
段里说的是：

> 金银的审美属性使它们成为满足奢侈、装饰、富丽排
> 场炫耀之类需要的天然材料。

能说马克思肯定了这些事物就是客观的美吗？马克思接着就说
出金银具有审美属性的理由：

> 金银可以说表现出从地下发掘出时的本有光彩，银反
> 射出一切光线的自然混合，金则反射出红这种最强的色
> 彩，而色彩的感觉是一般美感中最通俗的一种。（引文较
> 原文略有修改——引者）

说"审美"和"美感"就必然要有起美感和审美活动的主体
（人）。能说马克思在这段话里肯定了美单纯是客观事物的一
种属性吗？"不以人的意识为转移"吗？我们的美学家最爱引
用这句话，丝毫不想一想：美感作为一种意识形态活动，说美
感不以人的意志（或意识）为转移，符合马克思主义的辩证
唯物史观的基本原则吗？用这种"一刀切"的办法不就势必
否定阶级观点和历史发展观点吗？

"审美范畴"这场纠纷所涉及的基本知识也包括对外文的
知识。上例就说明了不懂德文 ästhetischen 这个词的意义就导
致把它误认为和 schön（美）同义，从而认为具有"审美属

性"的东西就具有"美"的客观属性。从此可见，不懂德文，就很难准确地理解马克思的经典著作，而不准确地理解和翻译就会歪曲原义，以讹传讹害人不浅。生在现代，学任何科学都不能闭关自守，坐井观天，必须透过外文去掌握现代世界的最新的乃至最重大的资料。

学外文也并不是很难的事。再谈一点亲身经验，趁便也说明上文所提到的"守约"的道理。我在解放后近六十岁了，才自学俄文，一面听广播，一面抓住《联共党史》、契诃夫的《樱桃园》和《三姊妹》、屠格涅夫的《父与子》和高尔基的《母亲》这几本书硬啃。每本书都读上三四遍：第一遍只求粗通大义，第二遍就要求懂透，抱着字典，一字一句都不肯放过，词义和语法都要弄通，这一遍费力最多，收效也较大；第三遍通读就侧重全书的布局和首尾呼应的脉络以及叙事状物的一些巧妙手法，多少从文学角度去看它。较爱好的《母亲》还读过四遍。无论是哪本书，我有时还选出几段来反复朗诵，到能背诵的程度。这些工作都是在课余抓时间做的，做了两年之后，我也可以捧着一部字典去翻译俄文书了。可惜"文革"中耽搁了十多年，学到手的已大半忘掉了。

上文还提到"解放思想，坚持科学的严谨态度"。这首先是"做老实人，说老实话，办老实事"的人生态度问题。大家已谈得很多。我要谈的是一个人何以要不"做老实人，说老实话，办老实事"的道理。你也可以说这是由于思想不解放，不过思想何以不解放？怎样才能解放呢？据我这样老弱昏聩的人来看，外因或外面的压力固然也起作用，但是起决定作用的还是内因。内因主要是人自己的惰性和顽固性。其实这是两个同义词，都是精神服从物质，走抵抗力最低的路。这是一条物理学规律。怎样才能不走抵抗力最低的路呢？那就是要靠同时有较强的力量来牵制或抵挡最低的抵抗力，逼它让路。我回顾五十年代参加美学批判讨论中的一些朋友们，觉得有些人思想在发展，也有些人思想还处在僵化状态。我说他们思想僵化，并不是恶意攻击，而是一个逼他们脱离僵化的当头棒。

老化和僵化都是生机贫弱化的表现。要恢复生机，就要身体上和精神上都保持健康状态。要增强生机，就要医治生机贫弱化的病根，而这个病根正是"坐井观天"，"划地为牢"，"固步自封"。因此，我在做人和做学问方面都经常把姓朱的一位老祖宗朱熹的话悬为座右铭："半亩方塘一鉴开，天光云影共徘徊。问渠那得清如许，为有源头活水来。"关键在这"源头活水"，它就是生机的源泉，有了它就可以防环境污染，使头脑常醒和不断地更新，一句话，要"放眼世界"，不断地吸收精神营养！

载《浙江日报》，1981 年 6 月 25 日

学习之悟

——为有源头活水来

谈升学与选课

朋友：

你快要在中学毕业，此时升学问题自然常在脑中盘旋。这一着也是人生一大关键，所以，值得你慎而又慎。

升学问题分析起来便成为两个问题：第一是选校问题，第二是选科问题。这两个问题自然是密切相关的，但是为说话清晰起见，分开来说，较为便利。

我把选校问题放在第一，因为青年们对于选校是最容易走入迷途的。现在中国社会还带有科举时代的资格迷。比方小学才毕业便希望进中学，大学才毕业便希望出洋，出洋基本学问还没有做好，便希望掇拾中国古色斑斑的东西去换博士。学校文凭只是一种找饭碗的敲门砖。学校招牌愈亮，文凭就愈行，实学是无人过问的。社会既有这种资格迷，而资格买卖所便乘机而起。租三间铺面，拉拢一个名流当"名誉校长"，便可挂起一个某某大学的招牌。只看上海一隅，大学的总数比较英或法全国大学的总数似乎还要超过，谁说中国文化没有提高呢？大学既多，只是称"大学"还不能动听，于是"大学"之上又冠以"美国政府注册"的头衔。既"大学"而又在"美国政府注册",生意自然更加茂盛了。何况许多名流又肯"热心教育"做"名誉校长"呢?

朋友,可惜这些多如牛毛的大学都不能解决我们升学的困难,因为那些有"名誉校长"或是"美国政府注册"的大学,是预备让有钱可花的少爷公子们去逍遥岁月,像我们既无钱可花,又无时光可花,只好望望然去吧。好在它们的生意并不会因我们"杯葛"而低落的,我们求学最难得的是诚恳的良师与和爱的益友,所以选校应该以有无诚恳、和爱的空气为准。如果能得这种学校空气,无论是大学不是大学,我们都可以心满意足。做学问全赖自己,做事业也全赖自己,与资格都无关系。我看过许多留学生程度不如本国大学生,许多大学生程度不如中学生。至于凭资格去混事做,学校的资格在今日是不大高贵的,你如果作此想,最好去逢迎奔走,因为那是一条较捷的路径。

升学问题,跨进大学门限以后,还不能算完全解决。选科选课还得费你几番踌躇。在选课的当儿,个人兴趣与社会需要尝不免互相冲突。许多人升学选课都以社会需要为准。从前人都欢迎速成法政;我在中学时代,许多同学都希望进军官学校或是教会大学;我进了高等师范,那要算是穷人末路。那时高等师范里最时髦的是英文科,我选了国文科,那要算是腐儒末路。杜威来中国时,哥伦比亚大学的留学生把教育学也弄得很热闹。近来书店逐渐增多,出诗文集一天容易似一天,文学的风头也算是出得十足透顶。听说现在法政经济又很走时了。朋友,你是学文学或是学法政呢!"学以致用"本来不是一种坏的主张，但是资禀兴趣人各不同，你假若为社会需要而忘却自己，你就未免是一位"今之学者"了。任何科目，只要和你兴趣资禀相近，都可以发挥你的聪明才力，都可以使你效用于社会。所以你选课时，旁的问题都可以丢开，只要问："这门功课合我的胃口么？"

我时常想，做学问，做事业，在人生中都只能算是第二桩事。人生第一桩事是生活。我所谓"生活"是"享受"，是"领略"，是"培养生机"。假若为学问为事业而忘却生活，那种学问事业在人生中便失其真正意义与价值。因此，我们不应该把自己看作社会的机械。一味迎合社会需要而不顾自己兴趣的人，就没有明白这个简单的道理。

我把生活看作人生第一桩要事，所以不赞成早谈专门；早谈专门便是早走狭路，而早走狭路的人对于生活常不能见得面面俱到。前天 G 君对我谈过一个故事，颇有趣，很可说明我的道理。他说，有一天，一个中国人一个印度人和一位美国人游历，走到一个大瀑布前面，三人都看得发呆。中国人说："自然真是美丽！"印度人说："在这种地方才见到神的力量呢！"美国人说："可惜偌大水力都空费了！"这三句话各个不同，各有各的真理，也各有各的缺陷。在完美的世界里，我们在瀑布中应能同时见到自然的美丽，神力的广大和水力的实用。许多人因为站在狭路上，只能见到诸方面的某一面，便说他人所见到的都不如他的真确。前几年大家曾煞有介事地争辩哲学和科学，争辩美术和宗教，不都是坐井观天诬天渺小么？

我最怕和谈专门的书呆子在一起，你同他谈话，他三句话就不离本行。谈到本行以外，旁人所以为兴味盎然的事物，他听之则麻木不能感觉。像这样的人是因为做学问而忘记生活了。我特地提出这一点来说，因为我想现在许多人大谈职业教育，而不知单讲职业教育也颇危险。我并非反对职业教育，我却深深地感觉到职业教育应该有宽大自由教育（Liberal education）做根底。倘若先没有多方面的宽大自由教育做根底，则职业教育的流弊，在个人方面，常使生活单调乏味，在社会方面，常使文化肤浅褊狭。

许多人一开口就谈专门（specialization），谈研究（research work）。他们说，欧美学问进步所以迅速，由于治学尚专门。原来不专则不精，固是自然之理，可是"专"也并非是任何人所能说的。倘若基础树得不宽广，你就是"专"，也决不能专到多远路。自然和学问都是有机的系统，其中各部分常息息相通，牵此则动彼。倘若你对于其他各部分都茫无所知，而专门研究某一部分，实在是不可能的。哲学和历史，须有一切学问做根底；文学与哲学、历史也密切相关；科学是比较可以专习的，而实亦不尽然。比方生物学，要研究到精深的地步，不能不通化学，不能不通物理学，不能不通地质学，不能不通数学和统计学，不能不通心理学。许多人连动物学和植物学的基础也没有，便谈专门研究生物学，是无异于未学爬而先学跑的。我时常想，学问这件东西，先要能博大而后能精深。"博学守约"，真是至理名言。亚理斯多德是种种学问的祖宗。康德在大学里几乎能担任一切功课的教授。歌德盖代文豪而于科学上也很有建树。亚当·斯密是英国经济学的始祖，而他在大学是教授文学的。近如罗素，他对于数学、哲学、政治学样样都能登峰造极。这是我信笔写来的几个确例。西方大学者

（尤其是在文学方面）大半都能同时擅长几种学问的。

我从前预备再做学生时，也曾痴心妄想过专门研究某科中的某某问题。来欧以后，看看旁人做学问所走的路径，总觉悟像我这样浅薄，就谈专门研究，真可谓"颜之厚矣"！我此时才知道从前在国内听大家所谈的"专门"是怎么一回事。中国一般学者的通病就在不重根基而侈谈高远。比方"讲东西文化"的人，可以不通哲学，可以不通文学和美术，可以不通历史，可以不通科学，可以不懂宗教，而信口开河，凭空立说；历史学者闻之窃笑，科学家闻之窃笑，文艺批评学者闻之窃笑，只是发议论者自己在那里洋洋得意。再比方著世界文学史的人，法国文学可以不懂，英国文学可以不懂，德国文学可以不懂，古希腊文学可以不懂，中国文学可以不懂，而东抄西袭，堆砌成篇，使法国文学学者见之窃笑，英国文学学者见之窃笑，中国文学学者见之窃笑，只是著书人在那里大吹喇叭。这真所谓"放屁放屁，真正岂有此理"！

朋友，你就是升到大学里去，千万莫要染着时下习气，侈谈高远而不注意把根基打得宽大稳固。我和你相知甚深，客气话似用不着说。我以为你在中学所打的基本学问的基础还不能算是稳固，还不能使你进一步谈高深专门的学问。至少在大学头一二年中，你须得尽力多选功课，所谓多选功课，自然也有一个限制。贪多而不务得，也是一种毛病。我是说，在你的精力时间可能范围以内，你须极力求多方面的发展。

最后，我这番话只是对你的情形而发的。我不敢说一切中学生都要趁着这条路走。但是对于预备将来专门学某一科而谋深造的人，——尤其是所学的关于文哲和社会科学方面，——

我的忠告总含有若干真理。

同时，我也很愿听听你自己的意见。

你的朋友　孟实

选自《给青年的十二封信》

回忆二十五年前的香港大学

看过《伊利亚随笔集》的人看到这个题目，请不要联想到兰姆的《三十五年前的基督慈幼学校》（Charles Lamb. *Essays of Elia：Christ Hospital 35 Years Ago*）那篇文章。我没有野心要模拟那种不可模拟的隽永风格。同学们要出一个刊物，专为同学们自己看，把对于母校的留恋和同学间的友谊在心里重温一遍，这也是一种乐趣。我的意思也不过趁便闲谈旧事，聊应通信，和许多分散在天涯海角的朋友们至少可以在心灵上多一次会晤。写得好坏，那是无关重要的。

第一次欧战刚刚完结，教育部在几个高等师范学校里选送了二十名学生到香港大学去学教育，我是其中之一。当时政府在北京，我们二十人虽有许多不同的省籍，在学校里却通被称为"北京学生"。"北京学生"在学校里要算一景。在洋气十足的环境中，我们带来了十足的师范生的寒酸气。人们看到我们有些异样，我们看人们也有些异样。但是大的摩擦却没有。学会容忍"异样"的人就受了一种教育，不能容忍"异样"的人见了"异样"，增加了自尊感；不能受"异样"

同化的人见了"异样",也增加了对于人世的新奇感。所以港大同学虽有四百余人,因为各种人都有,色调很不单纯,生活相当有趣。

我很懊悔,这有趣的生活我当时未能尽量享受。"北京学生"大抵是化外之民,而我尤其是像在鼓里过日子,一般同学的多方面的活动我有时连作壁上观的兴致也没有。当时香港的足球网球都很负盛名,这生来与我无缘。近海便于海浴,我去试了二三次,喝了几口咸水,被水母咬痛了几回,以后就不敢再去问津了。学校里演说辩论会很多,我不会说话,只坐着望旁人开口。当时学校里初收容女生,全校只有何东爵士的两个女儿欧文小姐和伊琳小姐两人,都和我同班,我是若无其事,至少我不会把她们当女子看待。广东话我不会说,广东菜我没有钱去吃,外国棋我不会下,连台球我也不会打。同学们试想一想,有了这一段自供,我的香港大学生的资格不就很有问题了么?

读书我也不行。从高等师范国文系来的英文自然比不上好些生来就只说英文的同学。记得有一次作文,里面说到坐人力车和骑马都不是很公平的事,被一位军官兼讲师的先生痛骂了一场。有一夜生了病,第二天早晨浮斯特教授用当时很称新奇的方法测验智力,结果我是全班中倒数第一,其低能可想而知。但是我在学校里和朱跌苍、高觉敷有 three wise men 的诨号,wise men(哲人)自然是 queer fish(怪物)的较好听的代名词。当时的同学大约还记得香港植物园的一件值得注意的事,常见三位老者,坐在一条凳上晒太阳,度他们悠闲的岁月。朱高两人和我形影相伴,容易使同学们联想到那三位老者，于是只有那三位老者可以当的尊号就落到我们三位"北京学生"的头上了。

我们三人高矮差不多，寒酸差不多，性情兴趣却并不相同，往来特别亲密的缘故是同是"北京学生"，同住梅舍（May Hall），而又同有午后散步的习惯。午后向来课少，我们一有闲空，便沿着梅舍从小径经过莫理孙舍（Morrison Hall）向山上走，绕几个弯，不到一小时就可以爬上山顶。在山顶上望一望海，吸一口清气，对于我成了一种瘾。除掉夏初梅雨天气外，香港老是天朗气清，在山顶上一望，蔚蓝的晴空笼罩着蔚蓝的海水，无数远远近近的小岛屿上耸立着青葱的树林，红色白色的房屋，在眼底铺成一幅幅五光十彩的图案。霎时间把脑袋里一些重载卸下，做一个"空空如也"的原始人，然后再循另一条小径下山，略有倦意，坐下来吃一顿相当丰盛的晚餐。香港大学生的生活最使我留恋的就是这一点。写到这里，我鼻孔里还嗅得着太平山顶晴空中海风送来的那一股清气。

我瞑目一想，许多旧面目都涌现到面前。终年坐在房里用功、虔诚的天主教徒郭开文，终年只在休息室里打棒球下棋、我忘记了姓名只记得诨号的"棋博士"，最大的野心在娶一个有钱的寡妇的姚医生，足球领队的黄天锡，辩论会里声音嚷得最高的非洲人，眯眼的日本人，我们送你一大堆绰号的四川人"Mr Collins"[①]，一天喝四壶开水的"常识博士"，我们"北京学生"让你领头，跟着你像一群小鸡跟着母鸡去和舍监打交涉的 Tse Foo（朱复），梅舍的露着金牙齿微笑的 No Ohe（宿舍里的斋夫头目）……朋友们，我还记得你们，你们每一个人都曾经做过我开心时拿来玩味的资料，于今让我和你们每一个人隔着虚空握一握手！

老师们，你们的印象更清晰。在教室里不丢雪茄的老校长爱理阿特爵士，我等待了四年听你在课堂指导书里宣布要讲的中国伦理哲学，你至今还没有讲，尽管你关于"佛学"的巨著曾引起我的敬仰。还有天气好你就来，天气坏你就回英国，像候鸟似的庞孙倍芬先生，你教我们默写和作文，把每一个错字都写在黑板上来讲一遍，我至今还记得你的仁慈和忍耐。工科教授勃朗先生，你不教我的课，也待我好，我记得你有规律的生活，我到苏格兰，你还差过你的朋友一位比利时小姐来看我，你托她带给我的那封长信我至今似乎还没有回。提起信，我这不成器的老欠信债的学生，你，辛博森教授，更有理由可以责备我。但是我的心坎里还深深映着你的影子。你是梅舍的舍监，英国文学教授，我的精神上的乳母。我跟你学英诗，第一次读的是《古舟子咏》，我自己看第一遍时，那位老水手射死海鸟的故事是多么干燥无味而且离奇可笑，可是经过你指点以后，它的音节和意象是多么美妙，前后穿插安排是多么妥帖！一个艺术家才能把一个平凡的世界点染成为一个美妙的世界，一个有教书艺术的教授才能揭开表面平凡的世界，让蕴藏着美妙的世界呈现出来。你对于我曾造成这么一种奇迹。我后来进过你进过的学校——爱丁堡大学——就因为我佩服你。可是有一件事我忘记告诉你，你介绍我去见你太太的哥哥，那位蓝敦大律师，承他很客气，再三嘱咐我说："你如果在法律上碰着麻烦，请到我这里来，我一定帮助你。"我以后并没有再去麻烦他。

最后，我应该特别提起你，奥穆先生，你种下了我爱好哲学的种子。你至今对于我还是一个疑谜。牛津大学古典科的毕业生，香港法院的审判长，后来你回了英国，据郭秉和告诉我，放下了独身的哲学，结了婚，当了牧师。你的职业始终对于你是不伦不类。你是雅典时代的一个自由思想者，落在商业化的大英帝国，还缅想柏拉图、亚理斯多德在学园里从容讲学论道的那种生活，我相信你有一种无可告语的寂寞。你在学校里讲课不领薪水，因为教书拿钱是苏格拉底所鄙弃的。你教的是伦理学，你坚持要我们读亚理斯多德，我们瞧不起那些古董，要求一种简赅明了的美国教科书。你下课时，我们跟在你后面骂你，虽是隔着一些路，却有意"使之闻之"，你摆起跛腿，偏着头，若无其事地带着微笑向前走。校里没有希腊文的课程，你苦劝我到你家里去跟你学，用汽车带我去你家学，我学了几回终于不告而退。这两件事我于今想起，面孔还要发烧。可是我可以告诉你，由于你的启发，这二十多年来我时常在希腊文艺与哲学中吸取新鲜的源泉来支持生命。我也会学你，想尽我一点微薄的力量，设法使我的学生们珍视精神的价值。可是我教了十年的诗，还没有碰见一个人真正在诗里找到一个安顿身心的世界，最难除的是腓力斯人（庸俗市民）的根性。我很惭愧我的无能，我也开始了解到你当时的寂寞。写到这里，我不免有些感伤，不想再写下去，许多师友的面孔让我留在脑里慢慢玩味吧！香港大学，我的慈母，你呢，于今你所哺的子女都星散了，你那山峰的半腰，像一个没有鸟儿的空巢（当时香港被日本人占领了），你凭视海水嗅到腥臭，你也一定有难言的寂寞！什么时候我们这一群儿女可以回巢，来一次大团聚呢？让我们每一个人遥祝你早日恢复健康与自由！

载《文学创刊》第 3 卷第 1 期，1944 年 5 月

注释

①Collins：英国女小说家简·奥斯丁的《傲慢与偏见》中一个可笑的角色。

我 与 文 学

　　我生平有一种坏脾气，每到市场去闲逛，见一样就想买一样。无论是怎样无用的破铜破铁，只要我一时高兴它，就保留不住腰包里最后的一文钱。我做学问也是如此。今天丢开雪莱，去看守薰烟鼓测量反应动作，明天又丢开柏拉图，去在古罗马地道阴森曲折的坟窟中溯"哥特式"大教寺的起源。我已经整整地做过三十年的学生，这三十年的光阴都是这样东打一拳西踢一脚地过去了。

　　在现代社会制度和学问状况之下，百科全书式的学者已经没有存在的可能，一个人总得在许多同样有趣的路径之中选择一条出来走。这已经成为学术界中不成文的宪法，所以读书人初见面，都有一番寒暄套语："您学哪一科？""文科。""哪一门？""文学。"假如发问者也是学文学的，于是"哪一国文学？哪一方面？哪一时代？哪一个作者？"等问题就接着逼来了。我也屡次被人这样一层紧逼一层地盘问过，虽然也照例回答，心中总不免有几分羞意，我何尝专门研究文学？何况是哪一方面和哪一时代的文学呢？

　　在许多歧途中，我也碰上文学这条路，说来也颇堪一笑。我立志研究文学，完全由于字义的误解。我在幼时所接触的小知识阶级中，"研究文学"四个字只有两种流行的涵义：做过几首诗，发表几篇文章，甚至翻译过几篇伊索寓言或是安徒生童话，就算"研究文学"。其次随便哼哼诗念念文章，或是看看小说，也是"研究文学"。我幼时也欢喜哼哼诗，念念文章，自以为比做诗发表文章者固不敢望尘，若云哼诗念文即研究文学，则我亦何敢多让？这是我走上文学路的一个大原因。

　　谁知道区区字义的误解就误了我半世的光阴！到欧洲后见到西方"研究文学"者所做的工作以及他们所有的准备，才懂庄子海若望洋而叹的比喻，才知道"研究文学"这个玩艺儿并不像我原来所想象的那样简单，尤其不像我原来所想象的那样有趣。文学并不是一条直路通天边，由你埋头一直向前走，就可以走到极境的。"研究文学"也要绕许多弯路，也要做许多干燥辛苦的工作。学了英文还要学法文，学了法文还要学德文、希腊文、意大利文、印度文等等；时代的背景常把你拉到历史哲学和宗教的范围里去；文艺原理又逼你去问津图画、音乐、美学、心理学等等学问。这一场官司简直没有方法打得清！学科学的朋友们往往羡慕学文学者天天可以消闲自在地哼诗看小说是幸福，不像他们自己天天要埋头记干燥的公式，搜罗干燥的事实。其实我心里有苦说不出，早知道"研究文学"原来要这样东奔西窜，悔不如学得一件手艺，备将来自食其力。我现在还时时存着学做小儿玩具或编藤器的念头。学会做小儿玩具或编藤器，我还是可以照旧哼诗念文章，但是遇到一般人对于"研究文学"者"专门哪一方面"式的

问题就可以名正言顺地置之不理了。那是多么痛快的一大
解脱！

我这番话并不是要唐突许多在外国大学中预备博士论文
者，只是向国内一般青年自道甘苦。青年们免不掉像我一样有
一个嗜好文艺的时期，在现代中国学风之中，也恐怕免不掉像
我一样以哼诗念文章为"研究文学"。倘若他们再像我一样因
误解字义而走上错路，自然也难免有一日要懊悔。文艺像历史
哲学两种学问一样，有如金字塔，要铺下一个很宽广笨重的基
础，才可以逐渐砌成一个尖顶出来。如果入手就想造成一个尖
顶，结果只有倒塌。中国学者对于西方文艺思想和政教已有半
世纪的接触了，而仍然是隔膜，不能不归咎于只想望尖顶而不
肯顾到基础。在文艺、哲学、历史三种学问中，"专门"和
"研究工作"种种好听的名词，在今日中国实在都还谈不到。

这番话只是一个已经失败者对于将来想成功者的警告。如
果不死心塌地做基础工作，哼哼诗念念文章可以，随便做做诗
发表几篇文章也可以，只是不要去"研究文学"。像我费过二
三十年工夫的人还要走回头来学编藤器做小儿玩具，你说冤枉
不冤枉！

选自《我与文学及其他》

谈学文艺的甘苦

亲爱的朋友们：

这个题目是丏尊先生出给我做的。他说常接到诸位的信，怪我近来少替《中学生》写文章，现在《中学生》预备出"文艺特辑"，希望我说几句切实的话。诸位的厚意实在叫我万分惭愧。我从前常给诸位写信时，自己还是一个青年，说话很自在，因为我知道诸位把我当作一个伙伴看待。眼睛一转，我现在已经糊糊涂涂地闯进中年了。因为教书，和青年朋友们接触的机会还是很多，但是我处处感觉到自己已从青年侪辈中落伍出来了。我虽然很想他们仍然把我看作他们中间一个人，但是彼此中间终于是隔着一层什么似的，至少是青年朋友们对于我存有几分歧视。这是常使我觉得悲哀的一件事。我歇了许久没有说话，一是没有工夫去说；二是没有兴会去说；三是没有勇气去说。至于我心里却似一个多话的老年人困在寂寞里面，常渴望有耐烦的年轻人听他唠叨地剖白心事。

我担任的是文学课程。那些经院气味十足的文艺理论不但诸位已听腻了，连我自己也说腻了。平时习惯的谦恭不容许我说我自己，现在和朋友们通信，我不妨破一回例。我以为切己的话才是切实的话，所以我平时最爱看自传、书信、日记之类赤裸裸地表白自己的文字。我假定你也是这样想，所以在这封信里我只说一点切身的经验。我所说的只是一些零星的感想，请恕我芜杂没有系统。

我对于做人和做学问，都走过许多错路。现在回想，也并不十分追悔。每个人的路都要由他自己摸索出来。错路的教训有时比任何教训都更加深切。我有时幻想，如果上帝允许我把这半生的账一笔勾销，再从头走我所理想的路，那真是一件快事！但是我也相信，人生来是"事后聪明"的，纵使上帝允许我"从头再做好汉"，我也还得要走错路。只要肯摸索，到头总可以找出一条路来。世间只有生来就不肯摸索的人才会堕落在迷坑里，永远遇不着救星。

一般人常说，文艺是一种避风息凉的地方，在穷愁寂寞的时候，它可以给我们一点安慰。这话固然有些道理，但亦未必尽然。最感动人的文艺大半是苦闷的呼号。作者不但宣泄自己的苦闷，同时也替我们宣泄了苦闷，我们觉得畅快，正由于此。不过同时，伟大的作家们也传授我们一点尝受苦闷的敏感。人生世相，在健康的常人看，本来是不过尔尔，朦胧马虎地过活是最上的策略。认识文艺的人，对于人生世相往往见出许多可惊可疑可痛哭流涕的地方，这种较异样的认识往往不容许他抱鸵鸟埋头不看猎犬式的乐观。这种认识固然不必定是十分彻底的，再进一步的认识也许使我们在冲突中见出调和。不过这种狂风暴雨之后的碧空晴日，大半是中年人和老年人的收获，而且古今中外的中年人和老年人之中有几人真正得到这种收获？苦闷的传染性极大，而超脱苦闷的彻底解悟之难达到，恐怕更甚于骆驼穿过针孔。我对于西方文学的认识是从浪漫时代起。最初所学得的只是拜伦式的伤感。我现在还记得在一个轮船上读《少年维特之烦恼》，对着清风夕照中的河山悄然遐想，心神游离恍惚，找不到一个安顿处，因而想到自杀也许是唯一的出路；我现在还记得十五年前——还是二十年前？——第一次读济慈的《夜莺歌》，仿佛自己坐在花荫月下，嗅着蔷薇的清芬，听夜莺的声音越过一个山谷又一个山谷，以至于逐渐沉寂下去，猛然间觉得自己被遗弃在荒凉世界中，想悄悄静静地死在夜半的蔷薇花香里。这种少年时的热情、幻想和痴念已算是烟消云散了，现在回想起来，好像生儿养女的妇人打开尘封的箱箧，检点处女时代的古老的衣装，不免自己嘲笑自己，然而在当时它们费了我多方彷徨，多少挣扎！

青年们大概都有一个时期酷爱浪漫派文学，都要中几分伤感主义的毒。我自己所受的毒有时不但使我怀疑浪漫派文学的价值，而且使我想到柏拉图不许他的理想国里有诗人，也许毕竟是一种极大的智慧。无论对于人生或是对于文艺，不完全的认识常容易养成不健康的心理状态。我自己对于文艺不完全的认识酿成两种可悲哀的隔阂。第一种是书本世界和现实的隔阂。像我们这种人，每天之中要费去三分之二的时间抱书本，至多只有三分之一的时间可以应事接物。天天在史诗、悲剧、小说和抒情诗里找情趣，无形中就造成另一世界，把自己禁锢在里面，回头看自己天天接触的有血有肉的人物反而觉得有些异样。文艺世界中的豪情胜概和清思敏感在现实世界中哪里找得着？除非是你用点金术把现实世界也化成一个文艺世界？但是得到文艺世界，你就要失掉现实世界。爱好文艺的人们总难免有几分书呆子的心习，以书呆子的心习去处身涉世，总难免处处觉得格格不入。蜗牛的触须本来藏在硬壳里，它偶然伸出去探看世界，碰上了硬辣的刺激，仍然缩回到硬壳里去，谁知道它在硬壳里的寂寞？

我所感到的第二种隔阂可以说是第一种隔阂的另一面。人本来需要同情，路走得愈窄，得到同情的可能也就愈小。所见相同，所感才能相同。文艺所表现的固然有大部分是人人同见同感的，也有一部分是一般人所不常见到不常感到的。这一般人所不常见到不常感到的一部分往往是最有趣味的一部分。一个人在文艺方面天天向深刻微妙艰难处走，在实际生活方面，他就不免把他和他的邻人中间的墙壁筑得一天高厚似一天。说"今天天气好"，人人答应你"今天天气的确是好"；说"卡尔登今晚的片子有趣"，至少有一般爱看电影的人们和你同情。可是一阵清风吹来，你不能在你最亲爱的人的眼光里发现突然在你心中涌现的那一点灵感，你不能把莎士比亚的佳妙处捧献你的母亲，你不能使你的妻子也觉得东墙角的一枝花影，比西墙角的一枝花影意味更加深永。这个世界原来是让大家闲谈"今天天气好"的世界，此外你比较得意的话只好留着说给你自己听。

我对于文艺的认识是不完全的，我已经承认过。从大诗人和大艺术家的传记和作品看，较深厚的修养似乎能打消这种隔阂。不过关于这一点，我只好自招愚昧。上面所说的一番话也不尽是酸辛语，我有时觉得这种酸辛或许就是一种甜蜜。我的用意尤其不在咒骂文艺。我应该感谢文艺的地方很多，尤其是它教我学会一种观世法。一般人常以为只有科学的训练才可以养成冷静的客观的头脑。拿自己的前前后后比较，我自觉现在很冷静，很客观。我也学过科学，但是我的冷静的客观的头脑不是从科学得来的，而是从文艺得来的。凡是不能持冷静的客观的态度的人，毛病都在把"我"看得太大。他们从"我"这一副着色的望远镜里看世界，一切事物于是都失去它们本来的面目。所谓冷静的客观的态度，就是丢开这副望远镜，让"我"跳到圈子以外，不当作世界里有"我"而去看世界，而是把"我"与类似"我"的一切东西同样看待。这是文艺的观世法，这也是我所学得的观世法。我现在常拿看画的方法看一片园林或一座房屋，拿看小说或戏剧的方法看一对男女讲恋爱或是两个老谋深算的人斗手腕。一般人常拿实际人生的态度去看戏，看到曹操奸滑，不觉义愤填胸，本来是台下的旁观者，却跃跃欲试地想跳到台上去，把演曹操的角色杀死。我的办法与此恰恰相反。我本是世界大舞台里的一个演员，却站在台下旁观喝彩。遇着真正的曹操，我也只把他当作扮演曹操的角色看待，是非善恶都不成问题，嗔喜毁誉也大可不必，只觉得他有趣而已。我看自己也是如此，有时猛然发现自己在演小丑，也暗地里冷笑一阵。

有人骂这种态度"颓废""不严肃"。事关性分，我不愿置辩。不过我可以说，我所懂得的最高的严肃只有在超世观世时才经验到，我如果有时颓废，也是因为偶然间失去超世观世的胸襟而斤斤计较自己的利害得失。我不敢说它对于旁人怎样，这种超世观世的态度对于我却是一种救星。它帮助我忘去许多痛苦，容耐许多人所不能容耐的人和事，并且给过我许多生命力，使我勤勤恳恳地做人。

朋友们，我从文艺所得到的如此。各人的性格和经验不一样，我的话也许不能应用到诸位身上去，不过我所说的句句是体验过来的话，希望可以供诸位参考。

光潜　4月25日

选自《我与文学及其他》

从我怎样学国文说起

　　我学国文，走过许多迂回的路，受过极旧的和极新的影响。如果用自然科学家解剖形态和穷究发展的方法将这过程作一番检讨，倒是一件很有趣的事情。

　　我在十五岁左右才进小学，以前所受的都是私塾教育。从六岁起读书，一直到进小学，我没有从过师，我的唯一的老师就是我的父亲。我的祖父做得很好的八股文，父亲处在八股文和经义策论交替的时代。他们读什么书，也就希望我读什么书。应付科举的一套家当委实可怜，四书、五经、纲鉴、唐宋八大家文选、古唐诗选之外就几乎全是闱墨制义。五经之中，我幼时全读的是《书经》、《左传》。《诗经》我没有正式地读，家塾里有人常在读，我听了多遍，就能成诵大半。于今我记得最熟的经书，除《论语》外，就是听会的一套《诗经》。我因此想到韵文入人之深，同时，读书用目有时不如用耳。私塾的读书程序是先背诵后讲解。在"开讲"时，我能了解的很少，可是熟读成诵，一句一句地在舌头上滚将下去，还拉一点腔调，在儿童时却是一件乐事。这早年读经的教育我也曾跟着旁人咒骂过，平心而论，其中也不完全无道理。我现在所记得的书大半还是儿时背诵过的，当时虽不甚了了，现在回忆起来，不断地有新领悟，其中意味确是深长。

父亲有些受过学校教育的朋友，教我的方法多少受了新潮流的影响。我"动笔"时，他没有教我做破题起讲，只教我做日记。他先告诉我日间某事可记，并且指出怎样记法，记好了，他随看随改，随时讲给我听。有一次我还记得很清楚，宅旁发现一个古墓，掘出两个瓦瓶，父亲和伯父断定它们是汉朝的古物（他们的考古知识我无从保证），把它们洗干净，供在香炉前的条几上，两人磋商了一整天，做了一篇"古文"的记，用红纸楷书恭写，贴在瓶子上面。伯父提议让我也写一篇，父亲说："他！还早呢。"言下大有鄙夷之意。我当时对于文字起了一种神秘意识，仿佛此事非同小可，同时也渴望有一天能够得上记古瓶。

日记能记到一两百字时，父亲就开始教我做策论经义。当时科举已废除，他还传给我这一套应付科举的把戏，无非是"率由旧章"，以为读书人原就应该弄这一套。现在的读者恐怕对这些名目已很茫然，似有略加解释的必要。所谓"经义"是在经书中挑一两句做题目，就抱着那题目发挥成一篇文章，例如题目是"知耻近乎勇"，你就说明知耻何以近乎勇，"耻"与"勇"须得一番解释，"近乎"两个字更大有文章可做。所谓"策"是在时事中挑一个问题，让你出一个主意，例如题目是"肃清匪患"，你就条陈几个办法，并且详述利弊，显出你有经邦济世的本领。所谓"论"就是议论是非长短，或是评衡人物，刘邦和项羽究竟哪一个高明；或是判断史事，孙权究竟该不该笼络曹操。做这几类文章，你都要说理，所说的尽管是歪理，只要能自圆其说，歪也无妨。翻案文章往往见得独出心裁。这类文章有它们的传统作法。开头要一个帽子，从广泛的大道理说起，逐渐引到本题，发挥一段意思，于是转到一个"或者曰"式的相反的议论，把它驳倒，然后作一个结束。这就是所谓"起承转合"。这类文章没有什么文学价值，人人都知道。但是当作一种写作训练看，它也不是完全无用。在它的窄狭范围内，如果路走得不错，它可以启发思想，它的形式尽管是呆板，它究竟有一个形式。我从十岁左右起到二十岁左右止，前后至少有十年的光阴都费在这种议论文上面。这训练造成我的思想的定型，注定我的写作的命运。我写说理文很容易，有理我都可以说得出，很难说的理我能用很浅的话说出来。这不能不归功于幼年的训练。但是就全盘计算，我自知得不偿失。在应该发展想象的年龄，我的空洞的脑袋被歪曲到抽象的思想工作方面去，结果我的想象力变成极平凡，我把握不住一个有血有肉有光有热的世界，在旁人脑里成为活跃的戏景画境的，在我脑里都化为干枯冷酷的理。我写不出一篇过得去的描写文，就吃亏在这一点。

我自幼就很喜欢读书。家中可读的书很少，而且父亲向来不准我乱翻他的书箱。每逢他不在家，我就偷尝他的禁果。我翻出储同人评选的《史记》、《战国策》、《国语》、西汉文之类，随便看了几篇，就觉得其中趣味无穷。本来我在读《左传》，可是当作正经功课读的《左传》文章虽好，却远不如自己偷着看的《史记》、《战国策》那么引人入胜。像《项羽本纪》那种长文章，我很早就熟读成诵。王应麟的《困学纪闻》

也有些地方使我很高兴。父亲没有教我读八股文，可是家里的书大半是八股文，单是祖父手抄的就有好几箱，到无书可读时，连这角落里我也钻了进去。坦白地说，我颇觉得八股文也有它的趣味。它的布置很匀称完整，首尾条理线索很分明，在窄狭范围与固定形式之中，翻来覆去，往往见出作者的匠心。我于今还记得一篇《止子路宿》，写得真惟妙惟肖，入情入理。八股文之外，我还看了一些七杂八拉的东西，试帖诗、《楹联丛话》、《广治平略》、《事类统论》、《历代名臣言行录》、《粤匪纪略》，以至于《验方新编》、《麻衣相法》、《太上感应篇》和牙牌起数用的词。家住在穷乡僻壤，买书甚难。距家二三十里地有一个牛王集，每年清明前后附近几县农人都到此买卖牛马。各种商人都来兜生意，省城书贾也来卖书籍文具。我有一个族兄每年都要到牛王集买一批书回来，他的回来对于我是一个盛典。我羡慕他有去牛王集的自由，尤其是有买书的自由。书买回来了，他很慷慨地借给我看。由于他的慷慨，我读到《饮冰室文集》。这部书对于我启示一个新天地，我开始向往"新学"，我开始为《意大利三杰传》的情绪所感动。作者那一种酣畅淋漓的文章对于那时的青年人真有极大的魔力，此后有好多年我是梁任公先生的热烈的崇拜者。有一次报纸误传他在上海被难，我这个素昧平生的小子在一个偏僻的乡村里为他伤心痛哭了一场。也就从饮冰室的启示，我开始对于小说戏剧发生兴趣。父亲向不准我看小说，家里除一套《三国演义》以外，也别无所有，但是《水浒传》、《红楼梦》、《琵琶记》、《西厢记》几种我终于在族兄处借来偷看过。因为读这些书，我开始注意金圣叹，"才子""情种"之类观念开始在我脑里盘旋。总之，我幼时头脑所装下的书好比一个灰封尘积的荒货摊，大部分是废铜烂铁，中间也夹杂有几件较名贵的古董。由于这早年的习惯，我至今读书不能专心守一个范围，总爱东奔西窜，许多不同的东西令我同样感觉有兴趣。

我在小学里只住了一学期就跳进中学。中学教育对于我较深的影响是"古文"训练。说来也很奇怪，我是桐城人，祖父和古文家吴挚甫先生有交谊，他所廪保的学生陈剑潭先生做古文也曾享一时盛名，可是我家里从没染着一丝毫的古文派风气。科举囿人，于此可见一斑。进了中学，我才知道有桐城派古文这么一回事。那时候我的文字已粗清通，年纪在同班中算是很小，特别受国文教员们赏识。学校里做文章的风气确是很盛，考历史、地理可以做文章，考物理、化学也还可以做文章，所以我到处占便宜。教员们希望这小子可以接古文一线之传，鼓励我做，我越做也就越起劲。读品大半选自《古文辞类纂》和《经史百家杂钞》。各种体裁我大半都试作过。那时候我的摹仿性很强，学欧阳修、归有光有时居然学得很像。学古文别无奥诀，只要熟读范作多篇，头脑里甚至筋肉里都浸润下那一套架子，那一套腔调，和那一套用字造句的姿态，等你下笔一摇，那些"骨力""神韵"就自然而然地来了，你就变成一个扶乩手，不由自主地动作起来。桐城派古文曾博得"谬种"的称呼。依我所知，这派文章大道理固然没有，大毛病也不见得很多。它的要求是谨严典雅，它忌讳浮词堆砌，它讲究声音节奏，它着重立言得体。古今中外的上品文章似乎都离不掉这几个条件。它的唯一毛病就是文言文，内容有时不免空洞，以至谨严到干枯，典雅到俗滥。这些都是流弊，作始者并不主张如此。

兴趣既偏向国文，在中学毕业后我就决定升大学入国文系。我很想进北京大学，但因为路程远，花费多，家贫无力供给，只好就近进了武昌高等师范学校。在武昌待了一年光景，使我至今还留恋的只有洪山的红菜苔、蛇山的梅花和江边几条大街上的旧书肆。至于学校却使我大失所望，里面国文教员还远不如在中学教我的那些老师。那位地理名家系主任以冬烘学究而兼有海派学者的习气，走的全是左道旁门，一面在灵学会里扶乩请仙，一面在讲台上提倡孔教，讲书一味穿凿附会，黑水变成黑海，流沙便是非洲沙漠。另外有一位教员讲《孟子》，在每章中都发现一个文章义法，章章不同，这章是"开门见山"，那章是"一针见血"，另一章又是"剥茧抽丝"。一团乌烟瘴气，弄得人啼笑皆非。我从此觉得一个人嫌恶文学上的低级趣味可以比嫌恶仇敌还更深入骨髓。我在武昌却并非毫无所得，我开始发现世间有那么多的书。其次，学校里有文字学一门功课，我规规矩矩地把段玉裁的《许氏说文解字注》从头看到尾，约略窥见清朝小学家们治学的方法。

塞翁失马，因祸可以得福。我到武昌是失着，但是我因此得到被遣送到香港大学的机会。这是我生平一个大转机。假若没有得到那个机会，说不定我现在还是冬烘学究。从那时到现在，二十余年之中，我虽没有完全丢开线装书，大部分工夫却花来学外国文，读外国书。这对于我学中国文，读中国书的影响很大，待下文再说。现在先说一个同样重要的事件，那就是"新文化运动"。大家都知道，这运动是对于传统的文化、伦理、政治、文学各方面的全面攻击。它的鼎盛期正当我在香港读书的年代。那时我是处在怎样一个局面呢？我是旧式教育培养起来的，脑里被旧式教育所灌输的那些固定观念全是新文化运动的攻击目标。好比一个商人，库里藏着多年辛苦积蓄起来的一大堆钞票，方自以为富足，一夜睡过来，满市人都宣传那些钞票全不能兑现，一文不值。你想我心服不心服？尤其是文言文要改成白话文一点于我更有切肤之痛。当时许多遗老遗少都和我处在同样的境遇。他们咒骂过，我也跟着咒骂过。《新青年》发表的吴敬斋的那封信虽不是我写的（天知道那是谁写的，我祝福他的在天之灵！），却大致能表现当时我的感想和情绪。但是我那时正开始研究西方学问。一点浅薄的科学训练使我看出新文化运动是必需的，经过一番剧烈的内心冲突，我终于受了它的洗礼。我放弃了古文，开始做白话文，最初好比放小脚，裹布虽扯开，走起路来终有些不自在；后来小脚逐渐变成天足，用小脚曾走过路，改用天足特别显得轻快，发现从前小脚走路的训练工夫，也并不算完全白费。

文言白话之争到于今似乎还没有终结，我做过十五年左右的文言文，二十年左右的白话文，就个人经验来说，究竟哪一种比较好呢？把成见撇开，我可以说，文言和白话的分别并不如一般人所想象的那样大。第一就写作的难易说，文章要做得好都很难，白话也并不比文言容易。第二，就流弊说，文言固然可以空洞俗滥板滞，白话也并非天生地可以免除这些毛病。第三，就表现力说，白话与文言各有所长，如果要写得简练，含蓄，富于伸缩性，宜于用文言；如果要写得生动，直率，切合于现实生活，宜于用白话。这只是大体说，重要的关键在作者的技巧，两种不同的工具在有能力的作者的手里都可运用自如。我并没有发现某种思想和感情只有文言可表现，或者只有白话可表现。第四，就写作技巧说，好文章的条件都是一样，第一是要有话说，第二要把话说得好。思想条理必须清楚，情致必须真切，境界必须新鲜，文字必须表现得恰到好处，谨严而生动，简朴不至枯涩，高华不至浮杂。文言文要好须如此，白话文要好也还须如此。话虽如此说，我大体上比较爱写白话。原因很简单，语文的重要功用是传达，传达是作者与读者中间的交际，必须作者说得痛快，读者听得痛快，传达才能收到最大的效果。为作者着想，文言和白话的分别固不大；为读者着想，白话确远比文言方便。不过这里我要补充一句：白话的定义很难下，如果它指大多数人日常所用的语言，它的字和辞都太贫乏，决不够用。较好的白话文都不免要在文言里面借字借词，与日常流行的话语究竟有别。这就是说，白话没有和文言严密分家的可能。本来语文都有历史的赓续性，字与词有部分的新陈代谢，决无全部的死亡。提倡白话文的人们欢喜说文言是死的，白话是活的。我以为这话语病很大，它使一般青年读者们误信只要会说话就会做文章，对于文字可以不研究，对于旧书可以一概不读，这是为白话文作茧自缚。白话文必须继承文言的遗产，才可以丰富，才可以着土生根。

因为有这个信念，我写白话文，不忌讳在文言中借字借词。我觉得文言文的训练对于写白话文还大有帮助。但是我极力避免用文言文的造句法，和文言文所习用的虚字如"之乎者也"之类。因为文言文有文言文的空气，白话文有白话文的空气，除借字借词之外，文白杂糅很难得谐和。俞平伯诸人的玩艺只可聊备一格，不可以为训。

　　我对于白话文，除着接收文言文的遗产一个信念以外，还另有一个信念，就是它需要适宜程度的欧化。我从略通外国文学就时时考虑怎样采取外国文学风格和文字组织的优点，来替中国文创造一种新风格和新组织。我写白话文，除得力于文言文的底子以外，从外国文字训练中也得了不少的教训。头一点我要求合逻辑。一番话在未说以前，我必须把思想先弄清楚，自己先明白，才能让读者明白，糊里糊涂地混过去，表面堂皇铿锵，骨子里不知所云或是暗藏矛盾，这个毛病极易犯，我总是小心提防着它。我不敢说中国文人天生有这毛病，不过许多中国文人常犯这毛病却是事实。我知道提防它，是得力于外国文字的训练。我爱好法国人所推崇的明晰。第二点我要求合文法。文法本由习惯造成，各国语文都有它的习惯，就有它的文法。不过我们中国人对于文法向来不大研究，行文还求文从字顺，说话就不免随便。中国文法组织有两个显著的缺点。第一是缺乏逻辑性，一句话可以无主词，"虽然""但是"可以连着用。其次缺乏弹性，单句易写，混合句与复合句不易写，西文中含有"关系代名词"的长句无法译成中文，可以为证。我写白话文，常尽量采用西文的文法和语句组织，虽然同时我也顾到中国文字的特性，不要文章露出生吞活剥的痕迹。第二点在造句布局上我很注意声音节奏。我要文字响亮而顺口，流畅而不单调。古文本来就很讲究这一点，不过古文的腔调必须哼才能见出，白话文的腔调哼不出来，必须念出来，所以古文的声音节奏很难应用在白话文里。近代西方文章大半是用白话，所以它的声音节奏的技巧和道理很可以为我们借鉴。这中间奥妙甚多，粗略地说，字的平仄单复，句的长短骈散，以及它们的错综配合都须得推敲。这事很难，成就距理想总是很远。

我主张中文要有"适宜程度的"欧化，这就是说，欧化须有它的限度，它不应和本国的文字的特性相差太远。有两种过度的欧化我颇不赞成。第一种是生吞活剥地模仿西文语言组织。这风气倡自鲁迅先生的直译主义。"我遇见他在街上走"变成"我遇见他走在街上"，"园里有一棵树"变成"那里有一棵树在园里"，如此等类的歪曲我以为不必要。第二种是堆砌形容词和形容字句，把一句话拖得冗长臃肿。这在西文里本不是优点，许多作者偏想在这上面卖弄风姿，要显出华丽丰富，他们不知道中文句字负不起那样重载。为了这个问题，我和一位朋友吵过几回嘴。我不反对文字的华丽，但是我不欢喜村妇施朱敷粉，以多为贵。

这牵涉到风格问题，"风格就是人格"。每个作者有他的特性，就有他的特殊风格。所以严格地说，风格不是可模仿的或普遍化的，每个作者如果在文学上能有特殊的成就，他必须成就一种他所独有的风格。但是话虽如此说，他在成就独有的风格的过程中，不能不受外来的影响。他所用的语言是大家所公用的，他所承受的精神遗产来源很久远，他与他的环境的接触影响到他的生活，就能影响到他的文章。他的风格的形成有他的特异点，也有他与许多人的共同点。如果把这共同点叫做类型，我们可以说，一时代的文学有它的类型的风格，一民族的文学也有它的类型的风格。这类型的风格对于个别作家的风格是一个基础。文学需要"学"，原因就在此。像其他人类活动一样，文艺离不开模仿，不模仿而能创造，那是无中生有，不可想象。许多作家的厄运在不学而求创造，也有许多作家的厄远在安心模仿而不求创造。安于模仿，类型的风格于是成为呆板形式，而模仿者只是拿这呆板形式来装腔作势，装腔作势与真正文艺毫无缘分。从历史看，一个类型的风格到了相当时期以后，常易变成呆板形式供人装腔作势，要想它重新具有生命，必须有很大的新的力量来振撼它，滋润它。这新的力量可以从过去另一时代来，如唐朝作家撇开六朝回到两汉，十九世纪欧洲浪漫派撇开假古典时代回到中世纪；也可从另一民族来，如六朝时代接受佛典，英国莎士比亚时代接受意大利的文艺复兴。从整个的中国文学史看，中国文学的类型的风格到了唐宋以后不断地在走下坡路，我们早已到了"文敝"的阶段，个别作家如果株守故辙，虽有大力也无能为力。西方文化的东流，是中国文学复苏的一个好机会。我们这一个时代的人所负的责任真重大，我们不应该错过这机会。我以为中国文的欧化将来必须逐渐扩大，由语句组织扩大到风格。这事很不容易，有文学天才的人不一定有时间与精力研究西方文学，有时间精力研究西方文学的人也不一定有文学天才。假如我有许多年青作家的资禀，再加上丰富的生活经验，也许多少可以实现我的愿望。无如天注定了我资禀平凡，注定了我早年受做时文的教育，又注定了我奔波劳碌，不得一刻闲，一切愿望于是成为苦恼。

文学是人格的流露。一个文人先须是一个人，须有学问和经验所逐渐铸就的丰富的精神生活。有了这个基础，他让所见所闻所感所触藉文字很本色地流露出来，不装腔，不作势，水到渠成，他就成就了他的独到的风格，世间也只有这种文字才算是上品文字。除着这个基点以外，如果还另有什么资禀使文人成为文人的话，依我想，那就只有两种敏感。一种是对于人生世相的敏感。事事物物的哀乐可以变成自己的哀乐，事事物物的奥妙可以变成自己的奥妙。"一花一世界，一草一天堂。"有了这种境界，自然也就有同情，就有想象，就有澈悟。其次是对于语言文字的敏感。语言文字是流通到光滑污滥的货币，可是每个字在每一个地位有它的特殊价值，丝毫增损不得，丝毫搬动不得。许多人在这上面苟且敷衍，得过且过；对于语言文字有敏感的人便觉得这是一种罪过，发生嫌憎。只有这种人才能有所谓"艺术上的良心"，也只有这种人才能真正创造文学，欣赏文学。诗人济慈说："看一个好句如一个爱人。"在恋爱中除着恋爱以外，一切都无足轻重；在文艺活动中，除着字句的恰当选择与安排以外，也一切都无足轻重。在那一刻中（无论是恋爱或是创作文艺），全世界就只有我所经心的那一点真实，其余都是虚幻。在这两种敏感之中，对于文人，最重要的是第二种。古今有许多哲人和神秘主义的宗教家不愿用文字泄露他们的敏感，像柏拉图所说的，他们宁愿在诗里过生活，不愿意写诗。世间也有许多匹夫匹妇在幸运的时会中偶然发现生死是一件沉痛的事，或是墙角一片阴影是一幅美妙的景象，可是他们无法用语言文字把心中的感触说出来，或是说得不是那么一回事。文人的本领不只在见得到，尤其在说得出。说得出，必须说得"恰到好处"，这需要对于语言文字的敏感。有这敏感，他才能找到恰好的字，给它一个恰好的安排。

人生世相的敏感和语言文字的敏感都大半是天生的，人力也可培养成几分。我在这两方面得之于天的异常稀薄，然而我对于人生世相有相当的了悟，运用语言文字也有相当的把握。

虽然是自己达不到的境界，我有时也能欣赏，这大半是辛苦训练的结果。我从许多哲人和诗人方面借得一副眼睛看世界，有时能学屈原、杜甫的执着，有时能学庄周、列御寇的徜徉凌卢，莎士比亚教会我在悲痛中见出庄严，莫里哀教会我在乖讹丑陋中见出隽妙，陶潜和华兹华斯引我到自然的胜境，近代小说家引我到人心的曲径幽室。我能感伤也能冷静，能认真也能超脱。能应俗随时，也能潜藏非尘世的丘壑。文艺的珍贵的雨露浸润到我的灵魂至深处，我是一个再造过的人，创造主就是我自己。但是，天！我能再造自己，我不能把接收过来的世界再造成一世界。莪菲丽雅问哈姆雷特读什么，他回答说："字，字，字！"我一生都在"字"上做工夫，到现在还只能用"字"来做这世界里面的日常交易，再造另一世界所需要的"字"常是没到手就滑了去。圣约翰说："太初有字，字和上帝在一起，字就是上帝。"我能了解字的威权，可是我常慑服在它的威权之下。原来它是和上帝在一起的。

选自《我与文学及其他》

学艺四境

　　文学是一种很艰难的艺术，从初学到成家，中间须经过若干步骤，学者必须循序渐进，不可一蹴而就。拿一个比较浅而易见的比喻来讲，作文有如写字。在初学时，笔拿不稳，手腕运用不能自如，所以结体不能端正匀称，用笔不能平实遒劲，字常是歪的，笔锋常是笨拙扭曲的。这可以说是"疵境"。特色是驳杂不稳，纵然一幅之内间或有一两个字写得好，一个字之内间或有一两笔写得好，但就全体看去，毛病很多。每个人写字都不免要经过这个阶段。如果他略有天资，用力勤，多看碑帖笔迹（多临摹，多向书家请教），他对于结体用笔，分行布白，可以学得一些规模法度，手腕运用也比较灵活了，就可以写出无大毛病、看得过去的字。这可以说是"稳境"。特色是平正工稳，合于规模法度，却没有什么精彩，没有什么独创。多数人不把书法当作一种艺术去研究，只把它当作日常应用的工具，就可以到此为止。如果想再进一步，就须再加揣摩，真草隶篆各体都须尝试一下，各时代的碑版帖札须多读多临，然后荟萃各家各体的长处，造成自家所特有的风格，写成的字可以算得艺术作品，或奇或正，或瘦或肥，都可以说得上"美"。这可以说是"醇境"。特色是凝炼典雅，极人工之能事，包世臣和康有为所称的"能品"、"佳品"都属于这一境。但是这仍不是极境，因为它还不能完全脱离"匠"的范围，任何人只要一下功夫，到功夫成熟了，都可以达到。最高的是"化境"，不但字的艺术成熟了，而且胸襟学问的修养也成熟了，成熟的艺术修养与成熟的胸襟学问的修养融成一片，于是字不但可以见出驯熟的手腕，还可以表现高超的人格；悲欢离合的情调，山川风云的姿态，哲学宗教的蕴藉，都可以在无形中流露于字里行间，增加字的韵味。这是包世臣和康有为所称的"神品""妙品"，这种极境只有极少数幸运者才能达到。

作文正如写字。用字像用笔，造句像结体，布局像分行布白。习作就是临摹，读前人的作品有如看碑帖墨迹，进益的程序也可以分"疵""稳""醇""化"四境。这中间有天资和人力两个要素，有不能纯借天资达到的，也有不能纯借人力达到的。人力不可少，否则始终不能达到"稳境"和"醇境"；天资更不可少，否则达到"稳境"和"醇境"有缓有速，"化境"却永远无法望尘。在"稳境"和"醇境"，我们可以纯粹就艺术而言艺术，可以借规模法度作前进的导引；在"化境"，我们就要超出艺术范围而推广到整个人的人格以至整个的宇宙，规模法度有时失其约束的作用，自然和艺术的对峙也不存在。如果举实例来说，在中国文字中，言情文如屈原的《离骚》，陶渊明和杜工部的诗，说理文如庄子的《逍遥游》、《齐物论》和《楞严经》，记事文如太史公的《项羽本纪》、《货殖传》和《红楼梦》之类作品都可以说是到了"化境"，其余许多名家大半止于"醇境"或是介于"化境"与"醇境"之间，至于"稳境"和"疵境"都无用举例，你我就大概都在这两个境界中徘徊。

一个人到了艺术较高的境界，关于艺术的原理法则无用说也无可说；有可说而且需要说的是在"疵境"与"稳境"。从前古文家有奉"义法"为金科玉律的，也有攻击"义法"论调的。在我个人看，拿"义法"来绳"化境"的文字，固近于痴人说梦；如果以为学文艺始终可以不讲"义法"，就未免更误事。记得我有一次和沈尹默先生谈写字，他说："书家和善书者有分别，世间尽管有人不讲规模法度而仍善书，但是没有规模法度就不能成为一个真正的书家。"沈先生自己是"书家"，站在书家的立场他拥护规模法度，可是仍为"善书者"留余地，许他们不要规模法度。这是他的礼貌。我很怀疑"善书者"可以不经过揣摩规模法度的阶段。我个人有一个苦痛的经验。我虽然没有正式下功夫写过字，可是二三十年来没有一天不在执笔乱写，我原来也相信此事可以全凭自己的心裁，苏东坡所谓"我书意造本无法"，但是于今我正式留意书法，才觉得自己的字太恶劣，写过几十年的字，一横还拖不平，一竖还拉不直，还是未脱"疵境"。我的病根就在从头就没有讲一点规模法度，努力把一个字写得四平八稳。我误在忽视基本功夫，只求耍一点聪明，卖弄一点笔姿，流露一点风趣。我现在才觉悟"稳境"虽平淡无奇，却极不易做到，而且不经过"稳境"，较高的境界便无从达到。文章的道理也是如此，韩昌黎所谓"醇而后肆"是作文必循的程序。由"疵境"到"稳境"那一个阶段最需要下功夫学规模法度，小心谨慎地把字用得恰当，把句造得通顺，把层次安排得妥帖，我作文比写字所受的训练较结实，至今我还在基本功夫上着意，除非精力不济，注意力松懈时，我必尽力求稳。

稳不能离规模法度。这可分两层说，一是抽象的，一是具体的。抽象的是文法、逻辑以及古文家所谓"义法"，西方人所谓文学理论和文学批评。在这上面再加上一点心理学和修辞学常识，就可以对付了。抽象的原则和理论本身并没有多大功用，它的唯一的功用在帮助我们分析和了解作品。具体的规模法度须在模范作品中去找。文法、逻辑、义法等等在具体实例中揣摩，也更彰明较著。从前人说："熟读唐诗三百首，不会作诗也会吟。"语调虽卑，却是经验之谈。为初学说法，模范作品在精不在多，精选熟读透懂，短文数十篇，长著三数种，便已可以作为达到"稳境"的基础。读每篇文字须在命意、用字、造句和布局各方面揣摩；字、句、局三项都有声义两方面，义固重要，声音节奏更不可忽略。既叫做模范，自己下笔时就要如写字临帖一样，亦步亦趋地模仿它。我们不必唱高调轻视模仿，古今大艺术家，据我所知，没有不经过一个模仿阶段的。第一步模仿，可得规模法度，第二步才能集合诸家的长处，加以变化，造成自家所特有的风格。

练习作文，一要不怕模仿，二要不怕修改。多修改，思致愈深入，下笔愈稳妥。自己能看出自己的毛病才算有进步。严格地说，自己要说的话是否从心所欲地说出，只有自己知道，如果有毛病，也只有自己知道最清楚，所以文章请旁人修改不是一件很合理的事。丁敬礼向曹子建说："文之佳恶，吾自得之，后世谁相知定吾文者耶？"杜工部也说："文章千古事，得失寸心知。"大约文章要做得好，必须经过一番只有自己知道的辛苦，同时必有极谨严的艺术良心，肯严厉地批评自己，虽微疵小失，不肯轻易放过，须把它修到无疵可指，才能安心。不过这番话对于未脱"疵境"的作者恐未免是高调。据我的观察，写作训练欠缺者通常有两种毛病：第一是对于命意用字造句布局没有经验，规模法度不清楚，自己的毛病自己不能看出，明明是不通不妥，自己却以为通妥；其次是容易受虚荣心和兴奋热烈时的幻觉支配，对自己不能作客观的冷静批评，仿佛以为在写的时候既很兴高采烈，那作品就一定是杰作，足以自豪。只有良师益友，才可以医治这两种毛病。所以初学作文的人最好能虚心接受旁人的批评，多请比自己高明的人修改。如果修改的人肯仔细指出毛病，说出应修改的理由，那就可以产生更大的益处。作文如写字，养成纯正的手法不易，丢开恶劣的手法更难。孤陋寡闻的人往往辛苦半生，没有摸上正路，到发现自己所走的路不对时，已悔之太晚，想把"先入为主"的恶习丢开，比走回头路还更难更冤枉。良师益友可以及早指点迷途，引上最平正的路，免得浪费精力。

自己须经过一番揣摩，同时又须有师友指导，一个作者才可以逐渐由"疵境"达到"稳境"。"稳境"是不易达到的境界，却也是平庸的境界。我认识许多前一辈子的人，幼年经过科举的训练，后来借文字"混差事"，对于诗文字画，件件都会，件件都很平稳，可是老是那样四平八稳，没有一点精采，不是"庸"，就是"俗"，虽是天天在弄那些玩艺，却到老没有进步。他们的毛病在成立了一种定型，便老守着那种定型，不求变化。一稳就定，一定就一成不变，由熟以至于滥，至于滑。要想免去这些毛病，必须由稳境重新尝试另一风格。如果太熟，无妨学生硬；如果太平易，无妨学艰深；如果太偏于阴柔，无妨学阳刚。在这样变化已成风格时，我们很可能得回到另一种"疵境"，再由这种"疵境"进到"熟境"，如此辗转下去，境界才能逐渐扩大，技巧才能逐渐成熟，所谓"醇境"大半都须经过这种"精钢百炼"的功夫才能达到。比如写字，入手习帖的人易于达到"稳境"，可是不易达到很高的境界。稳之后改习唐碑可以更稳，再陆续揣摩六朝碑版和汉隶秦篆以至于金文甲骨文，如果天资人才都没有欠缺，就必定有"大成"的一日。

这一切都是"匠"的范围以内的事，西文所谓"手艺"（craftsmanship）。要达到只有大艺术家所能达到的"化境"，那就还要在人品学问各方面另下一套更重要的功夫。我已经说过，这是不能谈而且也无用谈的。本文只为初学说法，所以陈义不高，只劝人从基本功夫下手，脚踏实地循序渐进地做下去。

原题《精进的程序》，选自《谈文学》

怎样学习中国古典诗词

　　《中国青年》社约我和另外几位同志写一些介绍中国古典诗词的文章，计划是选择一些有代表性的作品，作必要的简明的注释，详加分析，把好处指点出来，帮助青年朋友们培养阅读古典诗词的兴趣和能力。我欣然接受下了这个任务，因为这是一种有益的而且我也爱做的工作。青年朋友们现在都渴望把生活弄得丰富些，并且从祖国文艺传统里吸收些经验教训，来丰富自己的创作。青年朋友们要欣赏古典诗歌的希望是很深切而普遍的，只是古典诗歌对于他们多少还是一片待开垦的处女地，他们还没有摸到门径，不知道从何下手，或是怎样下手。因此，在介绍作品之前，对怎样学习古典诗词作一点一般性的入门的介绍，是必要的。

　　中国有文字记载的诗歌，从《诗经》起，已经有两千多年的历史了。这两千多年的传统是不断发展的，一线相承而又随着时代变化的。它可以粗略地分为三个大阶段：一、周秦时代，即《诗经》、《楚辞》时代。这时代的诗歌大半来自民间，原来是与音乐舞蹈合在一起的。因为来自民间，所以它在创作和流传上都具有很大的集体性；因为与乐舞相伴，所以它大半可歌，有一定的音律。在这时期，四言体（即四字一句）占主导的地位，但变化比较多，到了《楚辞》，句子就比较长些了。二、汉魏六朝时代。这时代诗歌经过了一个大转变，一方面乐府民歌仍然保持原始诗歌的集体性与可歌性，另一方面诗成为文人的一种专业，文人也吸收了民歌的影响，但不免渐向雕琢方面走，技巧上逐渐成熟，民歌质朴的风味便渐渐减少，诗与乐舞也就渐渐分离了。在这时期，占主导地位的音律是五言体，但是七言也渐渐起来了。三、唐宋时代。这时期是文人诗的鼎盛时代，除了五古七古（即五言和七言不讲音义对偶的像汉魏时代那样的诗）达到了高度的成熟之外，承继六朝的影响，五律七律（即在声音和意义上要求成一联的两句互相对仗）两种体裁也由兴起而渐趋成熟了。原来汉魏以前，诗大半伴乐，诗的音乐主要地要从乐调上见出；魏晋以后，诗既渐与乐分开，诗的音乐就要从诗的文字本身上见出了。这是六朝以后诗讲四声（即平、上、去、入；上、去、入合为仄声）的主要原因。词也在这个时期由兴起到鼎盛。词本出于教坊（职业歌唱者训练的地方），原来都有一定的乐谱，可以歌唱，后来落到文人手里，也就只是依谱填词，不一定能歌唱了。从诗的发展看，词可以说是从律诗变化来的。后来的曲子又是词的变化。唐宋以后的诗词只能算是唐宋的余波，新的发展很少。

这三大阶段中的作品是浩如烟海的。初学者最好先从选本入手。过去的选本也很多，但是选的人观点不同，大半不很适合现代的需要。我们希望不久有较好的新的选本陆续出来

（例如余冠英的《乐府诗选》）。在适合需要的选本出齐以前，读者不妨暂用过去几种流行较广的选本。我想到有三种卷帙不多的选本可以介绍给读者。第一种是沈德潜选的《古诗源》，选的尽是唐以前的诗；第二种是蘅塘退士选的《唐诗三百首》，选的尽是唐代各体诗；第三种是张惠言的《词选》，是唐、五代、宋词的最严格的一个选本（或用唐圭璋的《唐宋词选》亦可）。这几种选本选得都相当精，分量很少。我自己去看，不用一个月就可以全看完。初学者看，时间当然要多费些。不必嫌它太少。学习一门东西有如绘画，先须打一个大轮廓，对全局发展变化有一个总的概略的认识，然后逐渐画细节，施彩色，画出一个有血有肉的生动的人物来。读了这几本选本以后，读者就可以看出哪些诗人是自己特别喜爱的，再找他们的专集去读。

古典诗词大半是用文言写的。读者初学难免遇到一些语言的障碍。这种障碍也并不像一般人所想象的那么大，因为第一流的诗词作者所用的语言尽管精妙，总是很简洁的。有许多名著在过去都有些注本，读者遇到困难时不妨查注本，翻字典，或是请教师友。万一没有这种方便，也不要畏难而退。先找自己基本上能懂得的诗（这是很多的）去读，读多了，自然会找出一些文言的诀窍，了解的能力就会逐渐增加。凡是好的诗词都不是一下子就能懂透的。我从小就背诵过许多诗词，这些诗词我这几十年来往往读而又读，可是是否我个个字都懂了呢？绝对不是这样，有许多字义我至今还没有弄清楚，有许多诗的背景我至今还是茫然。但是这个缺陷并不妨碍我对于那些诗词在基本上能了解，能欣赏，而且能得到教益。学习的过程就是变不懂为懂，这当然需要一些时间和努力。

我们对于古典诗词不可能马上就都彻底了解，但是必须要求彻底了解。凡是诗词都是用有音乐性的语言，刻划出一个完整的具体的形象或境界（可能是景，可能是事，也可能是景与事融合在一起），传达出一种情致。读一首诗词就要抓住它的具体形象和情致。要做到这一点，单像读散文故事那样一眼看过去，还不济事。诗词往往是"言有尽而意无穷"的，须加以反复回味，设身处境地体验，才可以逐渐浸润到它的深微地方，领略到它的情感。诗词的情致是和它的有音乐性的语言分不开的，要抓住情致，必须抓住语言的音乐性（例如节奏的高低长短快慢，音色的明暗等等）。语言的音乐性在默读中见不出来，必须朗读，而且反复地朗读，有时低声吟哦，有时高声歌唱。比如读一首歌（例如《歌唱我们的祖国》），只像作报告式地读是不行的，必须拖着嗓子唱出它的调子来，才能领会到它里面的情感。诗词和我们唱的歌只有一点不同：歌有一定的调子，而多数诗词或是本有一定的调子而现在已经失传，或是根本没有一定的调子。读者只能凭自己体会到的情感，在反复吟诵中把它摸索出来。这也并不是很难的事，时时注意到吟诵的节奏和色调要符合诗的情调就行了。在这过程中读者会发现他原来所体会的那点情感还是浮面的，反复吟诵会使他逐渐进入深微的地方。中国诗词大半都不很长，择自己所爱好的诗词背诵一些，也是一种很有益的训练。

1956 年

《楚辞》和游仙诗

　　游仙诗从屈原起一直到明清，中间作者代有其人，约莫有二千年的历史，其源都出于《楚辞》。就游仙诗说，《离骚》是开山祖，它在中国诗史是孤峰独起，它以前没有同样形式的大规模的诗作品，它以后许多摹拟品也都瞠乎其后。它以前只有《诗经》，而《诗经》在精神上是现世人间的，长处全在家常亲切，于伦常日用中流露至性深情。《离骚》才开辟出另一世界，一个由情感与想象所熔铸的新天地。中国古代没有产生史诗和悲剧，《离骚》以它的独特的形式代替了史诗和悲剧。论思想，《离骚》只是一种解脱苦闷的企图。有苦闷自然希图解脱，这解脱既不能求之于现实世界，就势必求之于另一世界。我们已经说过，这种念头在人类与希望同起，极原始而普遍，不必限于道家与方士。连儒家祖师孔子虽说过"吾非斯人之徒与而谁与"，到了"道不行"时也曾想到"乘桴浮于海"。这当然是一种心理上的矛盾，而矛盾却是悲剧的灵魂。《离骚》正是一部悲剧，它所表现的也正是"道不行乘桴浮于海"与"吾非斯人之徒与而谁与"两种心理的冲突。屈原以忠

遇谗，抑郁徬徨而莫知所适，于是济湘沅南征，就重华的魂灵
诉衷曲，而重华默无一语温慰；于是乘虬骛凭埃风上征，"上下
求索"，终于抵达天门，而帝阍闭门不纳；于是济白水，登阆
风，求宓妃，有娀佚女与有虞之二姚，而理弱媒拙，一无所成；
再三失败，他仍不灰心绝望，最后仍从灵氛之吉占，再整行李
谋"远逝以自疏"，这次他又升了天，遵赤水到西海，"陈辞"
与"求女"的念头都打消了，霎时间享受到仙境的逍遥快乐：

> 屯余车其千乘兮，齐玉轪而并驰；驾八龙之婉婉兮，
> 载云旗之委蛇。抑志而弭节兮，神高驰之邈邈。奏九歌而
> 舞韶兮，聊假日以媮乐。

这是玄风仙趣初次在中国诗中流露，但是屈原并不曾在这里得
到归宿，他毕竟是有心人，不是一个遁逃主义者，在天上望到
故国，心里又悲伤起来：

> 陟陞皇之赫戏兮，忽临睨乎旧乡。仆夫悲余马怀兮，
> 蜷局顾而不行。

一场大梦，醒过来一切景象突然消逝，由天上又落到人间，心
里仍是徬徨无主。"我瞻四方，促促靡所骋"，总结《离骚》，
就只要这一句话。于光怪陆离之中见人间相，于沉雄悲壮之中
见缠绵悱恻，这是《离骚》之所以为大。在这首大诗之中有
两点值得注意：第一，它大体是抒情的，而抒情的方式是浪漫
式的泛溢迷茫，其中虽有女媭与灵氛的插曲以及上下求索的历

程，却很少有戏剧性和史诗性的动作变化。其次是它还没有很明显地运用道家的思想与传说，炼气长生的观念还没有露痕迹，所用的神话大半属于南方少数民族的原始巫教，神仙家的神话如赤松子、穆天子、王乔之类还没有出现，连"仙"和"真人"的字样也不曾用过一次。这可以证明《离骚》是道家思想流行以前的作品。

《楚辞》中还有一篇《远游》，传说也是屈原所作，是何义门所认为游仙诗之祖的。其实《远游》属于文人戏拟一类，它的范本就是《离骚》。开首"悲时俗之迫阨兮，愿轻举而远游"两句揭出全篇主旨，全从《离骚》中"何离心之可同兮，吾将远逝以自疏"两句脱化而来，其他字句意义与局格构造相类似处还很多。但是类似只在表面，骨子里精神却大不相同。《离骚》是道家思想盛行以前的作品，《远游》则为道家思想盛行以后的作品。在《远游》里我们初次遇见道家炼气养生的话：

> 内惟省以端操兮，求正气之所由。漠虚静以恬愉兮，澹无为而自得。
>
> 飡六气而饮沆瀣兮，漱正阳而含朝霞。保神明之清澄兮，精气入而粗秽除。
>
> 毋滑而魂兮彼将自然，壹气孔神兮于中夜，存虚以待之兮无为之先。庶类以成兮此德之门。

初次遇见"真人""仙""化去""羽人""不死"之类字样：

> 贵真人之休德兮，美往世之登仙，与化去而不见兮，
> 名声著而日延。
>
> 仍羽人于丹丘兮，留不死之旧邦。

也初次遇见神仙家的神话，如赤松子、王乔、韩终之类。这些神话起来都很晚（约在汉初），所以《远游》大概不是汉以前的作品。但是它还是可宝贵的资料，因为它在拟作之中，文章最为茂美，而且是神仙家盛行以后一篇较早的流传到现在的游仙诗，在《离骚》与魏晋游仙诗之中做一个桥梁。

《离骚》奠定了赋体诗的风格。由战国至魏晋，赋家拟仿它的极多，后人统名之为《楚辞》，甚至把许多作者姓名失传的作品统归于屈原，《远游》就是其中之一。拟作著作者姓名的最早的是宋玉的《九辩》，最后一章也涉及游仙，但玩其辞气，恐怕时代还较后。此外可以想象到《楚辞》系统中还有些游仙诗今已失传。应劭的《风俗通义·正俗》篇曾提及秦始皇"绲诗想蓬莱"，《史记·秦始皇本纪》载"三十六年使博士为仙真人诗"，刘勰的《文心雕龙·明诗》篇也说"秦皇灭典，亦造仙诗"。从这几条记载看，秦始皇的《仙真人》诗当是游仙诗的一种，可惜今已失传。以历史演变的痕迹推测，其时五言诗尚未成立，它在体裁上当属于《楚辞》系统。

《楚辞》中有《招魂》，传为宋玉所作；继之有景差的《大招》，两篇的意旨与结构几乎完全相同。这些诗都替《离骚》、《远游》作翻案文章，可以称为"反游仙诗"。它们针对着《离骚》的"上下求索"和《远游》的东西南北游历，向魂说上下四方都不可居，天上也不见得较好：

魂兮归来，君无上天些。虎豹九关，啄害下人些；一
夫九首，拔木九千些；豺狼从目，往来侁侁些；悬人以
娭，投之深渊些；致命于帝，然后得暝些。归来归来，往
恐危身些。

继之盛陈人世宫室服饰、饮食男女之乐，把天上写成地狱，
人世写成仙境，苦劝魂再回到故居。这些诗的辞气都近于游戏，
未必真是招魂礼中的致词，它们显然是针对游仙思想而发，以
滑稽的口吻说明仙境未必比得上人世。天上那一幅可怕的情景
可谓想入非非。这足见游戏式的艺术想象在中国诗中已开始出
现，作者是在为文章而做文章，在摹拟和翻案中取得乐趣，其
中情感和意象全是戏拟的。后来游仙诗很多属于这种戏拟。

汉赋出于《楚辞》，题材多偏于"京殿苑猎，述行序志"
（《文心雕龙·诠赋》篇中语），其中也有一部分承继游仙诗的
传统。最显著的是贾谊的《惜誓》、严忌的《哀时命》和张衡
的《思玄赋》。这些诗摹仿《楚辞》的痕迹都很明显，在意境
与技巧上都无若何新创，《楚辞》系统的游仙诗至此已算到强
弩之末了。

现存的汉诗最早表现游仙思想的多以淮南八公为母题，例
如下面一首乐府古辞：

来日大难，口燥唇干。今日相乐，皆当喜欢。经历名
山，芝草翻翻。仙人王乔，奉药一九……欢日尚少，戚日
苦多。以何忘忧？弹筝酒歌。淮南八公，要道不烦。参驾
六龙，游戏云端。

游仙诗所表现的心情往往是矛盾的。这是一个好例。它一方面看到人生的苦恼，想力图现时的感官享受，一方面又幻想"参驾六龙，游戏云端"的乐趣。尘忧俗虑与神仙思想夹杂在一起，却并没有达到一种较高的调和。

大量地写游仙诗，从曹氏父子起。武帝有《气出吐》《精列》《陌上桑》《秋胡行》四篇，文帝有《折杨柳行》一篇，陈思王有《升天行》《仙人篇》《游仙》《五游咏》《平林东》《远游篇》《飞龙篇》《陌上桑》等十余篇。从这些题目看，我们可以知道它们有许多是汉乐府的常见的诗题，也可以知道游仙在汉乐府中是一个常见的母题。乐府大半出于民间，在汉朝晚年，民间以游仙思想入歌咏的大概很多，曹氏父子在诗题名目与题材上是沿袭一个久已成立的传统。

这三人之中，就游仙诗来说，曹植的成就最大。曹植和曹丕一样，在理智上并不相信神仙。在《辩道论》里他斥"神仙之书，道家之言"为虚妄，在《赠白马王彪》诗里也说：

虚无求列仙，松子久吾欺。
变故在斯须，百年谁能持？

但是在他的薄薄的诗集里，游仙诗竟有十余首之多，而且仿佛真信有游仙那么一回事。这种矛盾在游仙诗中很常见，并不足为奇。曹植见疑于父，见忌于兄，怀才不遇，中间又与甄后有一段不美满的姻缘，于是诡托神仙以舒愤懑，这本是游仙诗人的惯技。最重要的原因还不在此，曹植是一个爱好辞章的文人，游仙诗在过去是一个强大的传统，意境颇优美，足以驰骋玄想；而且过去有些诗人在这方面成就颇可欣羡，足以一逞身手。所以他的许多篇游仙诗都属于“戏拟”一类，姑举《五游咏》为例：

九州不足步，愿得陵云翔，遥逍八纮外，游目历遐荒。
披我丹霞衣，袭我素霓裳，华盖芳晻蔼，六龙仰天骧。
曜灵未移景，倏忽造昊苍。阊阖启丹扉，双阙曜朱光。
徘徊文昌殿，登陟太微堂。上帝休西棂，群后集东厢。
带我漫瑶佩，漱我沆瀣浆，踟蹰玩灵芝，徙倚弄华芳。
天子奉仙药，羡门进奇方，服食享遐纪，延寿保无疆。

这首先述弃世升天之旨，次序服饰舆马之盛，中记天路历程与仙境情况，终序自己在仙境的乐趣，可以说是游仙诗的典型的局格。它在大体上显然是摹仿《离骚》、《远游》。子建的其他各篇的局格也都大致相同，辞句稍有差异，而意境却相仿佛。从此可知他写游仙诗是为文而文，觉得游仙这个母题有趣，于是写来写去，不觉连篇累牍，有如莎士比亚之写商籁。他所表现的与其说是切身的情感，毋宁说是想象的情境。

陈思王的诗名虽大，他的十几篇游仙作品看去并没有真正的生命，既无深情，也无逸致。论游仙诗，古今真正伟大的有两人，在《楚辞》体中是屈原，在五言古风中是阮籍。《咏怀》诗向来号称难读，李善作注便已说：“嗣宗身仕乱朝，恐罹谤遇祸，因兹发咏，每有忧生之嗟，虽志在刺讥而文多隐避，百代下难以情测。”其实李氏惧谤忧生数语已揭出《咏怀》诗的主旨，所谓"文多隐避"，"难以情测"，似未免过甚其辞。如果我们以读《离骚》、《远游》的眼光去读这八十二章，有许多迹似隐避的话自可迎刃而解。《咏怀》诗虽不必成于一时，却当看作一篇完整的作品去读。八十二章中明白涉及游仙思想的近四十章。余四十余章或直陈衷曲，写人生幻化与世途艰险，暗示远游或求仙的动机，似《离骚》前半之致慨于众芳芜秽与美人迟暮（例如"嘉树下成蹊""平生少年时""徘徊蓬池上"诸章）；或托言男女欢爱，以寓乖时失志之意，类似屈子之求宓妃佚女（例如"二妃游江滨""昔日繁华子""周郑天下交"诸章）；或托言登太行，望首阳，游大梁，以寓乱世忧生之感，意只欲"避地"，远游与升天无殊。所以八十二章《咏怀》诗其实只是一篇完整的游仙诗，在情感与意境上极似《离骚》。《离骚》中语意常似重复，层次常似错乱，情感深至之文理应有此种低徊往复。《咏怀》诗正复如此，其中同一意旨往往复述到数十次，而章与章之中亦多似衔接似不衔接。层次的重复零乱有过于《离骚》，这是由于它取五言单章的形式，每章在局格上可以独立自足，不似《离骚》首尾一气。《咏怀》诗的"怀"是浑整的，发而为咏，有如一光四射，可以显得忽东忽西，迷离恍惚。在迷离恍惚之中，我们仍然可以理出一个脉络。作者身当乱世，鬼蜮四布，既感世途艰险，复觉人生幻化无常，瞻前顾后，都无可如何，巴不得能脱离这个苦境，逃到远方去或是飞到天上去，明知这不可能（阮公并不相信神仙），姑作此幻想以快一时之意，阮公自己说得好，那是"夸谈快愤懑"。从"东南有射山"章看，他好像真能领略仙境的乐趣，但是不久他又说：

采药无旋返，神仙志不符，

逼此良可惑，令我久踌躇！

足见阮公也终止于徘徊，没有在仙境得到归宿。《晋书·阮籍传》载："时率意独驾，不由径路，路迹所穷，辄恸哭而返。"这一个小故事最足以见出阮公的苦闷，《咏怀》诗正是这种穷途的恸哭。

如果《咏怀》诗是五言中的《离骚》，郭璞的《游仙诗》就是五言中的《远游》，局格层次较为整洁，而气象规模则较为狭小。景纯曾注《楚辞》、《山海经》和《穆天子传》，足见对于神仙家言素所向往，所以在他的《游仙诗》中道家的气味比较浓厚。姑举两章为例：

青溪千余仞，中有一道士。云生栋梁间，风出窗户里。借问此何谁？云是鬼谷子。翘迹企颍阳，临河思洗耳。阊阖西南来，潜波涣鳞起。灵妃顾我笑，粲然启玉齿。蹇修时不存，要之将谁使？

翡翠戏兰苕，容色更相鲜。绿萝结高林，蒙笼盖一山。中有冥寂士，静啸抚清弦。放情凌霄外，嚼蕊挹飞泉。赤松林上游，驾鸿乘紫烟。左把浮邱袖，右拍洪崖肩。借问蜉蝣辈，宁知龟鹤年？

在这里我们可以注意几点：

一、已往游仙诗往往着重在"游"，这里着重在"仙"，每首自成一个境界。仙境景物的描写比较已往的新鲜而具体，其中颇有戏剧性的动作，不似已往的偏于描写静态。

二、每首的主角（道士、冥寂士）与其说是一个仙人，毋宁说是一个隐士。他的四周颇有山林之胜。本来这诗第一章开始就说："京华游侠窟，山林隐遁栖"，明明以城市与山林对举，仕进与隐遁对举。这一点颇为重要，它证明了隐士思想与游仙思想的密切关系。《楚辞》中的《渔父》和《招隐士》两篇就已微透此中消息。东晋以后，仙人的思想渐衰，而隐士的风气则渐盛；因此游仙诗也逐渐让位给描写自然风景的诗，阮籍、郭璞之后的大诗人是陶潜、谢灵运。这是中国诗史上一个大转变。《文心雕龙·明诗》篇说："宋初文咏，体有因革。庄老告退而山水方滋"。所指的正是这个转变。这转变的发轫者是游仙诗人。本来游仙与隐逸的动机同是愤世嫉俗，方法同是逃避现实，理应有这种密切的关系。

三、景纯毕身治道家的学问，可算正统道家，但是终于发见道家神仙之说不可靠。上引两章所写的仙境景象仍不过是想象上的虚拟，他的真心事真情感并不在此，而在下面的一章：

> 六龙安可顿？运流有代谢。时变感人思，已秋复愿夏。淮海变微禽，吾生独不化！虽欲腾丹溪，云螭非我驾！愧无鲁阳德，迴日向三舍。临川哀年迈，抚心独悲吒！

"淮海变微禽"数句是求仙者失败的醒觉，也是最沉痛的感叹。钟嵘说他"辞多慷慨，乖远玄宗……乃是坎壈咏怀，非列仙之趣"，实为一针见血语。魏晋人素以旷达著闻，最足以表现旷达的当莫如游仙思想，而魏晋人在游仙诗所表现的其实尽是愁苦之音。所以我常想魏晋人的心理是最矛盾的，也是最苦闷的，他们的"旷达"只是一种烟幕。

在一般人心目中，郭璞的游仙诗是游仙诗之始，其实它是游仙诗之终。从屈原到郭璞，为时约七百年，游仙诗由《楚辞》系统变为五言古风系统，脉络却是一贯的，到了郭璞，它的发展便已告一段落。

唐朝倒有一个不甚知名的诗人给游仙诗开了一个新方向，那便是曹唐。他的事迹我们知道得很少，据《全唐诗》他的小传：

> 曹唐字尧宾，桂州人，初为道士，后举进士不第，咸通中累为使府从事。

他的诗现存两卷，大半是游仙体。诗中除了运用较早的道家神话以外，又加了一个新的成分，道教经典中的典故，如"丹田"、"素书"、"碧子"、"赤玉符"、"青龙"、"红鸾"之类。在体裁上他放弃了《楚辞》体及五古，用当时较流行而且也较轻便的七律和七绝。从他的诗题看，他很富于戏剧的意识，常在一个神仙故事中挑出几个要角来，写出每个角色在不同情境的情趣。例如用刘晨阮肇上天台的故事，他写了"刘阮游天台"、"刘阮洞中遇仙子"、"仙子送刘阮出洞"、"仙子洞中有怀刘阮"、"刘阮再到天台，不复见仙子"，好像一部戏的五幕。此外，他用同样的方法写过汉武帝与西王母、牵牛与织女、萧史与弄玉、张硕与杜兰香之类神仙故事。这种处理题材的方法在中国诗中还是创举。不过因为他要表现仙境的静趣，只轻描淡写各角色的内心中轻微的变动，很少写表面的动作，所以结果往往只是一幅画而不是一幕戏。例如刘阮下山后，仙子在洞里怀念他们的情景写成这样：

> 不将清瑟理霓裳，尘梦那知鹤梦长？洞里有天春寂寂，人间无路月茫茫。玉沙瑶草连溪碧，流水桃花满涧香。晓露风灯零落尽，此生无处访刘郎。

从阮籍、郭璞的五古跳到这种中唐纤丽的七律，我们颇觉变得太突兀；不过时移世变，仙境的情趣也要跟着走，我们不能不承认这里所写的自是一种情趣，也颇值得玩味。

从上面所举的一些诗题看，所写的虽是神仙境界，内容却尽关于男女遇合，极超人间性的景象与极人间性的情感打成沆瀣一气。本来游仙诗从《离骚》用"求女"的母题起，以后便常涉及男女爱情，阮籍的"妖姬"与"西方佳人"，郭璞的"灵妃"之类都是先例。加以由道家转成道教之后，炼丹与房中成为道教的两个并行而相关的方术，《参同契》所用的象征就常涉及男女私事。这与自然山水和仙界风光一样，对于遁世者还是一种寄托。曹唐用七绝写过九十八首《小游仙》诗，其中性爱的色彩尤其浓厚，极类似当时盛行的宫词。我们可以说，从曹唐以后，游仙诗就与宫词合流了。

统观中国游仙诗，虽算源远流长，成就却不很伟大。它在中国各类诗中是唯一运用神话题材，而且含有若干宗教超世思想的。以世界各国文学演变的痕迹类推，它理应演成史诗。

《离骚》是它的唯一的长篇代表作，而《离骚》主要地是一篇抒情诗而不是一部史诗，史诗在中国始终没有出现。从游仙诗的研究，我们可以看出史诗不能出现的几个原因：

一、真正的史诗都是一个民族的原始期的产品。它的主要的根源是神话与宗教信仰，这是原始民族的生活的表现和精神的寄托，也就是他们的全部知识，全部历史、哲学和科学。它好比一块肥沃的土壤，而史诗是这块土壤上开着的一枝花。本来神话与宗教信仰自身就是一种诗，一种原始民族的集体创作，史诗的工作大半在结集零散的传说为完整的结构。所以史诗的完成须具备两个条件，一是全民族在长时期中对于神话与宗教信仰酝酿有素，这就是说，有可以构成史诗的材料；一是紧接这神话时代有一个伟大诗人——如传说中的荷马——应运而生，可以做结集与融会的工作。各国史诗发生的经过都是如此。在中国，我们已经见过，原始巫教的神话是非常简单零乱的，大量神仙的产生是在战国以后，那已经是思辨发达的时代而不复是原始想象的时代，已经是个别作家以辞章为专业的时代而不复是全民众集体创作的时代。这就是说，那时候史诗时代久已过去，稷下谈天的时代相当于希腊的哲人时代，民族的成就只能在理性方面见出，不能在想象方面见出了。

二，史诗是一个大规模的建筑，它所根据的神话须有一个明朗而融贯的系统，有如门户扇户各居其所，使人望之一目了然。中国神仙家的神话始终没有脱离涣散、零乱与含混。粗略地说，由于来源与时代的不同，神仙境界约有三个不同的所在：一是山岳系统，中心是西极昆仑；一是海岛系统，中心是东海蓬莱，一是天空系统，中心是太仪（见《远游》，注：天帝之庭）。周穆王见西王母是在昆仑的瑶池，安期羡门仙游的地方是蓬莱，黄帝则乘龙登了天。这几个系统本不相同，而在游仙诗中却往往夹杂在一起，从《离骚》、《远游》便已如此。我们只听到一些仙境地名，每地情形究竟怎样，从来没有一个详明的描绘，没有一个有系统的谱牒或官阶图，也不曾见过他们有什么交往可以成为一个联贯的故事的动作情节。中国神话中的神仙只是画廊中陈列的一些分立的画像，不能成为一个活动影片。这种材料是不易结集融汇为史诗的。

　　附注：游仙诗的原始材料主要的为《楚辞》，汉魏以后的作品见《全汉三国六朝诗》，《曹唐集》见《全唐诗》第十函，厉谔的游仙诗有当归草堂刻本。郭茂倩《乐府诗集》卷六十三、六十四、七十八互可参考。

　　游仙诗的研究我还未见有印行的，只见过北京大学研究院助教吕德申君的一篇未发表的毕业论文。吕君详于游仙诗的背景而略于游仙诗本身，本文略其所详而详其所略。

1948 年

　　载在《文学杂志》的原文较长，这次选入本集，作了删节。

1981 年作者附注

《涉江采芙蓉》

　　过去中国诗人谈到五言古诗，大半都奉《古诗十九首》为典范。《古诗十九首》最早见于南朝梁·萧统的《昭明文选》，没有标出作者姓名。古代的诗在民间流传，就成为公有物，不标作者姓名是常有的事。萧统把这十九首刊在苏武李陵赠答诗的前面，可见他把它们看成西汉最古的五言诗。经过后来学者的考订，这些诗并非"一人一时之作"，有的是西汉的，也有的是东汉的。另一个较早的选本，陈·徐陵的《玉台新咏》，把十九首中的八首列为西汉枚乘的诗，有没有根据，很难断言。我们大致可以断言的是这些诗大半是文人诗，因为里面有很明显的《诗经》和《楚辞》的影响。这里所选的《涉江采芙蓉》这首，据徐陵的选本是枚乘作的。枚乘是汉景帝时的诗人，流传下来的作品还有《七发》，也收在《昭明文选》里。

涉江采芙蓉

涉江采芙蓉，兰泽多芳草。

采之欲遗谁？所思在远道！

还顾望旧乡，长路漫浩浩。

同心而离居，忧伤以终老！

简注： "涉"，从水里走过去；"芙蓉"，不是现在的芙蓉，是现在的荷花或莲花；"兰泽"，生兰草的水边洼地；"所思"，所思念的人，"漫浩浩"，辽远，一望无际。

这是一首惜别的情诗。在古代农业社会里，生活是很简单的，最密切的人与人的关系是夫妻朋友的关系，由于战争、徭役或仕宦，这种亲密的关系往往长期地被截断。这就成为许多人私生活中最伤心的事。因此，中国诗词有很大一部分都是表达别离情绪的。就主题说，这首诗是很典型的。

诗大半是"触物生情"，这首诗是在盛夏时节，看见荷花芳草，而想到远在他方的心爱的人。中国人民很早对于自然就有很深的爱好，对自然的爱与对人的爱往往紧密地连在一起。古代人送给最亲爱的人的礼物往往不是什么财宝。而是一枝花或是一棵芳草，送别时总是折一枝柳条送给远行的人，远行的人为着向好朋友表示相念，逢到驿使就托带一枝梅花给他。这种生活情调是简朴的，也是美好的。这首诗的作者也是在自然中看见最心爱的荷花芳草，就想到把它寄给最心爱的人。头两句写夏天江边花香日暖的情况，气氛是愉快的；作者为着要采荷花，不惜"涉江"之劳，是抱着满腔热忱的，采到了，心想这么美好的东西只自己独自欣赏，还是美中不足，要有个知心人共赏才好。可是四面一望，知心人在哪里？四面都是陌生的人，不关痛痒的人，知心人却远在他方，这么美好的东西是不能得到他共赏的，我这点情意是不能传到他那里去的！我们读这首诗，要深刻体会"采之欲遗谁"这句问话的意味。承上两句而来，它是突然的转折，一腔热忱遭到一盆凉水泼来，一霎时天地为之变色，此中有无限的凄凉寂寞，伤心失望。它是一句疑问，也是一声叹息。

还有一点值得注意的是"所思在远道"这句话的位置。难道诗人"涉江采芙蓉"时原来就没有想到这一点吗？真是看到芙蓉芳草，才想到这位"所思"吗？"所思"是时时刻刻在他心头的。"涉江采芙蓉"也还是为了他。如果入首就开门见山，把他表出，文章就平板无味了。在头两句中他是藏锋不露，第三句一转，就趁势把他突然托出，才见出这句话有雷霆万钧之力。这句话是全诗发展的顶点，顶点同时是个转折点，一方面替上文的发展暂时作一结束，一方面为下文的发展作一伏线，所以照例是要摆在中间的。

古诗有时看来很直率，实际上很曲折。"还顾望旧乡，长路漫浩浩"两句就是如此。讲究语法的人们在这首诗里会碰着一个难题，就是许多句子都没有主词，究竟是谁在"涉江""采芙蓉"？谁在"还顾"？谁在"忧伤"？说话的人是个男子还是个女子？是男子"在远道"还是女子"在远道"？对于这些问题如何解答，就要看对"还顾"两句如何解释。解释可能有两种。一种是"还顾"者就是"涉江"者，古代离乡远行的照例是男子，照这样看，便是男子在说话，是他在"还顾望旧乡"，想念他的心爱的女子，"涉江采芙蓉"的是他，"忧伤"的也只是他。另一种可能的解释是，"还顾"者就是"所思"，不是"涉江"者，却还是"旧乡"的男子。照这样看，说话的人是留在"旧乡"的女子，是她在"涉江采芙蓉"，心想自己在采芳草寄给"所思"的男子；同时那位"所思"的男子也在"还顾望旧乡"，起"长路漫浩浩"欲归不得之叹。碰到这样模棱两可的难关，读者就要体会全诗的意味而加以抉择。就我个人的体会来说，我抉择了第二个解释。这有两点理由。头一点："远道"与"旧乡"是对立的，离"旧乡"而走"远道"的人在古代大半是男子，说话的人应该是女子，而全诗的情调也是"闺怨"的情调。其次，把"还顾"接"所思"，作为女子推己及人的一种想象，见出女子对于男子的爱情有极深的信任，这样就衬出下文"同心"两个字不是空话，而"忧伤"的也就不仅是女子一个人。照这样解释，诗的意味就比较深刻些。"同心而离居"两句是在就男女双方的心境作对比之后所作的总结。在上文微嘘短叹之后，把心里的"忧伤"痛快地发泄出来，便陡然煞住。表现得愈直率，情致就愈显得沉痛深挚。

1956 年

《迢迢牵牛星》

迢迢牵牛星，皎皎河汉女，
纤纤擢素手，札札弄机杼；
终日不成章，泣涕零如雨。
河汉清且浅，相去复几许？
盈盈一水间，脉脉不得语！

简注："迢迢"，远远，"皎皎"，洁白；"河汉"，天河；"河汉女"，织女；牵牛星在天河西，织女星在天河东；"纤纤"，细嫩；"擢素手"，举起白净的手，"札札"，织布的声音；"终日不成章"，整天在织锦，也织不成一段花纹来，这句诗运用《诗经》里"跂彼织女，终日七襄，虽则七襄，不成报章"的意思，"七襄"指七个时辰，等于现在说十四小时；"盈盈"，丰满，美好；"脉脉"，含情无语凝视。

上文介绍了《古诗十九首》中的一首——《涉江采芙蓉》。这次介绍的《迢迢牵牛星》也是其中的一首。据徐陵的《玉台新咏》，它也是西汉诗人枚乘作的。

　　这首诗借牛郎织女遭天河隔绝的故事，写出一个年轻女子思念她的爱人而不能相会的怨情。牛郎织女这个美妙的神话，是中国古代农业社会的产品。从《诗经》起，它就一直是诗人们爱用的一个典故，直到今天，它在民间还是流传很广的。看过《天河配》那出戏的人们，对它都会有很深的印象。凡是神话都是原始的民间诗，体现着一个民族中广大人民群众的共同的深切的情感、愿望和理想。人有了情感、愿望和理想，就会起艺术的冲动，想把它表现出来，和旁人一起歌咏赞叹，反复回味体验，作为生活中一种感发兴起的力量。但是情感这一类的内心世界的变动往往是游离不易捉摸的，要把它表现出来，必须借助于客观世界中目可见耳可闻的具体形象。所以诗总是"情景交融"的整体，"情"就是内心生活的核心，"景"就是把"情"表现出来的具体形象。姑拿牛郎织女的神话来说，它就很可以说明神话创作也就是诗创作的过程。青年男女在互相爱慕的时候，总希望朝朝暮暮都能相聚，但是好事多磨，外来的阻力有时叫他们完不成心愿，虽是两人近在咫尺，也会仿佛远隔天渊。这时他们心里当然有无限的苦楚，有苦楚当然也就要申诉。怎样申诉呢？只说"我真苦痛啊！"行吗？那是抽象的，没有真正表达出情感，当然也就不能感动别人。他们抬头一看，就恍然大悟。瞧！天上银河东西那两个星座，不也正像我们这样一对俊俏的人横遭隔绝吗？于是天上的两个星座就变成人间牛郎织女的化身，阻挠他们心愿的人便成了王母，他们所遭到的困难和阻碍便成了天河，替他们牵针引线的人便成了乌鹊。这样一来，一个神话或是一首诗就形成了，横遭隔绝的幽怨就借牛郎织女那套故事的具体形象表现出来了。

像这样一段神话，表达出了广大人民群众的一种共同的深切的情感、愿望和理想，在众口流传之中又不断地得到了修改润色，所以具有高度的人民性，成为广大人民群众所共同喜爱和珍护的文化财宝。在诗歌方面，它就成为一种共同语言，成为诗的传统中一个重要的项目。它之所以重要，就因为它是家喻户晓的，一提到它，就会引起在无数历史年代里逐渐积累起来的丰富的联想和感情。

《迢迢牵牛星》这首诗就是从这样富有人民性的神话传统中吸取了源泉。吸收传统并不等于把旧的东西复述一遍，它只是利用人民中间的这种共同的语言，适应新的情境的需要，来创造出一种新的具体形象。《迢迢牵牛星》就是这样推陈出新的范例。这首诗着重渲染相思而又不能相会的幽怨，所以七夕乌鹊填桥，牛郎织女欢会之类情节就没有采用。其次，这首诗还是属于"闺怨"一类，所以专从织女一方面着想，造成的印象好像只是"单相思"。这样写，诗就有了重点，就成为一个不同于过去一般牛郎织女故事的具体形象。

但是重点却映射出全面，这首诗的妙处就在此。开头两句将"迢迢牵牛星"和"皎皎河汉女"对举，好像是双管齐下，但是接着八句都只写织女，牛郎好像完全丢到脑后，而首句也好像是牛头不对马嘴，大可一笔勾销。但是细看全诗，就可以看出每句话里都有牛郎在背后，"迢迢"两字实在是全篇的脉络。照表面看，"河汉清且浅，相去复几许"就明明说牛郎并非"迢迢"，说他"迢迢"好像是自相矛盾。但是相隔虽只"盈盈一水"而却"脉脉不得语"，在织女的情感上牛郎便显得迢迢，后来诗人说的"隔花人远天涯近"，也就是这个意思。"迢迢"两字总括织女想望牛郎的心境，她之所以"终日不成章，泣涕零如雨"者以此，她之所以隔河脉脉凝望，叹息"相去复几许"者也以此。织女如此，牛郎如何？从"脉脉不得语"一句看，可以想见牛郎也在隔河相望。"单"相思究竟还是"双"相思。"不得语"三字含蓄最深，说"不得语"当然原来"欲语"，其所以欲语而不得语者，这幕戏还有一个没有出台的角色在台后横加阻挠。在这阻挠者的压力之下，牛郎和织女同是受压迫者，有同样说不出的苦衷，然而毕竟是说出了，"河汉清且浅"四句在从前说是"怨"，在现在说就是反抗的呼声。

这首诗和《涉江采芙蓉》在写法上有许多足资比较之点，读者可以自己去细心比较一下。这里姑且提出一点：就是那首诗是站在涉江的当事人的地位写的，是涉江人在自诉衷情，这首诗却是诗人站在旁观者的地位在叙述。这就是所谓"直接叙述"与"间接叙述"的分别。就布局说，这首诗是从外面的活动（织锦织不成，哭泣）写到内心的活动（心想一水之隔竟"脉脉不得语"）。"泣涕零如雨"一句在故事发展中已达到了顶点，下面"河汉清且浅"四句只是说明这泣涕的原因。全诗中最哀婉动人的是这最后四句。它好像是诗人说的，又好像是织女自己说的。究竟是谁说的呢？是诗人也是织女。就全诗结构说，是诗人在间接叙述；就情致说，是织女自己在说心事。读者须体会到这两个观点的分别和统一，才能见出这四句的妙处。诗人做到了"设身处境"，"体物入微"，所以我们读起来，"如闻其语，如见其人"。

读者如果要问：历史上是否确曾有过这样一个织女，做过这样的事，说过这样的话呢？我们可以回答说，这是神话，全是虚构的。但是就情理说，这首诗却是十分真实的。假如有这样的牛郎织女，处在这样的情境，他们于情于理，就必得做这样的事，说这样的话。这说明了诗的真实不同于历史的真实，同时也说明了典型性格的本质。典型性格不一定是于事已然的，而是于理当然的。一个性格如果是典型的话，遇到某种典型的环境，就必然有某种典型的表现。就这个意义说，我们可以说这首诗写出了典型的性格。

1957 年

谈李白诗三首

一谈《经下邳圯桥怀张子房》

子房未虎啸，破产不为家。沧海得壮士，椎秦博浪沙。报韩虽不成，天地皆振动。潜匿游下邳，岂曰非智勇？我来圯桥上，怀古钦英风。唯见碧流水，曾无黄石公。叹息此人去，萧条徐泗空。

要了解这首诗，先要了解我国过去历史上长期在人民群众中流行的两种人生理想，就是"游侠"和"神仙"的理想。这两种理想在现在看来都是落后的，但是在过去，它们是对当时社会制度的反抗和不满，有积极的意义。游侠就是一般所说的英雄好汉。这种人的理想是要讲义气，讲交情，劫富救贫，打抱不平，特别是在强权淫威之下表示不屈服，如果受到一点耻辱和冤屈，就誓必报仇雪恨，要仇人的命，仇报不成，就是牺牲性命也在所不惜。这种人往往练得一手好武艺，有万夫不当之勇，有时还足智多谋。他们不但要替自己报仇，还要替看重自己的知心朋友报仇，而且替旁人报仇比替自己报仇还更奋不顾身，因为正义感之外又加上对朋友要守信义的动机。这种游侠理想从哪里产生呢？如果社会是符合人民理想的，没有什么仇，就没有什么报仇的人；没有什么不平，就没有什么打抱不平的人。纵然有冤屈不平，如果国家法律能够保障私人的权利，那也就无劳私人去施行惩罚。游侠的存在表明了两个事实：第一，社会上有冤屈不平；其次，国家法律不能消除冤屈不平，甚至它本身就是冤屈不平的根源。在这种情形之下，游侠的理想是正义感的表现，也是人的尊严感的表现，使强权淫威不得不对它稍存戒心而有所忌惮。所以它是有积极意义的。

神仙的理想比起游侠的理想来是较为消极的。游侠要置身"法外"，神仙却要置身"世外"；游侠要凭自己的力量去达到理想，神仙却要凭超自然的力量去达到理想；游侠要抵抗，神仙却常与隐逸结合，只是无抵抗，不合作。这两种理想的性质不同，但是它们的历史根源是一致的。如果社会是符合人民理想的，它本身就是一个极乐世界。它不是一个极乐世界，甚至是一个极苦世界，人们才幻想在它以外能找到一个极乐世界。在科学还没发达的社会里，幻想往往比事实还有更大的说服力和诱惑力，所以像神仙之类的宗教迷信有极广泛的市场。好神仙的人有两面性。就他们逃避现世，迷信有神通广大的力量能创造奇迹来说，是消极的，落后的；就他们厌恨恶浊，不肯同流合污，至少是幻想要有一个合理的社会来说，也未尝丝毫没有积极的一面。游侠和神仙既然都是落后社会的产物，而且对落后社会都表示极端不满，所以在我国过去历史上这两种人常常结合在一起，讲游侠的也往往讲神仙。

李白经下邳桥所怀想的汉朝张良，正是这样一种游侠兼神仙的人物。诗中所说的那壮士是个游侠，黄石公是个神仙，而张良自己为着要替韩报仇，请教这位壮士，但没成功，请教黄石公这位神仙，终得佐汉灭秦，最后却又"学辟谷导引轻身"，"从赤松子游"，又回到神仙。所以张良的一生只是在侠客、谋士和神仙三种行径里兜圈子；而他的所以为谋士，是因为他有侠客的气概，志在灭秦报韩；他的所以终于回到神仙，也并不是像他自己所说的于愿已足，而是因为看到鸟尽弓藏，兔死狗烹，不免有些灰心。这首诗的本事，读者可以翻《史记·留侯世家》（即张良传）看一下，这里不必复述。

李白的这首诗是属于怀古和咏史类的。怀古咏史在我国许多诗人的诗集里都占很重要的一部分。古有什么可怀，史有什么可咏呢？这首诗里"岂曰非智勇"、"怀古钦英风"两句给了答案。古人和史事可以引起诗人歌咏的，一定是诗人所同情的，体现了诗人的人生理想的；或是诗人所不同情的，诗人在讽刺之中也表现了他自己的人生态度。这首诗是属于前一种情况的。伟大的诗人都必有人民性，所谓人民性，是说他的人生理想和人生态度与广大人民的是一致的。他在诗里表现了他自己的人生理想和人生态度，也就同时表现了广大人民的人生理想和人生态度。从周秦以后，在相当长的时期中，广大人民的人生理想和人生态度有一大部分表现在上文所说的游侠和神仙，只消把我国民间小说和戏剧的题材统计一下就可以知道。这方面的典型形象，是一般民众头脑里的诸葛亮。诸葛亮在历史上（可看陈寿的《三国志》）并不像在小说和戏剧里那样的神通广大。小说和戏剧都起自民间，一般人民是按照他们自己的理想和愿望来铸成象在小说和戏剧里那样的诸葛亮的形象。而这种形象也正近似司马迁在《史记》里所铸成的张良的形象。这两人都有一面是游侠，有一面是神仙，尽管在程度上略有不同，诸葛亮的游侠的成分较少。诸葛亮的形象有很大的人民性，这是每一个看《三国演义》和看旧戏的人都能体会到的。张良的形象也是这样，他成为许多诗人歌咏的对象，也是因为他有很大的人民性。

张良之所以成为李白歌咏的对象，还有一个特殊的原因。我们一般人想到"盛唐"，总以为那时社会怎样安定，国家怎样富庶繁荣，人民怎样安乐，其实这是幻象。当时封建主聚天下的财富于长安，穷奢极欲，人民生活还是很痛苦的。杨家贵戚的骄横叫在朝在野的人都侧目而视。安禄山乱起，唐朝马上就现出土崩瓦解的局面。当时人民对社会秩序的态度可以从当时流行的小说中看出来。唐人小说表面上大半是些爱情故事，实际上游侠和神仙的思想都非常浓厚，至少是从那些故事里面，可以看出当时尚任侠，讲神仙的风气很盛。游侠和神仙的存在，就足以说明当时社会中不平的事和不合理的事是很多的。否则我们也就很难说明李白自己的性格。李白平生爱学道，号称"诗仙"，但是他的游侠的一面往往被人忘记。魏颢说他"眸子炯然，哆（腮）如饿虎，少任侠，手刃数人"。他的最知己的朋友杜甫有一首七绝《赠李白》，替他下了这样的评语：

秋来相顾尚飘蓬，未就丹砂愧葛洪。

痛饮狂歌空度日，飞扬跋扈为谁雄？

这就是讥刺他学仙学侠两无成。不管成不成，他对仙和侠的向往却是无可怀疑的。读李白的诗，也就要体会到他的六分仙风，四分侠骨。所以《经下邳圮桥怀张子房》这首诗，不但表现了当时广大人民的人生理想和人生态度，也表现了诗人自己的人格。

这里有一个问题：游侠和神仙都是过去落后社会的产物，现在社会已经完全不同了，游侠和神仙的理想是否还有意义呢？上文分析过，游侠和神仙都有落后的一面，也都有积极的一面。落后的一面会随时代过去，积极的一面对后世人还会有几分鼓舞的力量。每个人都可以就自己读这首诗时所起的情感分析一下。以我的经验说，我在十几岁时就爱读这首诗，常常高声朗诵。朗诵时心情是振奋的，仿佛满腔热血都沸腾起来了，特别读到最后"唯见碧流水"四句，调子就震颤起来，胸襟也开阔起来，仿佛自己心中也有无限的豪情胜概，大有低徊往复，依依不舍之意。这种振奋的心情是痛快的，也是有益的。是否我因为想当侠客和神仙才爱这首诗呢？我从来没有过这种幻想和奢望，这首诗也并没叫我存这种幻想和奢望。但是想到"破产不为家"，求刺客去杀威震一时的秦始皇那种英雄气概，那种要奋不顾身去伸张正义的坚贞英勇的精神，不由得我不回肠荡气，肃然起敬。我爱这种人，觉得在这种人身上见出人的尊严，我希望多见到这种人，我仿佛觉得这种人如果多有些，世界会更光明些，人生会更有意义些。单就我体会这种人的人格来说，我也仿佛得到一种力量，帮助我更好地做人。我想游侠和神仙在这首诗里毕竟是外壳，这外壳里面包含着一种精神，它是感动李白的，也是感动我的，也是感动任何一个有心肠的人的。这就是它的积极的一面，这积极的一面是不会轻易地随时代消逝的。

最后，略谈一下这首诗的局格。从表面看，它是平铺直叙，一气呵成的。分析一下，就能看出它分三段。头四句一段，直叙张良求刺客杀秦始皇的事迹。中四句一段，补叙失败后潜匿下邳，夹以论断，"报韩虽不成"，而"天地皆振动"，毕竟还是叫敌人惊心丧胆，虽被迫"潜匿"，这也不是"非智勇"的过错，每两句一抑一扬，略见波澜起伏。后六句写诗人怀古的心情，是平铺直叙后的一个大波澜，读者须体会这种心情是丰富复杂的，一方面是"怀古钦英风"，满腔豪情胜概，一方面又"叹息此人去，萧条徐泗空"，大有"前不见古人，后不见来者"那种寂寥的感觉，但是这并不是失望，而是寄深厚的希望于无穷的未来。诗用五古体，古诗可以换韵，换韵往往就同时标出段落（当然也有例外），这首诗就是这样，三段就用三组韵。批评李白诗的人往往嫌他欠剪裁洗炼，这是不正确的。这首诗就表现了高度的剪裁洗炼。张良的一生事迹很多，这里只写到他"潜匿游下邳"为止，至于他后来佐汉灭秦以及晚年学道那一大段经过都一字不谈，虽然首句"虎啸"二字也约略给了一点暗示。如果全写，就不但见不出剪裁洗炼，还会破坏这首诗触景生情的效果。

二谈《黄鹤楼送孟浩然之广陵》
和《闻王昌龄左迁龙标遥有此寄》

黄鹤楼送孟浩然之广陵

故人西辞黄鹤楼，烟花三月下扬州。

孤帆远影碧空尽，唯见长江天际流。

闻王昌龄左迁龙标遥有此寄

杨花落尽子规啼，闻道龙标过五溪。

我寄愁心与明月，随君直到夜郎西。

　　这两首诗在体裁上都是七言绝句，在题材上都是送行惜别，合在一起谈，比较方便。

　　送孟浩然诗比较容易懂。孟是由武昌黄鹤楼坐船到扬州（即广陵），李白在黄鹤楼送他。时节是三月，花开正盛，望起来像烟一般。送行的人依依不舍，直望到孤帆远影渐渐在碧空中消失了，只见长江在遥远的天际流着，他才回过头来。诗人先写出别地别时别景，然后写出自己那种眷恋惆怅的情感。

　　寄王昌龄诗的局格大致和送孟浩然诗相同，但是比较难懂一点。难在两个问题上。第一是异文的问题。头一句一本作"杨花落尽子规啼"，一本作"扬州花落子规啼"。如果是"杨花落尽"，与"子规啼"较一致。子规即杜鹃，鸣声凄厉，易动旅客归思；杨花落在旧诗中常象征离散，所以苏轼《水龙吟》咏杨花词有"细看来不是杨花，点点是离人泪"之句。

如果是扬州，那就很可能李白自己那时在扬州，这就和下文的"明月"有关，相传扬州的月亮特别亮（"天下明月三分，扬州得其二分"）。这两种异文都说得通，很难断定哪一种比较确实。如果"夜郎西"可照下文的解释，"扬州花落"的可能性就较大。其次是地理的问题。王昌龄老家在江宁（南京），他贬龙标尉以前在长安（西安）做校书郎。龙标是个县名，即今湖南西部的黔阳县，五溪（辰溪、酉溪、巫溪、武溪、沅溪）也在湖南西部。夜郎古属西南夷，在今贵州西北桐梓县。这里应该注意的是"龙标过五溪"的"龙标"即指王昌龄，古人常以地方的名称称呼那地方的人或是在那地方做官的人。这里的问题在于夜郎在贵州西北，而龙标在湖南西部，两地相去很远，而且龙标在夜郎东，不在西。王昌龄到龙标就任，无论是从长安出发，还是从江宁出发，都走不到夜郎。因此，我疑心这首诗写作时期很晚。李白曾因参永王璘的军事，军败后被朝廷流放到夜郎，后来遇赦才回到金陵（南京）、当涂（在安徽东部）一带，不久就死了。这首诗当作于从流放获赦去金陵之后。如此才可以解释"随君直到夜郎西"一句，那就是因王昌龄被贬而想到自己过去被流放。在唐朝，做官的人贬谪到湖南贵州一带，是个很大的惩罚。李白身受过这种痛苦，于今又听说他的诗友也要去受这种痛苦，所以一方面既寄深厚的同情于好友，一方面也暗伤自己过去的遭遇。这样解释，诗的情致也就比较深刻。

这两首诗的题材和局格虽大致相同，而情致却悬殊。情致往往要借景物气氛烘托出来。论时节，送孟在暮春三月，送王在"杨花落尽子规啼"的时候，也只在晚春初夏。可是"烟花三月"寥寥四句写出一片多么绚烂繁荣的气象，而"杨花落尽子规啼"就显得凄凉寂寞，不堪为怀了。这两首诗开始所描绘的色彩气氛好比一个乐曲的基调，暗示出全篇情感的性质和深度。同时我们也要注意孟、王两人不同的情境。孟到的是扬州，扬州在唐朝是著名的繁华城市，好比现在的上海，王到的是龙标，西南边陲的瘴疠地，去那里就等于"充军"。孟可能只是游历或就任，王是贬谪。情境不同，感触自异。王的遭遇本身已可悲，何况这个遭遇和诗人本人的遭遇又有些类似？"愁心"二字不是随便下的。送孟诗虽是惜别，却没有多深的伤感。"烟花三月"句还略有欣羡的意思，最后两句写远眺景致，写出一种高远无穷的气象，与其说暗含惜别，还不如说带有"手挥五弦，目送飞鸿"的闲适意味。如果拿这两首诗朗诵几遍，就能感觉到音调的分别很明显。送孟诗平声字较多，字音都很响亮，大半是能提高又能拖长的，所以读起来可以悠扬而豪放。送王诗头二句音节还很平顺，只是诗的意义决定了它的音调须低沉凄婉，后二句仄声字安排得有些拗，我们很难用读"孤帆远影"两句的调子来读它，它天然地有些抑郁感伤的意味。在这种朗诵的比较里，我们可以体会到诗的情感与声音的关系是非常密切的。

1958 年

谈白居易和辛弃疾的词四首

忆江南

白居易

其一

江南好，风景旧曾谙：日出江花红胜火，春来江水绿如蓝。能不忆江南？

其二

江南忆，最忆是杭州，山寺月中寻桂子，郡亭枕上看潮头。何日更重游？

鹧鸪天

辛弃疾

陌上柔桑破嫩芽，东邻蚕种已生些。平冈细草鸣黄犊，斜日寒林点暮鸦。　　山远近，路横斜，青旗沽酒有人家。城中桃李愁风雨，春在溪头荠菜花。

西江月

夜行黄沙道中

辛弃疾

明月别枝惊鹊，清风半夜鸣蝉。稻花香里说丰年，听取蛙声一片。　　七八个星天外，两三点雨山前。旧时茅店社林边，路转溪桥忽见。

这篇短文，谈一谈白居易的《忆江南》两首和辛弃疾的《鹧鸪天》、《西江月》这四首词选择典型的情节来烘托出生动具体的气氛和情调的道理，趁便也谈一谈词的运用语言的精练。

先说白居易的两首《忆江南》。白居易在杭州和苏州做了三年多的刺史，后来除短期在长安做官之外，都住东都洛阳。他在洛阳时期做了好些回忆苏杭的诗，《忆江南》大概也是在这时期做的。原有三首，头一首总忆江南风景，第二首忆杭州，第三首忆苏州。在北方回忆江南，可写的东西当然很多，白居易在头一首词里只写了春天的江花、江水，因为这个给他印象最深。起句和末句只叙述他到过江南而今回忆江南。回忆的是什么呢？就是腹联两句："日出江花红胜火，春来江水绿如蓝。"这是全首的精华。日出时江边的花，例如桃花之类，特别显得鲜红，就像烈火的火焰。杜甫诗也有"山青花欲然"①（像要燃烧似的）的句子。在风平浪静时，江水在春天就显得格外碧绿，因为夏洪还没到来。旧诗词的妙处在简练。这两句词的素材是简得不能再简了。但是简练不等于简单。简单是一览无余，简练是言有尽而意无穷。有尽之言能传无穷之意，诀窍就在言是经过精选的，它有典型性，能代表或暗示出许多其他的东西。这首词虽写江南，却要从身居北方的人的角度去看。北方春来迟，举目一看，是一片寂静的黯淡的黄土平原，吹的风还是寒冷刺骨的，太阳也还是因风沙渺漫而显得昏黄。回想此时江南，景象就不同了。太阳照着江边的花像火，首先就是一个明亮的温暖的大晴天的气氛，似乎使身上都暖起来了。我们从这一片红花，一江春水感到生命在流动，在欣欣向荣。这两句能引起江南春天繁华灿烂的联想，特别是红、绿、蓝这些鲜明的颜色有强烈的暗示性。它们是江南春天的整幅画面的结晶。作者虽没费笔墨去渲染整幅画面，有了这几种颜色配上"日出"、"江花"等形象，整幅画面就活现在眼前了。

第二首忆杭州。忆的只是"山寺月中寻桂子，郡亭枕上看潮头"。要了解这两句话，宜参看白居易的两首诗，一首是《留题天竺灵隐两寺》[2]，一首是《郡亭》[3]。前一首说，"在郡六百日，入山十二回。宿因月桂落，醉为海榴开"。"宿因月桂落"就是这里的"山寺月中寻桂子"。据《长庆集》汪立名注和张宗橚的《词林纪事》所引，天竺、灵隐两寺当时流行一种传说，说月里的桂花在中秋夜里落子，落到寺里来，并且有人附会说这桂子"如牵牛子，黄白相间，咀之无味"。这是一件稀奇的事，这位刺史兴致好，还有些孩子们的好奇心，也趁着中秋宿在寺里，好去找一找月里落下的桂子。郡亭，据《郡亭》那首诗，就在刺史衙门里。诗里说："况有虚白亭，坐见海门山。潮来一凭栏，宾至一开筵。""郡亭枕上看潮头"也就是指这个。这句话一方面说看潮的方便，一方面也暗示刺史的政清事简，和唐李颀寄韩朋的名句"寄书河上神明宰，羡尔城头姑射山"的意思相近，都是说城市有山林之乐。白居易之所以忆杭州，不仅因为那里湖山秀美，也因为他在那里过了足以自慰的可以表示政绩的生活。杭州可忆的事物很多，一部二十四史从何说起呢？白居易单选两个足以说明他的快乐生活的典型的情节。他所要渲染的气氛是清幽，他所要表达的情趣是闲适。这两句词恰好达到他所要达到的效果。与头一首相比，气氛和情趣都显然有别。选的季节是秋天，没有什么热闹的颜色，却有月夜的桂香，令人起一种清冷的感觉。心情还是愉快的，但不是"日出江花红胜火"那种青春蓬勃活跃的愉快，而是老年人胸无渣滓，悠然自得的愉快。

辛弃疾的词本以沉雄豪放见长，这里选的两首却都很清丽，足见伟大的作家是不拘一格的。《鹧鸪天》写的是早春乡村景象。上半阕"嫩芽"、"蚕种"、"细草"、"寒林"都是渲染早春，"斜日"句点明是早春的傍晚。可以暗示早春的形象很多，作者选择了桑、蚕、黄犊等，是要写农事正在开始的情形。这四句如果拆开，就是一首七言绝句，只是平铺直叙地在写景。词的下半阕最难写，因为它一方面接着上半阕发展，一方面又要转入一层新的意思，另起波澜，还要吻合上半阕来作个结束。所以下半阕对于全首的成功与失败有很大的关系。从表面看，这首词的下半阕好像仍然接着上半阕在写景。如果真是这样，那就不免堆砌，不免平板了。这里下半阕的写景是不同于上半阕的，是有波澜的。首先它是推远一层看，由平冈看到远山，看到横斜的路所通到的酒店，还由乡村推远到城里。

"青旗沽酒有人家"一句看来很平常，其实是重要的。全词都在写自然风景，只有这句才写到人的活动，这样就打破了一味写景的单调。这是写景诗的一个诀窍。尽管是在写景，却不能一味渲染景致，必须参进一点人的情调，人的活动，诗才显得有生气。读者不妨找一些写景的五七言绝句来看看，参证一下这里所说的道理。"城中桃李愁风雨，春在溪头荠菜花"两句是全词的画龙点睛，它又像是在写景，又像是在发议论。这两句决定全词的情调。如果单从头三句及"青旗沽酒"句看，这首词的情调好像是很愉快的。它是否愉快呢？要懂得诗词，一定要会知人论世。孤立地看一首诗词，有时就很难把它懂透。这首词就是这样。原来辛弃疾是一位忠义之士，处在南宋偏安杭州，北方金兵虏去了徽、钦二帝，还在节节进逼的情势之下，他想图恢复，而朝中大半是些昏愦无能、苟且偷安者，叫他一筹莫展，心里十分痛恨。就是这种心情成了他的许多词的基本情调。这首词实际上也还是愁苦之音。"斜日寒林点暮鸦"句已透露了一点消息，到了"桃李愁风雨"句便把大好锦绣河山竟然如此残缺不全的感慨完全表现出来了。从前诗人词人每逢有难言之隐，总是假托自然界事物，把它象征地说出来。辛词凡是说到风雨打落春花的地方，大都是暗射南宋被金兵进逼的局面。最著名的是《摸鱼儿》里的"更能消、几番风雨，匆匆春又归去。惜春长怕花开早，何况落红无数。"以及《祝英台近》里的"怕上层楼，十日九风雨。断肠片片飞红，都无人管，更谁劝、啼莺声住。"这里的"城中桃李愁风雨"也还是慨叹南宋受金兵的欺侮。从此我们也可以见出诗词中反衬的道理，反衬就是欲擒先纵，从愉快的景象说起，转到悲苦的心境，这样互相衬托，悲苦的就更显得悲苦。前人谈辛词往往用"沉痛"两字，他的沉痛就在这种地方。但是沉痛不等于失望，"春在溪头荠菜花"句可以见出辛弃疾对南宋偏安局面还寄托很大的希望。这希望是由作者在乡村中看到的劳动人民从事农桑的景象所引起的。上句说明"诗可以怨"（诉苦），下句说明"诗可以兴"（鼓舞兴起）。把这两句诗的滋味细嚼出来了，就会体会到诗词里含蓄是什么意思，言有尽而意无穷是什么意思。

《西江月》原题是《夜行黄沙道中》，记作者深夜在乡村中行路所见到的景物和所感到的情绪。读前半阕，须体会到寂静中的热闹。"明月别枝惊鹊"句的"别"字是动词，就是说月亮落了，离别了树枝，把枝上的乌鹊惊动起来。这句话是一种很细致的写实，只有在深夜里见过这种景象的人才懂得这句诗的妙处。乌鹊对光线的感觉是极灵敏的，日蚀时它们就惊动起来，乱飞乱啼，月落时也是这样。这句话实际上就是"月落乌啼"④的意思，但是比"月落乌啼"说得更生动，关键全在"别"字，它暗示鹊和枝对明月有依依不舍的意味。鹊惊时常啼，这里不说啼而啼自见，在字面上也可以避免与"鸣蝉"造成堆砌呆板的结果⑤。"稻花"二句说明季节是在夏天。在全首中这两句产生的印象最为鲜明深刻，它把农村夏夜里热闹气氛和欢乐心情都写活了。这可以说就是典型环境。这四句里每句都有声音（鹊声、蝉声、人声、蛙声），却也每句都有深更半夜的悄静。这两种风味都反映在夜行人的感觉里，他的心情是很愉快的。下半阕的局面有些变动了。天外稀星表示时间已有进展，分明是下半夜，快到天亮了。山前疏雨对夜行人却是一个威胁，这是一个平地波澜，可想见夜行人的焦急。有这一波澜，便把收尾两句衬托得更有力。"旧时茅店社林边，路转溪桥忽见"是个倒装句，倒装便把"忽见"的惊喜表现出来。正在愁雨，走过溪桥，路转了方向，就忽然见到社林边从前歇过的那所茅店。这时的快乐可以比得上"山重水复疑无路，柳暗花明又一村"⑥那两句诗所说的。词题原为《夜行黄沙道中》，通首八句中前六句都在写景物，只有最后两句才见出有人在夜行。这两句对全首便起了返照的作用，因此每句都是在写夜行了。先藏锋不露，到最后才一针见血，收尾便有画龙点睛之妙。这种技巧是值得学习的。

总看这四首词，可见每一首都有一个生动具体的气氛（通常叫做景），都表达出一种亲切感受到的情趣（通常简称情）。这种情景交融的整体就是一个艺术的形象。艺术的形象的有力无力，并不在采用的情节多寡，而在那些情节是否有典型性，是否能作为触类旁通的据点，四面伸张，伸入现实生活的最深微的地方。如果能做到这一点，它就会是言有尽而意无穷了。我们说中国的诗词运用语言精练，指的就是这种广博的代表性和丰富的暗示性。

诗词的语言还要有丰富的音乐性。音律是区别诗和散文的一个重要的标志。这不仅是形式问题。情发于声，是怎样的情调就需要怎样的音调。在诗词中，词对音律是讲究最严的。在这里不能对这四首词作音律的分析，因为它不是在一篇短文里谈得清楚的。读者把这几首词懂透了，不妨反复吟诵。这样，就会感觉到这四首词在音律上都是很和谐的。这和谐的效果是怎样造成的，读者最好自己去仔细分析。多分析，就会逐渐懂得音乐性对诗词的语言有多么重要。

1957 年

注释

①《绝句二首》，《杜少陵集详注》卷十三。

②《白氏长庆集》后集卷五。

③《白氏长庆集》卷八。

④张继《枫桥夜泊》。

⑤这样解释或与一般解释不同，提出来谨供参考。

⑥陆游《游山西村》，《剑南诗稿》卷一。

从沈从文先生的人格看他的文艺风格

　　《花城》编辑同志远道过访，邀我写一篇短文谈沈从文先生的作品。我对文学作品向来侧重诗，对小说素少研究，还配不上谈从文的小说创作，好在能谈他的小说的人现在还很多。我素来坚信"风格即人格"这句老话，研究从文的文艺风格，有必要研究一下他的人格。在从文的最亲密的朋友中我也算得一个，对他的人格我倒有些片面的认识。在解放前十几年中，我和从文过从颇密，有一段时期我们同住一个宿舍，朝夕生活在一起。他编《大公报·文艺副刊》，我编商务印书馆的《文学杂志》，把北京的一些文人纠集在一起，占据了这两个文艺阵地，因此博得了所谓"京派文人"的称呼。京派文人的功过，世已有公评，用不着我来说，但有一点却是当时的事实，在军阀横行的那些黑暗日子里，在北方一批爱好文艺的青少年中把文艺的一条不绝如缕的生命线维持下去，也还不是一件易事。于今一些已到壮年或老年的小说家和诗人之中还有不少人是在当时京派文人中培育起来的。

　　在当时孜孜不辍地培育青年作家的老一代作家之中，就我所知道的来说，从文是很突出的一位。他日日夜夜地替青年作家改稿子，家里经常聚集着远近来访的青年，座谈学习和创作问题。不管他有多么忙，他总是有求必应，循循善诱。他自己对创作的态度是极端严肃的。我看过他的许多文稿，都是蝇头小草，改而又改，东删一处，西补一处，改到天地头和边旁都密密麻麻地一片，也只有当时熟悉他的文稿的排字工才能辨认清楚。我觉得这点勇于改和勤于改的基本功对青年作家是一种极宝贵的"身教"，我自己在这方面就得到过从文的这种身教的益处。

从文是穷苦出身的，属于湖南一个少数民族。他的性格中见出不少的少数民族优点。刻苦耐劳，坚忍不拔，便是其中之一。从《新文学史料》第五辑中所载的他初到北京当穷学生时和郁达夫同志的交往，便可以生动地看出这一点，少数民族是民间文艺的摇篮，对文艺有特别广泛而尖锐的敏感。从文不只是个小说家，而且是个书法家和画家。他大半生都在从事搜寻和研究民间手工艺品的工作，先是瓷器和漆器，后转到民族服装和装饰。我自己壮年时代搜集破铜破铁，残碑断碣的癖好也是由从文传染给我的。从文转到故宫博物院和历史研究所之后，再继续民间工艺品的研究，他在这方面的成就并不下于他的文学创作。不过我觉得他因此放弃了文学创作究竟是一件很可惜的事。

谈到从文的文章风格，那也可能受到他爱好民间手工艺那种审美敏感的影响，特别在描绘细腻而深刻的方面，《翠翠》可以为例。这部中篇小说是在世界范围里已受到热烈欢迎的一部作品，它表现出受过长期压迫而又富于幻想和敏感的少数民族在心坎里那一股沉忧隐痛,《翠翠》似显出从文自己的这方面的性格。他是一位好社交的热情人,可是在深心里却是一个孤独者。他不仅唱出了少数民族的心声,也唱出了旧一代知识分子的心声,这就是他的深刻处。

1980 年

欣赏之趣

——看似平常最奇崛

悲剧与人生的距离

　　莎士比亚说得好：世界只是一座舞台，生命只是一个可怜的戏角。但从另一意义说，这种比拟却有不精当处。世界尽管是舞台，舞台却不能是世界。倘若堕楼的是你自己的绿珠[①]，尤辜受祸的是你自己的伊菲革涅亚[②]，你会心寒胆裂。但是她们站在舞台时，你却袖手旁观，眉飞色舞。纵然你也偶一洒同情之泪，骨子里你却觉得开心。有些哲学家说这是人类恶根性的暴露，把"幸灾乐祸"的大罪名加在你的头上。这自然是冤枉，其实你和剧中人物有何仇何恨？

　　看戏和做人究竟有些不同。杀曹操泄义愤或是替罗米欧与朱丽叶传情书，就做人说，自是一种功德；就看戏说，似未免近于傻瓜。

　　悲剧是一回事，可怕的凶灾险恶又另是一回事。悲剧中有人生，人生中不必有悲剧。我们的世界中有的是凶灾险恶，但是说这种凶灾险恶是悲剧，只是在修辞用比譬。悲剧所描写的固然也不外凶灾险恶，但是悲剧的凶灾险恶是在艺术锅炉中蒸馏过来的。

像一切艺术一样，戏剧要有几分近情理，也要有几分不近情理。它要有几分近情理，否则它和人生没有接触点，兴味索然；它也要有几分不近情理，否则你会把舞台真正看作世界，看《奥瑟罗》回想到自己的妻子，或者老实递消息给司马懿，说诸葛亮是在演空城计！

"软玉温香抱满怀，春至人间花弄色，露滴牡丹开"，淫词也，而读者在兴酣采烈之际忘其为淫，正因在实际人生中谈男女间事，话不会说得那样漂亮。俄狄浦斯弑父娶母，奥瑟罗信谗杀妻，悲剧也，而读者在兴酣采烈之际亦忘其为悲，正因在实际人生中天公并未曾濡染大笔，把痛心事描绘成那样惊心动魄的图画。

悲剧和人生之中自有一种不可跨越的距离，你走进舞台，你便须暂时丢开世界。

悲剧都有些古色古香。希腊悲剧流传于人间的几十部之中只有《波斯人》一部是写当时史实，其余都是写人和神还没有分家时的老故事老传说。莎士比亚并不醉心古典，在这一点他却近于守旧。他的悲剧事迹也大半是代远年淹的。十七世纪法国悲剧也是如此。拉辛③在《巴雅泽》（*Bajazet*）序文里说，"说老实话，如果剧情在哪一国发生，剧本就在哪一国表演，我不劝作家拿这样近代的事迹做悲剧"。他自己用近代的"巴雅泽"事迹，因为它发生在土耳其，"国度的辽远可以稍稍补救时间的邻近"。莎士比亚也很明白这个道理。《奥瑟罗》的事迹比较晚。他于是把它的场合摆在意大利，用一个来历不明的黑面将军做主角。这是以空间的远救时间的近。他回到本乡本土搜材料时，他心焉向往的是李尔王、麦克白一些传说上的人物。这是以时间的远救空间的近。你如果不相信这个道理，让孔明脱去他的八卦衣，丢开他的羽扇，穿西装吸雪茄烟登场！

悲剧和平凡是不相容的，而在实际上不平凡就失人生世相的真面目。所谓"主角"同时都有几分"英雄气"。普罗米修斯、哈姆雷特乃至于无恶不作的埃及皇后克莉奥佩特拉都不是你我凡人所能望其项背的，你我凡人没有他们的伟大魄力，却也没有他们那副傻劲儿。许多悲剧情境移到我们日常世界中来，都会被妥协酿成一个平凡收场，不至引起轩然大波。如果你我是俄狄浦斯，要逃弑父娶母的预言，索性不杀人，独身到老，便什么祸事也没有。如果你我是哈姆雷特，逞义气，就痛痛快快把仇人杀死，不逞义气，便低首下心称他做父亲，多么干脆！悲剧的产生就由于不平常人睁着大眼睛向我们平常人所易避免的灾祸里闯。悲剧的世界和我们是隔着一层的。

这种另一世界的感觉往往因神秘色彩而更加浓厚。悲剧压根儿就是一个不可解的谜语，如果能拿理性去解释它的来因去果，便失其为悲剧了。善有善报，恶有恶报，是人类的普遍希望，而事实往往不如人所期望，不能尤人，于是怨天，说一切都是命运。悲剧是不虔敬的，它隐约指示冥冥之中有一个捣乱鬼，但是这个捣乱鬼的面目究竟如何，它却不让我们知道，本来它也无法让我们知道。看悲剧要带几分童心，要带几分原始人的观世法。狼在街上走，枭在白天里叫，人在空中飞，父杀子，女驱父，普洛斯彼罗④呼风唤雨，这些光怪陆离的幻相，如果拿读《太上感应篇》或是计较油盐柴米的心理去摸索，便失其为神奇了。

艺术往往在不自然中寓自然。一部《红楼梦》所写的完全是儿女情，作者却要把它摆在"金玉缘"一个神秘的轮廓里。一部《水浒》所写的完全是侠盗生活，作者却要把它的根源埋到"伏魔之洞"。戏剧在人情物理上笼上一层神秘障，也是惯技。梅特林克⑤的《佩利亚斯和梅丽桑德》写叔嫂的爱，本是一部人间性极重要的悲剧，作者却把场合的空气渲染得阴森冷寂如地窖，把剧中人的举止言笑描写得如僵尸活鬼，使观者察觉不到它的人间性。邓南遮⑥的《死城》也是如此。别说什么自然主义或是写实主义，易卜生写的在房子里养野鸭来打的老头儿，是我们这个世界里的人物么？

像一切艺术一样，戏剧和人生之中本来要有一种距离，所以免不了几分形式化，免不了几分不自然。人事里哪里有恰好分成五幕的？谁说情话像张君瑞⑦出口成章？谁打仗只用几十个人马？谁像奥尼尔在《奇妙的插曲》里所写的角色当着大众说心中隐事？以此类推，古希腊和中国旧戏的角色戴面具，穿高跟鞋，拉了嗓子唱，以及许多其他不近情理的玩艺儿都未尝没有几分情理在里面。它们至少可以在舞台和世界之中辟出一个应有的距离。

悲剧把生活的苦恼和死的幻灭通过放大镜，射到某种距离以外去看。苦闷的呼号变成庄严灿烂的意象，霎时间使人脱开现实的重压而游魂于幻境，这就是尼采所说的"从形相得解脱"（redemption through appearance）。

选自《我与文学及其他》

注释

①绿珠（？～300）今广西博白县双凤镇绿罗村人，西晋石崇宠妾。晋惠帝永康元年（300 年），赵王司马伦专权，伦之党羽孙秀垂涎绿珠，向石崇索要绿珠，石崇拒绝。孙秀领兵围金谷园，石对绿珠说："我因你而获罪。"绿珠泣曰："妾当效死君前，不令贼人得逞！"绿珠坠楼自尽。孙秀杀石崇全家。

②伊菲革涅亚（古希腊语：Ἰφιγένεια），阿伽门农和克吕泰涅斯特拉之长女。在希腊军队进攻特洛伊前夕，为平息狩猎女神的愤怒，阿伽门农决定献祭长女伊菲革涅亚。关于伊菲革涅亚的生平传说，大多来源于古希腊剧作家欧里庇得斯的悲剧。

③让·拉辛（法语：Jean Racine，1639 年 12 月～1699 年 4 月），法国诗人、剧作家，与高乃依和莫里哀合称十七世纪最伟大的三位法国剧作家。拉辛的戏剧创作以悲剧为主，作品被称为古典主义戏剧代表作。

④普洛斯彼罗：莎士比亚最后一部剧作《暴风雨》中的主要人物，原为意大利北部米兰城邦的公爵，会运用魔法。

⑤英里斯·梅特林克（1862～1949），比利时剧作家、诗人、散文家。1911 年，获得诺贝尔文学奖金。象征派戏剧的代表作家，先后写了《青鸟》、《盲人》、《佩利亚斯与梅丽桑德》、《蒙娜·凡娜》等多部剧本。

⑥邓南遮（Gabriele D'Annunzio，又译丹农雪乌）意大利著名诗人、小说家、剧作家、民族主义者。代表作有《初春》、《新歌》、《阿尔奇奥内》等，创作甚丰。

⑦张君瑞，名珙，又名张生，字君瑞。元稹《莺莺传》中的男主人公。

谈书评

　　谈到究竟，文艺方面最重要的东西还是作品。一个人在文艺方面最重要的修养不是记得一些干枯的史实和空洞的理论，而是对于好作品能热烈地爱好，对于低劣作品能彻底地厌恶。能够教学生们懂得什么才是一首好诗或是一篇好小说，能够使他们培养成对于文学的兴趣和热情，那才是一位好的文学教师；能够使一般读者懂得什么才是一首好诗或是一篇好小说，能够使他们培养成对于文学的兴趣和热情，那才是一位好的批评家。真正的批评对象永远是作品，真正的好的批评家永远是书评家，真正的批评的成就永远是对于作品的兴趣和热情的养成。

　　书评家的职务是很卑恭的。他好比游览名胜风景的向导，引游人注意到一些有趣的林园泉石寨堡。不过这种比拟究竟有些不恰当。一个旅行向导对于他所指点的风景不一定是他自己发现出来的，尤其不一定自己感觉到它们有趣。他可以读一部旅行指南，记好一套刻板的解释，遇到有钱的顾主就把话匣子打开，把放过几千次的唱片再放一遍。书评家的职务却没有这么简单。他没有理由向旁人说话，除非他所指点的是他自己的发现而且是他自己的爱或憎的对象。书评艺术不发达即由于此。在事实上，一个人如果不以书评为职业，就很难有工夫去天天写书评；而书评却不如旅行向导可以成为一种职业，书评所需要的公平、自由、新鲜、超脱诸美德都是与职业不相容的。

常见的书评不外两种，一种是宣传，一种是反宣传。所谓"宣传"者有书店稿费或私人交谊做背景，作品本身价值是第二层事，头一层要推广它的销路。在这种书籍的生存战争中，它不能不有人替它"吹"一下。所谓"反宣传"者有仇恨妒忌种种心理做背景，甲与乙如不同派，凡甲有所作，乙必须闭着眼睛乱骂一顿，以为不把对方打倒，自己就不易抬头"称霸"。书评失去它的信用，就因为有这两种不肖之徒如劣马害群。书评变成贩夫叫卖或是泼妇闹街，这不但是书评末运，也是文艺的末运。

书是读不尽的，自然也评不尽。一个批评家应该是一个探险家，为着发现肥沃的新陆，不惜备尝艰辛险阻，穿过一些荒原沙漠冰海；为着发现好书，他不能不读数量超过好书千百倍的坏书。每个人都应该读些坏书，不然，他不能真正地懂得好书的好处。不过在每个时代每个国家里坏书都"俯拾即是"，用不着一个专门家去把它指点出来。与其浪耗精力去攻击一千部坏书，不如多介绍一部好书。没有看见过小山的人固然不知道大山的伟大；但是你如果引人看过喜马拉雅山，他决不会再相信泰山是天下最高峰。好书有被埋没的可能，而坏书却无永远存在之理，把好书指点出来，读者自然能见出坏书的坏。

攻击唾骂在批评上固然有它的破坏的功用，它究竟是容易流于意气之争，酿成创作与批评中不应有的仇恨，给读者一场空热闹，而且一个作品的最有意义的批评往往不是一篇说是说非的论文，而是题材相仿佛的另一个作品。如果你不满意一部书或是一篇文章，且别费气力去唾骂它，自己去写一部比它较好的作品出来，至少，指点出一部比它较好的作品出来！一部书在没有比它再好的书出来以前，尽管是不圆满，仍旧有它的功用，有它的生存权。

批评的态度要公平，这是老生常谈，不过也容易引起误解。一个人只能在他的学识修养范围之内说公平话。对于甲是公平话，对于乙往往是偏见。孔夫子只见过泰山，便说"登泰山而小天下"，不能算是不公平，至少是就他的学识范围而言。凡是有意义的话都应该是诚实的话，凡是诚实话都是站在说话者自己特殊立场扪心自问所说的话。人人都说荷马或莎士比亚伟大，而我们扪心自问，并不能见出他们的伟大。我跟人说他们伟大么？这是一般人所谓"公平"。我说我并不觉得他们伟大么？这是我个人学识修养范围之内的"公平"，而一般人所谓"偏见"。批评家所要的"公平"究竟是哪一种呢？"司法式"批评家说是前一种，印象派批评家说是后一种。前一派人永远是朝"稳路"走，可是也永远是自封在旧窠臼里，很难发现打破传统的新作品。后一派人永远是流露"偏见"，可是也永远是说良心话，永远能宽容别人和我自己异趣。这两条路都任人随便走，而我觉得最有趣的是第二条路，虽然我知道它不是一条"稳路"。

法朗士说得好："每个人都摆脱不开他自己，这是我们最大的厄运。"这种厄运是不可免的，所以一般人所嚷的"客观的标准""普遍的价值"等等终不免是欺人之谈。你提笔来写一篇书评时，你的唯一的理由是你对于那部书有你的特殊的见解。这种见解只要是由你心坎里流露出来的，只要是诚实，虽然是偏，甚至于是离奇，对于作者与读者总是新鲜有趣的。书评是一种艺术，像一切其它艺术一样，它的作者不但有权力，而且有义务，把自己摆进里面去；它应该是主观的，这就是说，它应该有独到见解。叶公超先生在本刊所发表的《论书评》一文里仿佛说过，书评是读者与作者的见解和趣味的较量。这是一句有见地的话。见解和趣味有不同，才有较量的可能，而这种较量才有意义，有价值。

天赋不同，修养不同，文艺的趣味也因而不同。心理学家所研究的"个别的差异"是创作家批评家和读者所应该同样地认清而牢记的。文艺界有许多无谓的论战和顽固的成见都起于根本不了解人性中有所谓"个别的差异"。我自己这样感觉，旁人如果不是这样感觉，那就是他们荒谬，活该打倒！这是许多固执成见者的逻辑。如果要建立书评艺术，这种逻辑必须放弃。

欣赏一首诗就是再造一首诗；欣赏一部书，如果那部书有文艺的价值，也应该是在心里再造一部书。一篇好的书评也理应是这种"再造"的结果。我特别着重这一点，因为它有关于书评的接受。无论是作者或是读者，对于一篇有价值的书评都只能当作一篇诚实的主观的印象记看待，容许它有个性，有特见，甚至于有偏见。一个书评家如果想把自己的话当作"权威"去压服别人，去范围别人的趣味；一个读者如果把一篇书评当作"权威"恭顺地任它范围自己的趣味；或是一个创作家如果希望别人对于自己的著作的见解一定和自己的意见相同；那么，他们都是一丘之貉，都应该冠上一个共同的形容词——愚蠢！

如果莎士比亚再活在世间，如果他肯费工夫把所有讨论、解释和批评他的作品文章仔细读一遍，他一定会惊讶失笑，发现许多读者比他自己聪明，能在他的作品中发现许多他自己所梦想不到的哲学、艺术技巧的意识以及许多美点和丑点。但是他也一定会觉得这些文章有趣，一律地加以大度宽容。懂得这个道理，我们就应该明了：刘西渭①先生有权力用他的特殊的看法去看《鱼目集》，刘西渭先生没有了解他的心事；而我们一般读者哩，尽管各人都自信能了解《鱼目集》，爱好它或是嫌恶它，但是终于是第二个以至于第几个的刘西渭先生，彼此各不相谋。世界有这许多分歧差异，所以它无限，所以它有趣；每篇书评和每部文艺作品一样，都是这"无限"的某一片面的摄影。

原载天津《大公报·文艺》"书评特刊"第190期，
1956年8月2日

注释

①刘西渭：近代著名作家、戏剧家李健吾的笔名。自20世纪30年代中期起，李健吾以刘西渭的笔名发表文学评论和戏剧评论，文学评论有《咀华集》和《咀华二集》等。

《雨天的书》[1]

　　周先生在《自序》里说："今年冬天特别的多雨……想要做点正经的工作，心思散漫，好像是出了气的烧酒，一点味道都没有，只好随便写一两行，并无别的意思，聊以对付这雨天的气闷光阴罢了。"这是《雨天的书》命名所由来。从这番解释看来，"书"与"雨"像是偶然的凑合；但是实际上这并非偶然，除着《雨天的书》，这本短文集找不出更惬当的名目了。

　　这书的特质，第一是清，第二是冷，第三是简洁。你在雨天拿这本书看过，把雨所生的情感和书所生的情感两相比较，你大概寻不出分别，除非雨的阴沉和雨的缠绵。这两种讨人嫌的雨性幸而还没渗透到《雨天的书》里来。

　　在《苍蝇》篇里，作者引了小林一茶的一句诗："不要打啊，苍蝇搓他的手，搓他的脚呢。"他接着说："我读这一句常常想起自己的诗觉得惭愧，不过我的心情总不能达到那一步，所以也是无法。"在《自序》里，谈到这个缺憾，他归咎于气质境地说："我近来作文极慕平淡自然的景地。但是看古代或外国文学才有此种作品，自己还梦想不到有能做的一天，因为这有气质境地与年龄的关系，不可勉强。像我这样褊急的脾气的人，生在中国这个时代，实在难望能够从容镇静地做出平和冲淡的文章来。"丁敬礼说："文之工拙，吾自知之，后世谁相知定吾文者！"我们读周先生这一番话，固然不敢插嘴，但是总嫌他过于谦虚。小林一茶的那种闲情逸趣，周先生虽还不能比拟，而在现代中国作者中，周先生而外，很难找得第二个人能够做得清淡的小品文字。他究竟是有些年纪的人，还能领略闲中清趣。如今天下文人学者都在那儿著书或整理演讲集，谁有心思去理会苍蝇搓手搓脚！然而在读过装模做样的新诗或形容词堆砌成的小说（应该说"创作"）以后，让我们同周先生坐在一块，一口一口地啜着清茗，看着院子里花条虾蟆戏水，听他谈"故乡的野菜"，"北京的茶食"，二十年前的江南水师学堂，和清波门外的杨三姑一类的故事，却是一大解脱。

周先生说自己是绍兴人，没有脱去"师爷气"。他和鲁迅是弟兄，所以作风很相近。但是作人先生是师爷派的诗人，鲁迅先生是师爷派的小说家，所以师爷气在《雨天的书》里只是冷，在《华盖集》里便不免冷而酷了。《雨天的书》里谈主义和批评社会习惯的文字露出师爷气最鲜明——尤其是从《我们的敌人》至《沉默》（95 页至 196 页）二十几篇。这二十几篇文章未尝不好，但在全书中，未免稍逊一等。作者的谐趣在本书前半表现得最好。比方《死之默想》篇中有一段说：

　　　　苦痛比死还可怕，这是实在的事。十多年前，有一个远房伯母，十分困苦，在十二月底想投河寻死，（我们乡间的河是经冬不冻的,）但是投了下去，她随即走了上来，说是因为水太冷了。

这就是我所谓"冷"。他是准备发笑的，可是笑到喉头就忍住了。有时候他也忍不住，要流露在面孔上来，比方他批评反对泰戈尔来华的人说：

> 这位梵志泰翁无论怎么样了不得，我想未必能及释迦文佛，要说他的演讲于将来中国的生活会有什么影响，我实在不能附和——我悬揣这个结果，不过送一个名字，刊几篇文章，先农场真光剧场看几回热闹，素菜馆洋书铺多一点生意罢了，随后大家送他上车完事，与罗素、杜威（杜里舒不必提了）走后一样。然而目下那些热心的人急急皇皇奔走呼号，好像是大难临头，不知到底怕的是什么。

这里他虽然好奇似的动了一动，却是还保存着一种轻视的冷静。作者的心情很清淡闲散，所以文字也十分简洁。听说周先生平时也主张国语文欧化，可是《雨天的书》里面绝少欧化的痕迹。我对于国语文欧化颇甚怀疑。近代大批评学者圣伯夫（Sainte Beuve）说《罗马帝国衰亡史》著者吉本（Gibbon）的文字受法国的影响太深，所以减色不少。英、法文构造相似，法文化的英文犹且有毛病。中文与西文悬殊太远，要想国语文欧化，恐不免削足适履。我并非说中文绝对不可参以欧化，我以为欧化的分量不可过重，重则佶倔不自然。想改良国语，还要从研究中国文言文中习惯语气入手。想做好白话文，读若干上品的文言文或且十分必要。现在白话文的作者当推胡适之、吴稚晖、周作人、鲁迅诸先生，而这几位先生的白话文都有得力于古文的处所（他们自己也许不承认）。我们姑且在《雨天的书》中择几段出来：

> 我从小知道"病从口入祸从口出"的古训，后来又想涸迹于绅士淑女之林，更努力学为周慎。无如旧性难移，燕尾之服终不能掩羊脚，检阅旧书，满口柴胡，殊少敦厚温和之气。呜呼，我其终为"师爷派"矣乎？虽然，此亦属没有法子，我不必因自以为越人而故意如此，亦不必自因其为学士大夫所不喜而故意不如此。我有志为京兆人，而自然乃不容我不为浙人，则我亦随便而已耳。——《雨天的书》第 5 页。

> 妻同我商量，若子的兄姊十岁的时候，都花过十来块钱，分给佣人并吃点东西当作纪念，去年因为筹不出这笔款，所以没有这样办，这回病好之后，须得设法来补做，并以祝贺病愈，她听懂了这会话的意思，便反对说，"这样办不好。倘若今年做了十岁，那么明年岂不就是十一岁么？"我们听了，不禁破颜一笑。——第 55 页。

> 喝茶当于瓦屋纸窗之下，清泉绿茶，用素雅的陶瓷茶具，同二三人共饮，得半日之闲，可抵十年的尘梦。喝茶之后，再去继续修各人的胜业，无论为名为利，都无不可，但偶然间片刻优游乃正亦断不可少，中国喝茶时多吃瓜子，我觉得不甚适宜；喝茶时可吃的东西应当是清淡的

茶食……江南茶馆中有一种干丝，用豆腐干切成细丝，加姜丝酱油，重汤燉热，上浇麻油，出以供客，其利益为堂倌所独有。豆腐干中本有一种茶干，今变而为丝，亦颇与茶相宜。——75 页至 74 页。

稍读旧书的人大约都觉得这种笔调，似旧相识。第一例虽以拟古开玩笑，然自亦有其特殊风味。吴稚晖的散文的有趣，即不外乎此。现在我们不必评论是非，我们只说这种清淡的文章比较装模作样佶倔聱牙的欧化文容易引起兴味些。任凭新文学家们如何称赞他们的"创作"，我们普通的读者只能敬谢不敏地央求道："你们那样装模作样堆字积句的文章固然是美，只是我们读来有些头痛。你们不能说得简单明了些么？"

文学家们也许笑我们浅陋顽固，但是我们都不管，我们有许多简朴的古代伟大作者，最近我们有《雨天的书》——虽然这只是一种小品。

原载《一般》第 1 卷第 3 期，1926 年 11 月

注释

①周作人的作品，1925 年由北京新潮社出版印行。

王静安的《浣溪沙》

王静安先生在《人间词乙稿序》里数他自己的生平得意之作仅三四首，其第一首即《浣溪沙》，原词如下：

> 天末同云黯四垂，失行孤雁逆风飞，江湖寥落尔何归？陌上挟丸公子笑，座中调醯丽人嬉，今宵欢宴胜平时。

他自己的评语是：

> 意境两忘，物我一体，高蹈乎八荒之表，而抗心乎千秋之间。

我从前初读这首词时，觉得作者自许不免过高，如论意境，也只有"失行孤雁"二句沉痛凄厉。去夏过武昌，和友人谭蜀青君谈到这首词，他也只赞赏前段，并且说后段才情不济，有些硬凑。后来我再稍加玩索，才觉悟谭君和我从前所见的都是大错。这首词本不甚难，但是略一粗心，差之毫厘，便谬以千里，从此可见读诗之难。

这首词容易被人误解，因为前后两段所描写的是两面相反的图画，两种相反的情感。它仿佛是两幕戏，前幕布景是风云惨黯，江湖寥落，角色是孤雁，剧情是"失行"和"逆风飞"，全幕空气极阴沉，情调也极凄惨。后幕布景由黯云荒野一变而为高堂华烛，角色是公子丽人，剧情是烹雁欢宴，全幕空气极浓丽，情调也极快活。这两幕戏中以前幕为较易了解，因为它完全是正写，它只有一种功用，就是把孤雁的凄凉身世写出来。后幕则完全是侧写，好比项庄舞剑，意在沛公，表面上虽是渲染公子丽人的欢乐，骨子里则仍反映孤雁的悲剧。这一点反映容易被粗心人忽略。但是它是全词的精采所在，因为它，前段显得更凄惨，后段显得很深微曲折。此种写法类似莎士比亚在悲剧中穿插喜剧而实有不同。"悲喜杂剧"中的喜剧功用在暂时和缓高度的紧张，这首词则以欢宴收场，并非一种穿插，它的功用全在以乐境反衬悲境。好比画事以浓阴反衬强光一样。单论后段本身，它完全是一种乐境，但是因为摆在前段旁边，两两相形，它反而比较前段更深刻沉痛。如果没有感到"今宵欢宴胜平时"句的深刻沉痛，就完全失去这首词的妙处了。

友人废名君有一次来闲谈，提起六朝文学，他告诉我说："你别看六朝人的词藻那样富丽，他们的内心实有一种深刻的苦痛。"这句话使我非常心折。六朝人的词藻富丽，谁也知道，他们的内心苦痛，稍用心体察的人们也可以见出。废名君的灵心妙悟在把他们的词藻富丽和内心苦痛联在一起说，仿佛见出这两件事有因果关系。我当时没有问废名君，依他看，这种关系究竟如何。依我揣想，尼采对于古希腊人所说的"由形相得解脱"也许可以应用到六朝人。词藻富丽是他们拿来掩饰或回避内心苦痛的。他们愈掩饰，他们的苦痛更显得深沉。看六朝人的作品，首先要明白这一点，如果只看到词藻富丽，那就只看到空头架子了。写到这里。我想起况周颐在《蕙风词话》里批评纳兰容若的话：

> 寒酸语不可作。即愁苦之音，亦以华贵出之，《饮水词》之所以为重光后身也。

"愁苦之音，亦以华贵出之"是六朝人的妙处，是李后主和纳兰容若的妙处，也是这首词后段的妙处。前段不如后段，因为它仍不免直率，仍不免是"寒酸语"。

载《武汉日报·现代文艺》第 51 期
1936 年 2 月 14 日

读李义山的《锦瑟》

诗的佳妙往往在意象所引起的联想，例如李义山的《锦瑟》：

> 锦瑟无端五十弦，一弦一柱思华年。
> 庄生晓梦迷蝴蝶，望帝春心托杜鹃。
> 沧海月明珠有泪，蓝田日暖玉生烟。
> 此情可待成追忆，只是当时已惘然！

全诗精采在五六两句，但这两句与上下文的联络似不甚明显，尤其是第六句像是表现一种和暖愉快的景象，与悼亡的主旨似不合。向来注者不明白晚唐诗人以意象触动视听的技巧，往往强为之说，闹得一塌糊涂。他们说："玉生烟已葬也，犹言埋香瘗玉也"，"沧海蓝田言埋韫而不得自见"，"五六赋华年也"，"珠泪玉烟以自喻其文采"。（见朱鹤龄《李义山诗笺注》，萃文堂三色批本。）这些说法与上下文都讲不通。其实这首诗五六两句的功用和三四两句相同，都是表现对于死亡消逝之后，渺茫恍忽，不堪追索的情境所起的悲哀。情感的本来面目只可亲领身受而不可直接地描写，如须传达给别人知道，须用具体的间接的意象来比拟。例如秦少游要传出他心里一点凄清迟暮的感觉，不直说而用"杜鹃声里斜阳暮"的景致来描绘。李义山的《锦瑟》也是如此。庄生蝴蝶，固属迷梦；望帝杜鹃，亦仅传言。珠未尝有泪，玉更不能生烟。但沧海月明，珠光或似泪影；蓝田日暖，玉霞或似轻烟。此种情景可以想象揣摩，断不可拘泥地求诸事实。它们都如死者消逝之后，一切都很渺茫恍忽，不堪追索；如勉强追索，亦只"不见长安见尘雾"，仍是迷离隐约，令人生哀而已。四句诗的佳妙不仅在唤起渺茫恍忽不堪追索的意象，尤在同时能以这些意象暗示悲哀，"望帝春心"和"月明珠泪"两句尤其显然。五六句胜似三四两句，因为三四两句实言情感，犹着迹象，五六两句把想象活动区域推得更远，更渺茫，更精微。一首诗的意象好比图画的颜色阴影浓淡配合在一起，烘托一种有情致的风景出来。李义山和许多晚唐诗人的作品在技巧上很类似西方的象征主义，都是选择几个很精妙的意象出来，以唤起读者多方面的联想。这种联想有时切题，也有时不切题。就切题的方面说，"沧海月明"二句表现消逝渺茫的悲哀，如上所述。但是我们平时读这二句诗，常忽略过这切题的一方面，珠泪玉烟两种意象本身已很美妙，我们的注意力大半专注在这美妙意象的本身。从这个实例看，诗的意象有两重功用，一是象征一种情感，一是以本身的美妙去愉悦耳目。这第二种功用虽是不切题的，却自有存在的价值。《诗经》中的"兴"大半都是用这种有两重功用的意象。例如"何彼秾矣，唐棣之华。曷不肃雝，王姬之车"；"燕燕于飞，差池其羽，之子于归，远送于野"；

"蒹葭苍苍，白露为霜。所谓伊人，在水一方"诸诗起首二句都有一方面是切题的，一方面是不切题的。

流行文学三弊

　　文学的条件本很简单，第一是有话值得说，其次是把话说得恰到好处。有话值得说，内容才充实；说得恰到好处，形式才完美。像其他艺术一样，文学必须寓亲切情趣于具体意象。情趣与意象欣合无间，自成一新境界，就是值得说的话。没有亲切情趣，自己未曾受感动，决不能感人；有亲切情趣而没有具体意象来表现它，喜只发泄于一笑，悲只发泄于一哭，境迁情逝，便了无余蕴。情趣化为意象，作者才可作沉静的回味，读者才可由境见情。情趣意象的融合是艺术的胚胎，在心中化育，也可在心中含蓄。在心中含蓄时，他对于作者自己仍不失其艺术的价值。但是，人是社会的动物，每个人都有把个体生命扩充为社会生命的希冀，有话总得要说给人听，守秘是最苦的事。心里有话必须说出，而把心里的话说得恰到好处，结果就是艺术作品。有作品，艺术才可以由作者传达到读者。这里所谓"恰到好处"颇不是一件易事。一则语言不常能跟着思想感情走，每个人都经验过有话说不出的苦楚，或是所说的和所想的究竟还相差一点歉意。语言这个工具于写作者的手里，如同刀锯在匠人的手里一样，要经过若干艰苦的训练，才能运用自如。其次，所谓"恰到好处"，以作者为准与以读者为准亦不尽同。在作者看，词或已达意；在读者看，仍未必能完全了解。性分、修养、经验人各不同，这种了解上的差别是于理应有的。调和折衷或是最稳妥的办法。"修辞立其诚"，"言之无文，行之不远"。"立诚"和"行远"在第一流作品里是并行不悖的。

这番道理本极浅近平凡，但极浅近平凡的也往往极不容易做到。目前流行文学作品，从印行的诗文小说戏剧以至于壁报和课堂习作，都似乎没有达到这种极浅近平凡的标准。许多写作者似根本不明白文字是什么回事，拿文学做招牌来做种种可笑的勾当，在文坛上酝酿一种极不健康的风气。没有出息的始终没有出息，在文坛上鬼混若干年以后，逃不了他们应受的遗忘与消灭。最可怜的是一般有志于文学的青年，只有那一个不健康的风气做榜样，盲目地跟着旁人走，到后来只是一蟹不如一蟹，糟塌了许多有为的青年，也糟塌了才露头角的新文学。这篇随感录并不敢为作家说法，只是站在读者的地位来诉一点苦。章实斋做过《古文十弊》，现在不勉强凑足成数，只就一时所认为最重要的指出三点。

一、陈腐——人常为惰性所累，欢喜朝抵抗力最低的路线走，抵抗力最低的路线是被人践踏到熟烂的路线，在个人为习惯，在社会为风俗，为传统。习惯和风俗的潜势力比什么都大，人常不知不觉地被他们拖着走。对于和他们不相容的总是加以仇视与抗拒。在每个时代，伦理、政治、学术以及全体文化的进展所感到的最大的阻碍力就是习惯风俗，就是心理学家

所说的"呆板反应"（stock responses）。在文艺方面，习惯和
风俗的阻碍力尤其险毒。一种已成作风的僵硬化，一种新兴作
风的流产或夭折，都是习惯和风俗所伴的惰性在作祟。中国几
千年来文艺笃守传统，到现在，大学国文系还让一般似通不通
的学究把持着，禁止学生谈语体文，教他们专做那些似通不通
的策论诗赋。这就正是中了惰性的毒。不过，新文学家也得自
己反省：他们在精神上是否真与顽腐学究有什么不同呢？现在
文坛上弥漫着的是模仿抄袭的空气。白话文运动初期，多数人
在传染浪漫派的无聊的感伤，后来又贩卖写实主义、象征主
义、大众化，种种空洞的名词，很少有人脚踏实地埋头努力开
辟一条自己的路径，创造出思想、体裁、内容都度越流俗，值
得一读的作品。最重要的原因是写作者根本没有文艺的资禀与
修养，只是拿文艺做商业上和政治上的敲门砖。书店老板或政
党走狗今天想出一个花样，他们如法炮制；明天想出另一个花
样，他们依然如法炮制。文艺变成游街队的叫卖、小喽啰的呐
喊，还有什么风格生命可言！倒霉的是我们花钱买书的读者，
读来读去，老是那么一套，读了第一篇便不想读第二篇，勉强
看下去越觉得烦腻，把一点文学味抹杀得一干二净。从前有些
慈善家（其中也不乏伪君子），要劝人行善消恶，便造出许多
故事，如某甲放了若干乌龟的生，后来享了长寿，某乙犯了奸
淫，后来自己的妻女显了报应。这类故事已成为一般"善书"
《感应篇》、《阴骘文》内容的共通性。谈现在流行文学作
品——尤其是所谓"宣传"品——我们常嗅到"善书""感应
篇"之类的气息。著"善书"，说"圣谕"，以及写八股文的
精神和方法，在任何时代都是要不得的，而现在还在那里滋长

蔓延，这是我们最为新文学危惧的。尽管传统派批评家呐喊着要永恒性与普遍性，每个艺术作品的境界必定是独到的、新鲜的。没有创造，就没有艺术。所谓"创造"，并不是根据一个口号，敷衍成一篇文字，贴上"诗"、"小说"或"戏剧"的标签，而是用适当的语言表现出一个具体的境界和亲切的情趣。这是资禀和修养的结晶，不是支票或头衔所能买到的。

二、虚伪——文艺不是一种门面装饰，而是丰富精神的充溢。文艺的创造多迫于不得已，有话总得要说。如果心里本来无话可说，最好就不说话。没有话可说而勉强要说，所说的话就变成内心生活贫乏的掩饰，文艺上的虚伪多由此起。虚伪的病根在中国文学史上本来种得很深。从前文人以文字为应酬工具，做寿序、墓志铭乃至于专门著述，照例都有一套门面语，都要摆一个空心架子，内容尽管很空洞，表面却须显得富丽堂皇。这是古文的通病，也是八股文和试帖诗的秘诀。它在新文学中不但没有铲除，而且因为受到不健康的外来影响还变本加厉。近代西方文学颇着重细腻的描写，一间房子，一个人，或一条狗，往往要费几千言来烘托渲染，节目上堆节目，形容词上堆形容词。有些人以为如此才显得精细富丽，其实这种写法本来不尽可为法。要把事物表现得活跃，着墨太多往往反成障碍。把词藻当装饰来掩盖内容的空洞，在任何文字中都是大病。而且中西方语句构造习惯不同，西文所能承得起的繁词丽藻中文常承不起。现在许多作家——尤其对外国文仅有一知半解而对本国文则毫无素养者——不明白这个道理，以为做文章秘诀在搬弄漂亮词句，往往写上满篇陈腐而僵硬的形容词句，不能叫读者见出一个活跃的境界来。这是穷人摆富贵架子，戳穿了一文不值。这种虚伪是偏在形式方面，以浮华掩空洞。此外另有一种虚伪起于内容方面。近十年来，法国象征派诗和现代英美诗也一鳞一爪地传到了中国来，它们的特征是竭力撇开寻常蹊径，用深微的意象、音节，表现新鲜的情调，做得好就幽深微妙，做得不好就僻窄艰晦。这种作品在西方也只是少数知识分子的玩艺儿，聊备一格固未尝不可，决不能认为是文学的正宗大道。近来，我们的新兴作家中，也有人正在模仿这种作风，成就较好的，固然可以启示学者一种新观点去感觉事物，对于粗疏陈腐是一剂良药。但是，也有好些人在冒招牌，本来没有象征诗和现代英美诗的那种情调（文化背景和社会经验不同，我们本来很不容易做起那种情调），而偏要做起来像有的样子，披上一层不易看穿的道袍，叫你猜想其中有如何神秘，等你费许多力量看穿了，原来还是一个空心大老倌，叫你懊悔得不偿失。这种勾当有些像走江湖的医生、相士的"法术"，从前人所谓"以艰深文浅陋"，也是目前很流行的一个毛病。

三、油滑——文艺和游戏在起源上本很接近，它们都是富裕的生命流露于自由活动，都是要在现实世界之上另造一个意象的世界来应情感的需要。文学家看世界，多少有如看戏，站在超然的地位，把人生世相中形形色色当作惊心动魄的图画去欣赏，对于丑陋、乖讹、灾祸时而觉得可笑，时而觉得可悲。这种悲笑是获得启示后的感动，是对于人生世相较深刻的认识和较隽永的回味，不致逼人走到佯狂或颓废的路上去。所以文艺是最高度的幽默与最高度的严肃超过冲突而达到调和。一个人如果一味严肃而没有幽默意识，对于文学就终身是门外汉；

但是，因为同样理由，如果一味幽默而见不到幽默的严肃境界，也决不会产生伟大的文学作品。一味严肃的人对于文学倒没有多大危险，因为他们钻进清教徒或道学家的圈子里去，就不会闯进文学的区域来。一味幽默的人倒往往把文学当成一种玩世的工具，使文学流为油滑。西方有一句谚语说："这世界对于好用思想的人是一部喜剧，对于好动情感的人是一部悲剧。"大概第一流的文学作品必能调和思想与感情的冲突而同时见出世界的喜剧的与悲剧的两方面。有时思想感情乖离，幽默与严肃脱节，文学就容易偏向喜剧的调侃，以及在讥刺方面发达。这种变动发生大半在"理智时代"。古希腊的哲学鼎盛时代和近代欧洲十八世纪都是最显著的例子。大多数文人在这种时代对于人生社会的态度是讽刺的，心里不满意于现状，谴责过于悲悯，理智的抗拒多于情感的激动，无可奈何，出之以讥刺，聊博一笑。讽刺文学的发达表示心地的僻窄，情感的压抑或萎靡，以及整个精神生活的不健康。所以，讽刺文学最发达的时代，也往往是文学水准最低落的时代。我们的这个时代是否偏于理智的，我们不敢武断，但是，情感的压抑与萎靡却是不可讳言的事实。我们大多数人对于人生、社会的态度——如果不只是叫嚣鬼混而确实有一个态度的话——是偏向于讽刺的。从鲁迅一直到老舍都是如此。讽刺者大半与滑稽玩世者有别，他们还是太认真，出发点还是一副救世心肠。但是，讽刺的骨子是天生的，讽刺的面孔是可以假扮的。没有讽刺的骨子而学得讽刺的面孔，结果就会成了专会谑浪调笑的小丑。年来所谓"幽默文学"颇有这种倾向。提倡"幽默小品"的人也许有他们的见地，不过，学他们的人往往一味憨皮臭脸，油腔滑调。坏风气传染得特别快，现在，不但学生壁报和报纸副刊在学《论语》的调子，就是许多认真的作家往往在无意之中也露出点油腔滑调。这也是文坛上一个很严重的病相。

以上所说的三种弊病当然不是流行文学所特有，它们在中国文学史上老早就种了祸根，不过，现在特别现得显著。白话文运动起来以后，许多人过于兴奋，以为这是中国文学的空前的革命。从外表说，这种看法或者不无片面真理；但是，我们放冷静一点去衡量，就会觉得已往传统精神最坏的方面是在"流毒"。真正的文学革命不只是换一个语言躯壳就可以了事。用文言可以说谎和摆空架子，用白话还是可以说谎和摆空架子。这番话并非对白话文表示恶意，文学必须用活语言，这道理只有愚顽者才会否认。不过，语言究竟只是一种表现工具，表现工具改善了不一定就能保障运用它的人成为文学家，就如刀锯改善了不一定就能保障运用它的人成好匠人是一个道理。而且语言跟着思想走，思想未脱混沌芜杂的状态，语言也决不会精妙。真正的文学革命必定从充实内心生活做起。目前大患，不在表现内心生活的工具不够，而在内心生活本身的贫乏。关于发展内心生活这一点，我们希望作家自己有觉悟，肯努力，同时也希望政府和社会少给一点诱惑与钳制。

载《战国策》第 7 期，1940 年 7 月

谈文学选本

　　文学作品是读不尽的！人生有限而近代生活又极繁忙，所以对于爱好文学的人们，我们不必要求过奢，不妨容许他们取一点捷径。让每个人都接近一点文学，总比叫大多数人因书籍太多而索性不读，较胜一筹。

　　不过文学教育是一种精神上的享受，而不是一种知识的贩卖。比如喝茶，茶的好味道一定要喝才能知道。喝起来，每个人有每个人的滋味。每个人自己所尝到的滋味才最亲切，最真实。读一千部茶经或茶史也抵不上啜一口真正的好茶。读文学也是如此，人所读的尽管为量极少，必须真正是文学作品，而不是关于文学的"道听途说"，如文学史，文学大纲，戏剧原理，小说作法之类书籍。与其搜寻许多学术权威著作去辨明五言诗和七言诗，或是词与曲的关系和分别，不如学会真正爱好一首诗或一首词。因为这个道理，没有多少时间可读书而却爱好文学的人们，应该丢下文学史或文学大纲之类书籍，去找几部轻便而不太简陋的选本来细心玩味。在选本里读者还可以和作者对面，可以和他发生亲切的契合，尝到他的作品的特殊滋味。

在读选本之前，我们须明白选本的功用和缺陷。编一部选本是一种学问，也是一种艺术。顾名思义，它是一种选择。有选择就要有排弃，这就可显示选者对于文学的好恶或趣味。这好恶或趣味虽说是个人的，而最后不免溯源到时代的风气，选某一时代文学作品就无异于对那时代文学加以批评，也就无异于替它写一部历史，同时，这也无异于选者替自己写一部精神生活的自传，叙述他自己与所选所弃的作品曾经发生过的因缘。一部好选本应该能反映一种特殊的趣味，代表一个特殊的倾向。

因为如此，一个好选本还可以造成一种新风气，划出一个新时代。在中国，《昭明文选》、《玉台新咏》、《花间集》，王渔洋的《古诗选》，姚惜抱的《古文辞类纂》以及张惠言的《词选》，都曾经发生这样的功用。在西方专就英国来说，十八世纪波塞主教（Bishop Percy）所选的《古英诗遗迹》，是浪漫运动的一个重要的成因。冉塞（Allen Rainsay）的《茶桌杂抄》激动了彭斯（Bunns）和其他苏格兰诗人用苏格兰土语写诗。现代英国诗有回到多恩（Donne）及"哲理派"的倾向，而开这个风气的是一个选本，即谷里尔生教授（Crierson）的《十七世纪哲理派诗选》。

初学文学者对着浩如烟海的典籍，不免觉得如置身五里雾中，昏迷不知去向。其实真正好的作家并不多，而真正好的作家的真正好的作品也往往寥寥有数。为文学训练起见，泛读不如精读，精读必须精选。最大的词人如苏东坡，集里有许多随便写成不可为训的词，最大的诗人如英国华兹华斯，集里中年以后的许多作品大半为"才尽"之作。我们读他们的全集所得的印象远不如从精选本所得到的那样完美。有些诗人如贾长江、姜白石诸人终身在写诗，而现在所流传的他们的诗集都不过薄薄的一本，可是里面篇篇精粹，我颇疑心他们自己曾经严格地删选过。如果每个作家都像他们肯"割爱"，那就无劳后人去选。不幸得很，许多大作家都有敝帚自珍的毛病，让很坏的作品摆在集里，掩盖了真正好作品的光焰。本来在文学训练中，读坏作品有时也很有益，因为好坏在相形之下才易见出。不过就一般读者说，从许多坏作品中抉择少数好作品，不但时间不允许，能力也决不够。文学上披沙拣金的工作应该让修养深厚的学者去做。这种工作的结果就是选本。它的最大的功用在供一般人能以最少的时间和精力，得到一国文学最精华的部分所能给的乐趣。

编选本既能披沙拣金，所以选本不但能为读者开方便之门，对于作者也有整理和宣扬的效果。选某一作家的诗文，就好比替一个美人梳妆打扮，让她以最好的面目出现于世。一个诗人获得听众，有时全靠选本做媒介，一般中国读者知道陶谢李杜苏黄，大半靠几种通俗选本。这种了解当然是不完全的，甚至于是不正确的，但是究竟比毫不了解为好。选本对于不甚知名的作家的功劳尤其大。许多诗人一生只做过几首好诗，如果不借选本，就早已湮没无闻。欧洲最古的选本是《希腊诗选》，里面包含一千余年的（从纪元前五世纪到纪元后六世纪止）希腊文短诗。有许多诗人借这部选本以一两首短诗甚至于一两句隽语而永垂不朽。在中国也有许多诗词专集的作者借《文选》、《玉台新咏》、《花间集》之类选本而流传到现在。一个选本可以说是文学上的博物院或古物陈列所。

选本都不免反映选者的个人好恶以及当时的风气。所以公允只是一个理想，事实上都难免有所偏向。有偏向就有缺陷。比如英诗最通俗的选本《英诗金库》的选者生在维多利亚后时代，和当时诗人丁尼生是密友，他的选本就不免囿于维多利亚时代的不太高尚的文学趣味，对于划时代的诗人如多恩（Donne）、布莱克（Blake）诸人竟一诗不选。王荆公的《唐百家诗选》，把一般人所公认的大家如李杜诸人一律放弃，而入选作者的诗也往往不是代表作。明朝有许多唐诗选本也只是代表何李钟袁那一般人的粗疏或浮浅的趣味。从这些事实看，专靠选本也有很大的危险，那就是依傍一家之言，以一斑揣想全豹。很少有选本能把所选的作家的真正面目揭出来。一般选家都难免有些像印象派画家，从某一个角度看出某一面相，加以过分地渲染。好作品往往被遗弃，坏作品往往得滥竽。一般只知信任选本的读者不免被人牵着鼻子走，不能行使独立自由的判断。所以读选本虽是走捷径，终只能是初学入门时的一种方便。从选本中对某作家发生兴趣以后，必须进一步读全集。一般选本只是一种货样间，看得合适，你就应走进货仓里去自行抉择。

每个研究文学者对于所读的作家都应自作一个选本，这当然不必编印成书，只要有一个目录就行。学问如果常在进展，趣味会愈趋纯正。今年所私定的选目与去年的不同，前后比较，见出个人趣味的变迁，往往很有意味。同时，你可以拿自己的选目和他人的选本参观互较，好比同旁人闲谈游历某一胜境的印象，如果彼此所见相同，你会增加你的自信，否则，你也会发生愉快的惊讶，对于自己的好恶加一番反省，这是文学批评的一种有益的训练。

1946 年 11 月改写旧稿

载《唐百家诗选》第 12 期，1946 年 11 月 3 日

山水诗与自然美

　　山水诗是中国诗歌中的一个重要的组成部分。所谓"山水"泛指自然界的事物，所以涉及自然美的问题。这是近来学术界所殷切关心和热烈讨论的一个问题。问题的症结在于山水诗乃至于一般自然美是不是反映社会基础的意识形态，有无阶级性。我的回答是肯定的。

　　问题的这种提法会遭到这样一种反对论调：山水诗只反映自然美，与自然美不是一回事，山水诗的美是艺术美，自然美不是艺术美，不能相提并论。关于这一点，我在参加美学讨论中已一再表示过我的意见，这里不准备复述，只须提出我的基本论点：第一，艺术是一种反映社会基础的意识形态，在阶级社会里有它的阶级性，这是马克思主义者所公认的。山水诗作为诗歌艺术中的一种类型，当然也就不能是例外。其次，诗人在山水诗里反映他所欣赏的自然美，如果承认自然美在他的诗里反映出他的意识形态或阶级性，就必须同时承认在他写诗之前，在他的欣赏意识里就先已或多或少地反映出他的意识形态或阶级性，诗里所反映出的自然美和诗人先在欣赏中所意识到的自然美只能有程度上的分别，不能有本质的分别。不可能他在欣赏中所意识到的自然美没有意识形态性或阶级性，而在他的作品中就无中生有地突然显出意识形态性或阶级性。总之，人不感觉到自然美则已，一旦感觉到自然美，那自然美就已具有意识形态性或阶级性。换句话说，人的意识形态性或阶级性在那感觉过程中便与自然景物由对立而统一，这统一体反映了自然，也表现了他自己，美就在这个统一体上。至于人所感觉到的自然美之外，是否还有一种非意识形态性的无阶级性的早已存在的纯然客观的"不依人的意识而转移"的"自然美"呢？以蔡仪同志为代表的美学家们说有这样一种纯然客观的"自然美"，我说没有，这就是目前争论的分歧点所在。

先摆事实。如果承认"美"是自然事物原已有之的一种属性。那么，它就应该像自然事物的其他属性如"大小"、"轻重"、"红白"之类一样，可以用科学器具来测量和分析；而"美"这个属性尽管在许多艺术品和自然景物上面可以感觉到，任何科学却不能像测量分析红色那样来把美这个属性测量出来，分析出来。这就证明它不是什么一种纯然客观存在的自然属性。单靠自然不能产生美，要使自然产生美，人的意识一定要起作用。自然美也好，艺术美也好，都是主观与客观的辩证统一的产品。

从历史发展看，在人类社会出现以前，自然就不能有所谓美丑。美是随社会的人出现而出现的。自然本来是与人相对立的。人自从从事劳动生产、成了社会的人之日起，自然就变成人的实践和认识的对象，成为人所征服和改造的对象，成为为人服务的生产资料和生活资料。只有到了这个时候，自然才开始对于人有意义，有价值，有美丑。人为什么感觉到自然美？马克思曾经反复说明过，这首先是由于人借生产劳动征服了和改造了自然，原来生糙的自然就变成了"人化的自然"，它体现了人的"本质力量"，满足了人的理想和要求，人在它身上看到他自己的劳动的胜利果实，所以感觉到快慰，发现它美。这是最原始的也是最本质的美感经验。

所以在起源阶段，美与用总是统一的。从石器时代起，自然事物就已出现于艺术品（主要是手工艺品如生产工具、斗争工具、生活日用品、装饰品之类），而这些在艺术品中出现的自然事物，总是与作者所属部落的生产方式或职业有关。渔猎民族的艺术运用自然事物为"母题"时，那些事物总是与渔猎生活有关，例如法国玛德伦（La Madaleine）岩洞中的壁画就是专画当地原始部落的狩猎对象，特别是鹿。猎人在所住岩洞里画他们所获得的猎物，一则是庆功，一则是研究猎物形态，增进狩猎的知识和技能。这样的事例是不胜枚举的，可以参看格罗塞的《艺术的起源》、普列汉诺夫的《论艺术的公开信》之类讨论原始艺术的著作。自然事物在中国艺术中出现得很早很广泛，也与中华民族的农业生活有关。

人欣赏凭自己劳动实践所征服和改造的自然，因为这种"人化的自然"体现了人自己。关于这个道理，黑格尔说过一段很精辟的话：

> 人有一种冲动，要在直接呈现于他面前的外在事物之中实现他自己，而且就在这实践过程中认识他自己。人通过改变外在事物来达到这个目的，在这些外在事物上面刻

> 下他自己内心生活的烙印，而且发现他自己的性格在这些
> 外在事物中复现了……儿童的最早的冲动就有要以这种实
> 践活动去改变外在事物的意味。例如一个小男孩把石头抛
> 在河水里，以惊奇的神色去看水中所现的圆圈，觉得这是
> 一个作品，在这作品中他看出他自己活动的结果。这种需
> 要贯串在各种各样的现象里，一直到艺术作品里的那种样
> 式的外在事物中进行自我创造。①

这个很浅显的比喻可以适用于一切对自然的欣赏和艺术创造。这里所说的水纹是自然，是"人化了的自然"，所以就是雏形的艺术作品。那小孩"以惊奇的神色去看"这水纹时，他所经历的正是欣赏自然美。能否说这水纹的美是纯然客观存在的，无论有没有那抛石的小孩，也无论是对那小孩或对其他任何人，它都一律是那样美，就像它一律是那样圆呢？我想不能这么说，因为那小孩之所以感觉到水纹美，是由于他"要在作品里看出他自己活动的结果"，那水纹不是单纯的水纹，而是有那小孩自己在里面。我们不能脱离那实践的小主人，而孤立地抽象地说那水纹美。

人在觉得自然美时，那自然里一定有人自己在内，人与自然必然处于统一体。这种统一在艺术发展史中采取过各种不同的形式，最重要的有神话、寓言以及中国过去诗论家所说的"比"和"兴"。这些形式有一个基本共同点，那就是拿人和自然事物作比拟而见出其中某种类似或暗合，它们都运用不同程度的人格化和象征手法。

关于神话，马克思说得最精辟："任何神话都在想象里并

借助想象以征服自然力，支配自然力，把自然力加以形象化。"神话是"在人民幻想中经过不自觉的艺术方式所加工过的自然界和社会形态"。它是"艺术的土壤"②。马克思的这番话是就希腊神话说的，虽不适用于一切民族的神话，却适用于多数民族的神话。中国神话中的天神地祇、雨师风伯、神龙、共工、女娲等，也和希腊的神一样，都是人对于自然力不自觉的艺术加工，而这种加工的方式都是凭借幻想，对自然加以人格化。每种神往往不仅代表一种自然力，而且还象征人的某一种品质、活动或职业。神话体现了原始民族对自然的认识，它把自然的力量和人的生活杂糅在一起，形成了一种人与自然的统一体，一种雏形的艺术作品。原始民族所认为美而加以歌咏和刻划的正是这经过"不自觉的艺术加工"以后的统一体，体现了他们的意识形态的统一体，而不是未经艺术加工以前的那种生糙的自然。

寓言比神话后起，它的形成方式却与神话有些类似。寓言不限于自然，就涉及自然时来说，它也是在自然现象与人事之中看到某种类似或暗合，于是就借自然现象来暗寓人事，在这过程中自然也往往经过人格化。像《伊索寓言》之类寓言大半以动物为主角，但是也有些寓言以山水、风雨、日月之类自然现象为主角，例如《庄子・秋水》篇里的河伯与北海若就是把河与海加以人格化，来比喻大小相对的道理。寓言不同于神话的主要有三点：第一，神话是全民族对于整个自然界的艺术加工，往往成为一个完整的系统，而寓言则由个别作者注意到零星人事与零星自然现象的暗合，没有完整的系统；其次，神话是对自然现象的不自觉的艺术加工，寓言则是对自然现象的自觉的加工，嵌合的痕迹往往很明显；第三，神话的出发点是自然，从自然里看到人事的意蕴；寓言的出发点是人事，借自然来对人事加以形象化。尽管有这些不同，寓言也还是人事与自然的统一，自然并不因它本身而有意义，而是因它与人事发生了关系而有意义。

神话和寓言都是运用比喻的。比喻有隐显之分。显喻是比较明显、一望而知的比喻，例如"东方红，太阳升，中国出了个毛泽东"，拿太阳比毛泽东，这是明白易晓的。隐喻是暗含的往往有待玩索才能见出的比喻，例如毛泽东同志的《沁园春·雪》里"须晴日，看红装素裹，分外妖娆"，可以理解为隐喻革命胜利后的美丽远景。中国过去诗论家所说的"比"和"兴"所指的就是显喻与隐喻。孔颖达在《毛诗注疏》里说得很清楚："比之与兴，虽同是附托外物，比显而兴隐。"其实比与兴，显喻与隐喻，只是程度上的分别，就实质说，它们同是用物态比拟人的情感思想和活动。它们是形象思维的一种方式，在《诗经》中最常用，在后来山水诗中也是一种主要的手法。姑举《诗经》第一篇《关雎》为例来说明：

关关雎鸠，在河之洲，窈窕淑女，君子好逑。

这是一篇歌颂新婚欢乐的诗，头两句是自然，后两句是人事，表面上是两回事，实际上是统一体。"关关雎鸠"两句因"窈窕淑女"两句而得到意义，"窈窕淑女"两句因"关关雎鸠"两句而得到具体而生动的形象。这里的自然如果不和人事发生关系，对于人就没有意义。诗人感觉到对对水鸟歌唱的美，是就男欢女爱的角度去看的。鸟歌表现了人情。

趁便可以略谈一下美学界所争辩的"移情作用"。上引《关雎》诗已略见"移情作用"，为了说得明白一点，我们再举毛泽东同志的《沁园春·雪》里的几句词来分析：

> 山舞银蛇，原驰蜡象，欲与天公试比高。须晴日，看红装素裹，分外妖娆。

这里加重点符号的一些词语本来是表达人或动物的一些活动（舞、驰）、意念（欲、试比）和情态（红装素裹、妖娆），现在却用来描写冰雪中的山和原，把死的东西写成了活的东西。这种现象就是美学家所说的"移情作用"。就移情作用所要解释的现象（死的成了活的，物态成了人情）来说，它是客观存在的事实，不是反对者所能否定掉的；就立普斯、格罗塞等人对这种现象所作的解释（人把自己的情感、思想、活动等移注到物里面，物于是才显得具有情感、思想、活动等）来说，它无疑地是主观唯心主义的。其实这种现象还是就自然现象和人的情感、思想、活动等作比拟，属于上文所说的显喻或隐喻。在移情作用中人与自然也是处于统一体。

歌咏自然的诗大半有这种移情作用，值得进一步就这种现象探讨一下。再举毛泽东同志的《沁园春·雪》为例来说明。就《雪》的词题来看，这首词显然也属于歌咏自然的范畴，但是毛泽东同志所歌咏的是否就止于自然呢？全词分上下两阕，歌咏自然（冰天雪地的北国风光）的只在上阕，下阕却写人事（革命领袖的伟大胸襟和抱负），布局很像上文所引的

《关雎》，上下两阕也是千灯相照、互映增辉的，上阕因与下阕统一，雪中的山河原野便不只是单纯的自然，而是有毛泽东同志自己在内，有他的伟大胸襟和英雄气概在里面，使山川原野像人那样活，显出既雄伟而又妖娆的气象。这也还是移情作用的范例。毛泽东同志在凭眺冰雪山川而写下他的感受时，他当然是在欣赏自然美。他所见到的自然美是否有他自己在内，有他的胸襟气概在内呢？还只是一种早已存在的纯然客观的"不随人的意志而转移"的自然属性呢？换句话说，这美是在冰雪山川和毛泽东同志的胸襟气概的统一体上，还是只在冰雪山川本身呢？我持前说，即主客观统一的说法，而持后说（美为单纯的客观属性）者说我的看法还是主观唯心主义。这个帽子似乎还压不倒我，因为后说如果正确，毛泽东同志写《沁园春·雪》时所感受到的那种自然美就应该与你和我或任何人所能感受到的完全一模一样，写出来的作品也不能说有什么意识形态性或阶级性，而事实似乎并不如此。

以上只是泛论自然美以及反映自然美的诗歌。反映自然美的诗歌，像我们所见到的，从《诗经》就已开始，它们不一定都可称为山水诗。山水诗作为一种诗歌体裁或类型，是特定历史环境的产品。早期诗歌在各民族中大半都从叙述动作开始（史诗、民歌等），偶尔涉及自然事物，大半只把它作为背景、陪衬或比喻。到了山水诗，自然便由次要的地位提升到主要的地位，绘画的发展也有类似的情形。在中国，山水诗是从晋宋时代陶潜、谢灵运等诗人才形成诗歌的一种特定类型。到了唐朝王维、孟浩然、韦应物等诗人，山水诗就达到了它的成熟期，在诗歌中成为一种强有力的传统，由唐宋一直到明清，几乎没有一位重要的诗人没有写过大量的山水诗。

山水诗何以从晋宋时代起形成了特定的类型？如果把这问题弄清楚，我们就可以认识到山水诗的意识形态性和阶级性。山水诗盛行于晋宋时代，主要的原因在于社会基础的剧烈的转变。晋宋是汉民族统治中原的长期统一的局面（周秦汉魏），在北方外族侵凌之下，开始土崩瓦解的时代。当时汉族的统治政权偏安江左，社会经济处在动荡不宁的状态，诗人所隶属的士大夫阶级对这种局面束手无策，彷徨不安，而且统治阶级内部也经常互相倾轧，多数人抱着很浓厚的"出世"思想。这时候佛教刚传到中国不久，就盛行起来，士大夫阶级整天地清谈佛老，把这看作一件风雅事。他们认为尘世是腐浊，"出世"才是"清高"。出世的途径有两条：一条是清谈佛老，另一条是"纵情山水"（这多少也还是受到佛老二家的影响，佛老都讲清静无为，名山都由他们占住）。所谓"出世"就是逃避现实。这种逃避在过去还另有一个风雅的称号，叫做"隐逸"。"隐逸"的理想由来已久，不过在晋宋兵荒马乱的时期，提得特别响亮。山水诗人大半都是以"隐逸"相标榜的。例如山水诗的大师陶潜就被称为"隐逸诗人之宗"③。山水诗反映了当时动荡社会中士大夫阶级与现实生活的矛盾。

其次，与社会动荡密切相关的是中国文化到了晋宋时代开始转向颓废。在各民族文化转向颓废的时期，在文艺领域的表现总是轻内容而重形式技巧，形式技巧总是由成熟转到纤丽。晋宋不只是山水诗的奠定时期，而且也是诗歌散文都竭力讲究声律词藻的时期。山水诗的盛行与声律词藻的追求有密切的联带关系，一则由于技巧的发达，诗歌可以克服德国莱辛所说的用语言描写事物静态的困难，二则由于诗人所崇尚的艳丽色泽可以从自然景物中大量吸取。这个关系，刘勰在《文心雕龙》的《明诗》篇里说得很清楚：

> 宋初文咏，体有因革，庄老告退，而山水方滋，俪采百字之偶，争价一句之奇，情必极貌以写物，辞必穷力而追新，此近世之所竞也。

这种追求声律词藻的倾向在谢灵运、谢朓等人的诗里是很明显的，陶潜是例外。

总之，山水诗作为一种类型在晋宋时代奠定，是有它的社会历史根源与阶级根源的。它反映了当时士大夫阶级对紊乱腐浊的市朝政治生活的逃避，也反映了文艺在颓废时期对形式技巧的追求。晋宋以后，山水诗之所以流传不绝，不外两个原因。第一，中国长期处在封建社会，社会经济政治方面的矛盾和士大夫阶级与现实的矛盾也是长期存在的，文人要逃避市朝做山林隐逸的原因也是长期存在的，所以社会动荡愈剧烈的时期往往也是山水诗愈抬头的时期。唐朝几个有代表性的山水诗人如王维、孟浩然等都经历过安史之乱，亲尝过流离播迁的苦楚。山水诗到了颓废时期便蜕变为南宋的"咏物"词，受社会动荡的影响就更明显。

其次，在文艺领域里，特别是在中国长期封建社会中，传统的影响是特别顽强的。一种体裁或风格既已奠定，就成为一种风尚，一种传统，尽管时过境迁，还本着习惯势力，长久维持它的统治地位，山水诗就是如此。许多诗人都认为既然是诗人，就得追踪陶、谢、李、杜，就得学他们做山水诗。山水诗之所以能成为风尚和传统，也有它的阶级根源。如上文所说过的，纵情山水本是士大夫阶级的逃避主义，没有什么光荣。但是士大夫阶级为了替自己抹粉，来抬高自己的声价，就以"山林隐逸"互相标榜，大肆宣扬，说这是高人雅士的"清高"和"风雅"。于是爱好山水和写山水诗就成为封建时代骚人墨客中的一种风气，名士的一种招牌，甚至成为粉饰太平的一种点缀。历代专制君主下诏求贤，都特别注意"山林隐逸"。一种现象往往转化到它自己的对立面，"山林隐逸"本是摆脱"名缰利锁"的一种途径，后来却变成沽名养望、猎取高官厚禄的一种法门。《新唐书·卢藏用传》所记终南捷径的故事很可以说明这一点：

> 司马承祯尝召至阙下，将还山，藏用指终南曰："此中大有佳处！"承祯徐曰："以仆视之，仕宦之捷径耳！"藏用惭。

卢藏用就是由隐居终南而登显宦的，所以司马承祯当面用"仕宦捷径"来讽刺他。在此以前，南齐孔稚珪在《北山移文》里对"以退为进"的"山林隐逸"也进行过辛辣的讽刺。可见这套"登龙要术"在中国士大夫阶级中流传已久。这和隐逸理想与山水诗的长久流传是有密切关系的。

提起终南山，我们不免联想到唐代山水诗的祖师王维。王维除掉在蓝田县有辋川别业以外，在终南山还有他的"茅屋"④。他是否也走过"终南捷径"呢？这位"三十年孤居一室，屏绝尘累"⑤的"时辈许以高流"⑥的高人雅士，据说也曾请托皇亲岐王介绍，穿起教坊子弟的锦绣衣服，抱着琵琶混进一位贵公主的第宅，在她的宴会上唱《郁轮袍》，得到了她的赏识，由她说情，才登进士第⑦。可见他的"屏绝尘累"并非出自本心。我们要了解王维，只读他的《辋川山水杂咏》是不够的，还须读他的集中大量的"应制"诗。他写过像《竹里馆》那样自鸣风雅的诗："独坐幽篁里，弹琴复长啸。深林人不知，明月来相照。"也写过《和贾至舍人早朝大明宫之作》那样歌颂帝王排场的诗："……九天阊阖开宫殿，万国衣冠拜冕旒。日色才临仙掌动，香烟欲傍衮龙浮……"把这两类诗对照来看，就可见出像以王维为代表的山水诗人往往是有两重人格的，他是一位尚书右丞而兼大地主，同时也是一位"独坐幽篁里，弹琴复长啸"的佛教徒。他有"清高"、"风雅"的一面，也有庸俗的热衷于高官厚禄的一面，前一面只是后一面的掩护，所谓"身寄江湖，心存魏阙"，就是这个意思。王维和后来许多山水诗人往往很像《红楼梦》里的妙玉。山水诗和山水画是密切结合的，山水诗人大半同时是山水画家。这个传统是由王维开端的。诗画结合并不是一件易事。德国启蒙运动家莱辛在《拉奥孔》里曾提出诗画异质的论点。他认为诗用语言为媒介，语言是在时间直线上承续的东西，所以较宜于叙述在时间上承续的动作；画用颜色线条为媒介，颜色线条是在空间平面上绵延的东西，所以较宜于描绘在空间平面上绵延的物体静态。换句话说，诗不宜于描写静态，如果要描写，就须把静态化为动作；画不宜于叙述动作，如果要叙述，也须把动作化成静态。专就媒介技巧来说，莱辛所指出的诗画间的矛盾确实是存在的。王维克服了这个矛盾，这证明诗与画在技巧方面的发展已达到高度的成熟。由于他克服了这个矛盾，他就能把"诗意"带到画里，使画的意蕴更深永，同时也把"画境"带到诗里，使诗的形象更丰富，更精妙。从此中国画和中国诗都别开一境，这个功绩毕竟是不可磨灭的。

山水诗所表现的也并非单纯的客观自然，而是有诗人自己在内的。山水诗所用的手法大半属于中国传统诗所用的"兴"或隐喻，用自然事物的某一"镜头"隐喻诗人自己的情趣或观感。就在这个意义上，山水诗一般有它的意识形态性或阶级性。姑举王维的两首短诗为例：

> 空山不见人，但闻人语响。返景入深林，复照青苔上。
>
> ——《鹿柴》
>
> 木末芙蓉花，山中发红萼。涧户寂无人，纷纷开且落。
>
> ——《辛夷坞》

这是两首典型的山水诗，表面上很客观，好像只各托出一种画境，但是毕竟有诗人自己在里面。这首先见于诗人对事物注意的总的倾向，不在于热闹的现实生活，而在于"世外桃源"，在于一些孤独幽静的景物；其次见于诗人在事物的这种"静趣"里，仿佛如鱼得水，独乐其乐；第三见于诗人在这类孤独幽静的景物里见出他自己性格的化身，他的隐逸理想的体现。杜甫的《佳人》："摘花不插发，采柏动盈掬。天寒翠袖薄，日暮倚修竹。"也恰好说明这三点。

山水诗是有闲阶级的产品，它还有意无意地炫耀有闲阶级的"清福"。写山水诗的总是由城市"遁世"出来的士大夫阶级，而不是本来居山居水的劳动人民。中国的民歌，从《国风》、《子夜歌》一直到最近的新民歌，也不断地歌颂自然，但是总是遵照着比较健康的传统，把自然作为人事的背景、陪衬或比喻，从来不让自然垄断全剧场面，也从来不宣扬隐逸遁世的思想，像山水诗那样。我们要把山水诗和一般歌颂自然的诗区别开来，就是为着这个道理。

爱好山水诗的趣味毕竟是文人的趣味，打个不大体面的譬喻来说，很类似过去没落阶级的人提着画眉鸟笼逛街。对于这种趣味，我是个"过来人"，颇知其中奥妙，所以敢这样说。但是这样说，并不等于说山水诗就该全盘否定，也不等于说现在劳动人民就不能从山水诗里发现一些可爱的好的东西。我企图揭示山水诗反映文人逃避现实这一个最本质的方面，为了要突出论点，也可能说得过火一点。劳动人民对于过去文人在山水诗中所得到的那种乐趣（隐逸闲适的乐趣）实在是隔膜的，而且应该是隔膜的。但是山水诗对于大自然的美景胜境毕竟揭示出一些方面，这是现在劳动人民还可以欣赏的。其次，像上文所说过的，山水诗在一些大诗人手里，往往见出诗歌技巧的高度成熟，对于我们建立新诗歌的形式和技巧也许可以提供一些经验。

注释

①《美学》第一卷，第36—37页。

②《〈政治经济学批判〉导言》,《马克思恩格斯选集》第二卷第113页。

③参见钟嵘《诗品》。

④见《答张五弟》和《终南别业》等诗。

⑤《旧唐书·王维传》。

⑥王缙《进王右丞集表》。

⑦见《太平广记》。

谈趣味

　　拉丁文中有一句陈语："谈到趣味无争辩。""文章千古事，得失寸心知。"不但作者对于自己的作品是如此，就是读者对于作者恐怕也没有旁的说法。如果一个人相信地球是方的或是泰山比一切的山都高，你可以和他争辩，可以用很精确的论证去说服他，但是如果他说《花月痕》比《浮生六记》高明，或是两汉以后无文章，你心里尽管不以他为然，口里最好不说，说也无从说起。遇到"自家人"，彼此相看一眼，心领神会就行了。

　　这番话显然带着一些印象派批评家的牙慧。事实上我们天天谈文学，在批评谁的作品好，谁的作品坏，文学上自然也有是非好丑，你欢喜坏的作品而不欢喜好的作品，这就显得你的趣味低下，还有什么话可说？这话谁也承认，但是难问题不在此，难问题在你以为丑他以为美，或者你以为美而他以为丑时，你如何能使他相信你而不相信他自己呢？或者进一步说，你如何能相信你自己一定是对呢？你说文艺上自然有一个好丑的标准，这个标准又如何可以定出来呢？从前文学批评家们有些人以为要取决于多数。以为经过长久时间淘汰而仍巍然独存，为多数人所欣赏的作品总是好的。相信这话的人太多，我不敢公开地怀疑，但是在我们至好的朋友中，我不妨说句良心话：我们至多能活到一百岁，到什么时候才能知道 Marcel Proust 或 D. H. Lawrence 值不值得读一读呢？从前批评家们也有人，例如阿诺德，以为最稳当的办法是拿古典名著做"试金石"，遇到新作品时，把它拿来在这块"试金石"上面擦一擦，硬度如果相仿佛，它一定是好的；如果擦了要脱皮，你就不用去理会它。但是这种办法究竟是把问题推远而并没有解决它，文学作品究竟不是石头，两篇相擦时，谁看见哪一篇"脱皮"呢？

"天下之口有同嗜"，——但是也有例外。文学批评之难就难在此。如果依正统派，我们便要抹煞例外；如果依印象派，我们便要抹煞"天下之口有同嗜"。关于文学的嗜好，"例外"也并不可一笔勾销。在 Keats 未死以前，嗜好他的诗的人是例外，在印象主义闹得很轰烈时，真正嗜好 Malarmé 的诗人还是例外，我相信现在真正欢喜 T. S. Eliot 的人恐怕也得列在例外。这些"例外"的人常自居 élite 之列，而实际上他们也往往真是 élite。所谓"经过长久时间淘汰而仍巍然独存的"作品往往是先由这班"例外"的先生们捧出来的。

在正统派看，"天下之口有同嗜"一个公式之不可抹煞当更甚于"例外"之不可抹煞。他们总得喊要"标准"，喊要"普遍性"。他们自然也有正当道理。反正这场官司打不清，各个时代都有喊要标准的人，同时也都有信任主观嗜好的人。他们各有各的功劳，大家正用不着彼此瞧不起彼此。

文艺不一定只有一条路可走。东边的景致只有面朝东走的人可以看见，西边的景致也只有面朝西走的人可以看见。向东走者听到向西走者称赞西边景致时觉其夸张，同时怜惜他没有看到东边景致美。向西走者看待向东走者也是如此。这都是常有的事，我们不必大惊小怪。理想的游览风景者是向东边走过之后能再回头向西走一走，把东西两边的风味都领略到。这种人才配估定东西两边的优劣。也许他以为日落的景致和日出的景致各有胜境，根本不同，用不着去强分优劣。

一个人不能同时走两条路，出发时只有一条路可走。从事文艺的人入手不能不偏，不能不依傍门户，不能不先培养一种偏狭的趣味。初喝酒的人对于白酒红酒种种酒都同样地爱喝，他一定不识酒味。到了识酒味时他的嗜好一定偏狭，非是某一家某一年的酒不能使他喝得畅快。学文艺也是如此，没有尝过某一种 clique 的训练和滋味的人总不免有些江湖气。我不知道会喝酒的人是否可以从非某一家某一年的酒不喝，进到只要是好酒都可以识出味道；但是我相信学文艺者应该能从非某家某派诗不读，做到只要是好诗都可以领略到滋味的地步。这就是说，学文艺的人入手虽不能不偏，后来却要能不偏，能凭空俯视一切门户派别，看出偏的弊病。

文学本来一国有一国的特殊的趣味，一时有一时的特殊的风尚。就西方诗说，拉丁民族的诗有为日耳曼民族所不能欣赏的境界，日耳曼民族的诗也有为非拉丁民族所能欣赏的境界。寝馈于古典派作品既久者对于浪漫派作品往往格格不入；寝馈于象征派既久者亦觉其他作品都索然无味。中国诗的风尚也是随时代变迁，汉魏六朝唐宋各有各的派别，各有各的信徒。明人尊唐，清人尊宋，好高古者祖汉魏，喜妍艳者推重六朝和西崑。门户之见也往往很严。

但是门户之见可以范围初学而不足以羁縻大雅。读诗较广泛者常觉得自己的趣味时时在变迁中，久而久之，有如江湖游客，寻幽览胜，风雨晦明，川原海岳，各有妙境，吾人正不必以此所长，量彼所短，各派都有长短，取长弃短，才无偏蔽。古今的优劣实在不易下定评，古有古的趣味，今也有今的趣味。后人做不到"兼葭苍苍"和"涉江采芙蓉"诸诗的境界，古人也做不到"空梁落燕泥"和"山山尽落晖"诸诗的境界。浑朴精妍原来是两种不同的趣味，我们不必强其同。

文艺上一时的风尚向来是靠不住的。在法国十七世纪新古典主义盛行时，十六世纪的诗被人指摘，体无完肤，到浪漫时代大家又觉得"七星派诗人"亦自有独到境界。在英国浪漫主义盛行时，学者都鄙视十七十八世纪的诗，现在浪漫的潮流平息了，大家又觉得从前被人鄙视的作品，亦自有不可磨灭处。个人的趣味演进亦往往如此。涉猎愈广博，偏见愈减少，趣味亦愈纯正。从浪漫派脱胎者到能见出古典派的妙处时，专在唐宋做工夫者到能欣赏六朝人作品时，笃好苏辛词者到能领略温李的情韵时，才算打通了诗的一关。好浪漫派而止于浪漫派者，或是好苏辛而止于苏辛者，终不免坐井观天，诬天渺小。

趣味无可争辩，但是可以修养。文艺批评不可漠视主观的私人的趣味，但是始终拘执一家之言者的趣味不足为凭。文艺自有是非标准，但是这个标准不是古典，不是"耐久"和"普及"①，而是从极偏走到极不偏，能凭空俯视一切门户派别者的趣味；换句话说，文艺标准是修养出来的纯正的趣味。

注释

①"耐久"不是可靠的标准，Richards 说得很透辟，参看 *Principles of Literary Criticism*，Chapt. XXIX。如果读者愿看一段诙谐的文章，可以翻阅 Voltaire 的 *Canide*，Chap. XXX　Procurante 谈荷马，维吉尔和弥尔顿一般"耐久"作者的话，都是我们心里所想说的，不过我们怕人讥笑，或是要自居能欣赏一般人所公认的伟大作品，不敢或不肯把老实话说出罢了。

谈读诗与趣味的培养

　　据我的教书经验来说，一般青年都欢喜听故事而不欢喜读诗。记得从前在中学里教英文，讲一篇小说时常有别班的学生来旁听；但是遇着讲诗时，旁听者总是瞟着机会逃出去。就出版界消息看，诗是一种滞销货。一部大致不差的小说就可以卖钱，印出来之后一年中可以再版三版。但是一部诗集尽管很好，要印行时须得诗人自己掏腰包作印刷费，过了多少年之后，藏书家如果要买它的第一版，也用不着费高价。

　　从此一点，我们可以看出，现在一般青年对于文学的趣味还是很低。在欧洲各国，小说固然也比诗畅销，但是没有中国这样大的悬殊，并且有时诗的畅销更甚于小说。据去年的统计，法国最畅销的书是波德莱尔的《病之花》。这是一部诗，而且并不是一部容易懂的诗。

　　一个人不欢喜诗，何以文学趣味就低下呢？因为一切纯文学都要有诗的特质。一部好小说或是一部好戏剧，都要当作一首诗看。诗比别类文学较谨严，较纯粹，较精微。如果对于诗没有兴趣，对于小说、戏剧、散文等等的佳妙处，也终不免有些隔膜。不爱好诗而爱好小说、戏剧的人们，大半在小说和戏剧中只能见到最粗浅的一部分，就是故事。所以他们看小说和戏剧，不问它们的艺术技巧，只求它们里面有有趣的故事。他们最爱读的小说，不是描写内心生活或是社会真相的作品，而是福尔摩斯侦探案之类的东西。爱好故事本来不是一件坏事，但是如果要真能欣赏文学，我们一定要超过原始的童稚的好奇心，要超过对于福尔摩斯侦探案的爱好，去求艺术家对于人生的深刻的观照以及他们传达这种观照的技巧。第一流小说家不尽是会讲故事的人，第一流小说中的故事，大半只像枯树搭成的花架，用处只在撑持住一园锦绣灿烂、生气蓬勃的葛藤花卉。这些故事以外的东西，就是小说中的诗。读小说只见到故事而没有见到它的诗，就像看到花架而忘记架上的花。要养成纯正的文学趣味，我们最好从读诗入手。能欣赏诗，自然能欣赏小说、戏剧及其他种类文学。

如果只就故事说，陈鸿的《长恨歌传》未必不如白居易的《长恨歌》或洪昇的《长生殿》，元稹的《会真记》未必不如王实甫的《西厢记》，兰姆（Lamb）的《莎氏乐府本事》未必不如莎士比亚的剧本。但是就文学价值说，《长恨歌》、《西厢记》和莎士比亚的剧本，都远非它们所根据的或脱胎的散文故事所可比拟。我们读诗，须在《长恨歌》、《西厢记》和莎士比亚的剧本之中，寻出《长恨歌传》、《会真记》和《莎氏乐府本事》之中所寻不出来的东西。举一个很简单的例来说，比如贾岛的《寻隐者不遇》：

松下问童子，言师采药去。只在此山中，云深不知处。

或是崔颢的《长干行》：

> 君家何处住？妾住在横塘。停舟暂借问，或恐是
> 同乡。

里面也都有故事，但是这两段故事多么简单平凡！两首诗之所以为诗，并不在这两个故事，而在故事后面的情趣，以及抓住这种简朴而隽永的情趣，用一种恰如其分的简朴而隽永的语言表现出来的艺术本领。这两段故事你和我都会说，这两首诗却非你和我所做得出，虽然从表面看起来，它们是那么容易。读诗就要从此种看来虽似容易，而实在不容易做出的地方下功夫，就要学会了解此种地方的佳妙。对于这种佳妙的了解和爱好就是所谓"趣味"。

各人的天资不同，有些人对于诗感觉到趣味，有些人对于诗就丝毫不感觉到趣味，也有些人只对于某一种诗才感觉到趣味。但是趣味是可以培养的。真正的文学教育不在读过多少书和知道一些文学上的理论和史实，而在培养出纯正的趣味。这件事实在不很容易。培养趣味好比开疆辟土，须逐渐把本非我所有的变为我所有的。记得我第一次读外国诗，所读的是《古舟子咏》，简直不明白那位老船夫因射杀海鸟而受天谴的故事有什么好处，现在回想起来，这种蒙昧真是可笑，但是在当时我实在不觉到这诗有趣味。后来明白作者在意象音调和奇思幻想上所做的功夫，才觉得这真是一首可爱的杰作。这一点觉悟对于我便是一层进益，而我对于这首诗所觉到的趣味也就是我所征服的新领土。我学西方诗是从十九世纪浪漫派诗人入

手，从前只觉得这派诗有趣味，讨厌前一个时期的假古典派的作品，不了解法国象征派和现代英国的诗；因为这些诗都和浪漫派诗不同。后来我多读一些象征派诗和现代英国诗，对它们逐渐感到趣味，又觉得我从前所爱好的浪漫派诗有些毛病，对于它们的爱好不免淡薄了许多。我又回头看看假古典派的作品，逐渐明白作者的环境立场和用意，觉得它们也有不可抹煞处，对于它们的嫌恶也不免减少了许多。在这种变迁中，我又征服了许多新领土，对于已得的领土也比从前认识较清楚。对于中国诗我也经过了同样的变迁。最初，由爱好唐诗而看轻宋诗，后来我又由爱好魏晋诗而看轻唐诗。现在觉得各朝诗都各有特点，我们不能以衡量魏晋诗的标准去衡量唐诗或宋诗。它们代表几种不同的趣味，我们不必强其同。

对于某一种诗，从不能欣赏到能欣赏，是一种新收获；从偏嗜到和他种诗参观互较而重新加以公平的估价，是对于已征服的领土筑了一层更坚固的壁垒。学文学人们的最坏的脾气是坐井观天，依傍一家门户，对于口胃不合的作品一概藐视。这种人不但是近视，在趣味方面不能有进展；就连他们自己所偏嗜的也很难真正地了解欣赏，因为他们缺乏比较资料和真确观照所应有的透视距离。文艺上的纯正的趣味必定是广博的趣味：不能同时欣赏许多派别诗的佳妙，就不能充分地真确地欣赏任何一派诗的佳妙。趣味很少生来就广博，好比开疆辟土，要不厌弃荒原瘠壤，一分一寸地逐渐向外伸张。

趣味是对于生命的彻悟和留恋，生命时时刻刻都在进展和创化，趣味也就要时时刻刻进展和创化。水停蓄不流便腐化，趣味也是如此。从前私塾冬烘学究，以为天下之美尽在八股文、试帖诗、《古文观止》和了凡纲鉴。他们对于这些乌烟瘴气何尝不津津有味？这算是文学的趣味么？习惯的势力之大往往不是我们所能想象的。我们每个人多少都有几分冬烘学究气，都把自己围在习惯所画成的狭小圈套中，对于这个圈套以外的世界都视而不见，听而不闻。沉溺于风花雪月者以为只有风花雪月中才有诗，沉溺于爱情者以为只有爱情中才有诗，沉溺于阶层意识者以为只有阶层意识中才有诗。风花雪月本来都是好东西，可是这四字联在一起，引起多么俗滥的联想！联想到许多吟风弄月的滥调，多么令人作呕！"神圣的爱情""伟大的阶层意识"之类大概也有一天要归于风花雪月之列吧？这些东西本来是佳丽，是神圣，是伟大，一旦变成冬烘学究所赞叹的对象，就不免成了八股文和试帖诗。道理是很简单的。艺术和欣赏艺术的趣味都必有创造性，都必时时刻刻在开发新境界。如果让你的趣味围在一个狭小圈套里，它无机会可创造开发，自然会僵死，会腐化。一种艺术变成僵死腐化的趣味的寄生之所，它怎能有进展开发？怎能不随之僵死腐化？

艺术和欣赏艺术的趣味都与滥调是死对头。但是每件东西都容易变成滥调，因为每件东西和你熟习之后，都容易在你的心理上养成习惯反应。像一切其他艺术一样，诗要说的话都必定是新鲜的。但是世间哪里有许多新鲜话可说？有些人因此替诗危惧，以为关于风花雪月、爱情、阶层意识等等的话或都已被人说完，或将有被人说完的一日，那一日恐怕就是诗的末日了。抱这种过虑的人们根本没有了解诗究竟是什么一回事。诗的疆土是开发不尽的，因为宇宙生命时时刻刻在变动进展中，这种变动进展的过程中每一时每一境都是个别的，新鲜的，有趣的。所谓"诗"并无深文奥义，它只是在人生世相中见出某一点特别新鲜有趣而把它描绘出来。这句话中"见"字最吃紧。特别新鲜有趣的东西本来在那里，我们不容易"见"着，因为我们的习惯蒙蔽住我们的眼睛。我们如果沉溺于风花雪月，就见不着阶层意识中的诗；我们如果沉溺于油盐柴米，也就见不着风花雪月中的诗。谁没有看见过在田里收获的农夫农妇？但是谁——除非是密勒（Millet）、陶渊明和华兹华斯——在这中间见着新鲜有趣的诗？诗人的本领就在见出常人之所不能见，读诗的用处也就在随着诗人所指点的方向，见出我们所不能见，这就是说，觉到我们所素认为平凡的实在新鲜有趣。我们本来不觉得乡村生活中有诗，从读过陶渊明、华兹华斯诸人的作品之后，便觉得它有诗；我们本来不觉得城市生活和工商业文化之中有诗，从读过美国近代小说和俄国现代诗之后，便觉得它也有诗。莎士比亚教我们会在罪孽灾祸中见出庄严伟大，冉伯让（Rambrandt）和罗丹（Rodin）教我们会在丑陋中见出新奇。诗人和艺术家的眼睛是点铁成金的眼睛。生命生生不息，他们的发见也生生不息。如果生命有末日，诗才会有末日。到了生命的末日，我们自无容顾虑到诗是否还存在。但是有生命而无诗的人虽未到诗的末日，实在是早已到生命的末日了，那真是一件最可悲哀的事。"哀莫大于心死"，所谓"心死"就是对于人生世相失去解悟和留恋，就是对于诗无兴趣。读诗的功用不仅在销愁遣闷，不仅是替有闲阶层添一件奢侈；它在使人到处都可以觉到人生世相新鲜有趣，到处可以吸收维持生命和推展生命的活力。

诗是培养趣味的最好的媒介，能欣赏诗的人们不但对于其他种类文学可有真确的了解，而且也决不会觉到人生是一件干枯的东西。

1934 年

诗的隐与显

　　从前中国谈诗的人往往欢喜拈出一两个字来做出发点，比如严沧浪所说的"兴趣"，王渔洋所说的"神韵"，以及近来王静安所说的"境界"，都是显著的例。这种办法确实有许多方便，不过它的毛病在笼统。我以为诗的要素有三种：就骨子里说，它要表现一种情趣；就表面说，它有意象，有声音。我们可以说，诗以情趣为主，情趣见于声音，寓于意象。这三个要素本来息息相关，拆不开来的；但是为正名析理的方便，我们不妨把它们分开来说。诗的声音问题牵涉太广，因为篇幅的限制，我把它丢开，现在专谈情趣与意象的关系。

　　近二三十年来中国学者关于文学批评的著作，就我个人所读过的来说，似以王静安先生的《人间词话》为最精到。比如他所说的诗词中"隔"与"不隔"的分别是从前人所未道破的。我现在就拿这个分别做讨论"诗的情趣和意象"的出发点。

　　王先生说：

问隔与不隔之别。曰，陶谢之诗不隔，延年则稍隔矣；东坡之诗不隔，山谷则稍隔矣。"池塘生春草"，"空梁落燕泥"等二句妙处唯在不隔。词亦如是。即以一人一词论，如欧阳公《少年游·咏春草》上半阕云："阑干十二独凭春，晴碧远连云，二月三月，千里万里，行色苦愁人。"语语都在目前，便是不隔，至云"谢家池上，江淹浦畔"，则隔矣。

——《人间词话》十八至十九页

王先生不满意于姜白石，说他"格韵虽高，然如雾里看花，终隔一层"。在这些实例中王先生只指出隔与不隔的分别，却没有详细说明他的理由，对于初学似有不方便处。依我看来，隔与不隔的分别就从情趣和意象的关系中见出。诗和其他艺术一样，须寓新颖的情趣于具体的意象。情趣与意象恰相熨帖，使人见到意象便感到情趣，便是不隔。比如"谢家池上"是用"池塘生春草"的典，"江淹浦畔"是用《别赋》"春草碧色，春水绿波，送君南浦，伤如之何？"的典。谢诗江赋原来都不隔，何以入欧词便隔呢？因为"池塘生春草"和"春草碧色"数句都是很具体的意象，都有很新颖的情趣。欧词因春草的联想而把他们拉来硬凑成典故，"谢家池上，江淹浦畔"意象既不明了，情趣又不真切，所以"隔"。

王先生论隔与不隔的分别，说隔"如雾里看花"，不隔为"语语都在目前"，也嫌不很妥当，因为诗原来有"显"和"隐"的分别，王先生的话太偏重"显"了。"显"与"隐"的功用不同，我们不能要一切诗都"显"。说赅括一点，写景的诗要"显",言情的诗要"隐"。梅圣俞说诗"状难写之景如在目前,含不尽之意见于言外",就是看到写景宜显写情宜隐的道理。写景不宜隐,隐易流于晦;写情不宜显,显易流于浅。谢朓的"余霞散成绮,澄江静如练",杜甫的"细雨鱼儿出,微风燕子斜"以及林逋的"疏影横斜水清浅,暗香浮动月黄昏"诸诗在写景中为杰作,妙处正在能"显",如梅圣俞所说的"状难写之景如在目前"。秦少游的《水龙吟》首二句"小楼连苑横空,下窥绣毂雕鞍骤",苏东坡讥诮他说,"十三个字只说得一个人骑马楼前过"。它的毛病也就在不显。言情的杰作如古诗:"步出城东门,遥望江南路,前日风雪中,故人从此去","河汉清且浅,相去复几许?盈盈一水间,脉脉不得语",李白的"玉阶生白露,夜久侵罗袜,却下水晶帘,玲珑望秋月",以及晏几道的"昨夜西风凋碧树,独上高楼,望尽天涯路",诸诗妙处亦正在"隐",如梅圣俞所说的,"含不尽之意见于言外"。深情都必缠绵委婉,显易流于露,露则浅而易尽。温庭筠的《忆江南》:

> 梳洗罢,独倚望江楼。过尽千帆皆不是,斜晖脉脉水悠悠。肠断白蘋洲。

在言情诗中本为妙品,但是收语就微近于"显",如果把"肠断白蘋洲"五字删去,意味更觉无穷。他的《瑶瑟怨》的境界与此词略同,却没有这种毛病:

> 冰簟银床梦不成,碧天如水夜云轻。雁声远过潇湘

去，十二楼中月自明。

我们细味二诗的分别，便可见出"隐"的道理了。王渔洋常取司空图的"不著一字，尽得风流"和严羽的"羚羊挂角，无迹可寻"四语为"诗学三昧"。这四句话都是"隐"字的最好的注脚。

懂得诗的"显"与"隐"的分别，我们就可以懂得王静安先生所看出来的另一个分别，这就是"有我之境"与"无我之境"的分别。他说：

> 有有我之境，有无我之境。"泪眼问花花不语，乱红飞过秋千去"，"可堪孤馆闭春寒，杜鹃声里斜阳暮"，有我之境也；"采菊东篱下，悠然见南山"，"寒波澹澹起，白鸟悠悠下"，无我之境也。有我之境，以我观物，故物皆著我之色彩；无我之境，以物观物，故不知何者为我，何者为物。

王先生在这里所指出的分别实在是一个很精微的分别，不过从近代美学观点看，他所用的名词有些欠妥。他所谓"以我观物，故物皆著我之色彩"，就是近代美学所谓"移情作用"。"移情作用"的发生是由于我在凝神观照事物时，霎时间由物我两忘而至物我同一，于是以在我的情趣移注于物；换句话说，移情作用就是"死物的生命化"或是"无情事物的有情化"。这种现象在注意力专注到物我两忘时才发生，从此可知王先生所说的"有我之境"实在是"无我之境"。他的"无我之境"的实例为"采菊东篱下，悠然见南山"，"寒波澹澹起，白鸟悠悠下"，都是诗人在冷静中所回味出来的妙境，都没有经过移情作用，所以其实都是"有我之境"。我以为与其说"有我之境"和"无我之境"，不如说"超物之境"和"同物之境"。"感时花溅泪，恨别鸟惊心"，"徘徊枝上月，空度可怜宵"，"数峰清苦，商略黄昏雨"，都是同物之境。"鸢飞戾天，鱼跃于渊"，"微雨从东来，好风与之俱"，"兴阑啼鸟散，坐久落花多"，都是超物之境。

王先生以为"有我之境"（其实是"无我之境"，即"同物之境"）比"无我之境"（其实是"有我之境"，即"超物之境"）品格较低，但是没有说出理由来。我以为"超物之境"所以高于"同物之境"者就由于"超物之境"隐而深，"同物之境"显而浅。在"同物之境"中物我两忘，我设身于物而分享其生命，人情和物理相渗透而我不觉其渗透。在"超物之境"中，物我对峙，人情和物理卒然相遇，默然相契，骨子里它们虽是诉合，而表面上却乃是两回事。在"同物之境"中作者说出物理中所寓的人情，在"超物之境"中作者不言情而情自见。"同物之境'，有人巧，"超物之境"见天机。要懂得这个道理，我们最好比较下三个实例看：

一、水似眼波横，山似眉峰聚。

二、数峰清苦，商略黄昏雨。

三、采菊东篱下，悠然见南山。山气日夕佳，飞鸟相
　　与还。

第一例是修辞学中的一种显喻（simile），第二例是隐喻（mitaphor），二者隐显不同，深浅自见。第二例又较第三例为显，前者是"同物之境"，后者便是"超物之境"，一尖新，一浑厚，品格高低也很易辨出。

显与隐的分别还可以从另一个观点来说。西方人曾经说过："艺术最大的秘诀就是隐藏艺术。"有艺术而不叫人看出艺术的痕迹来，有才气而不叫人看出才气来，这也可以说是"隐"。这种"隐"在诗极为重要。诗的最大目的在抒情不在逞才。诗以抒情为主，情寓于象，宜于恰到好处为止。情不足而济之以才，才多露一分便是情多假一分。做诗与其失之才胜于情，不如失之情胜于才。情胜于才的仍不失其为诗人之诗，才胜于情的往往流于雄辩。穆勒说过："诗和雄辩都是情感的流露而却有分别。雄辩是'让人听到的'（heard），诗是'无意间被人听到的'（overheard）。"我们可以说，雄辩意在"炫"，诗虽有意于"传"而却最忌"炫"。"炫"就是露才，就是不能"隐"。我们可以举一个例来说明这个分别。秦少游《踏莎行》中"郴江幸自绕郴山，为谁流下潇湘去"二语最为苏东坡所赏识，王静安在《人间词话》里却说：

> 少游词境最为凄惋，至"可堪孤馆闭春寒，杜鹃声里斜阳暮"，则变而为凄厉矣。东坡赏其后二语，犹为皮相。

专就这一首词说，王的趣味似高于苏，但是他的理由却不十分充足。"可堪孤馆闭春寒"二句胜于"郴江幸自绕郴山"二句，不仅因为它"凄厉"，而尤在它能以情御才而才不露。"郴江"二句虽亦具深情，究不免有露才之玷。"前日风雪中，故人从此去"，"平畴交远风，良苗亦怀新"，"但屈指西风几时来，又不道流年暗中偷换"，都是不露才之语，"树摇幽鸟梦"，"桃花乱落如红雨"，"大江东去，浪淘尽千古风流人物"，都是露才之语。这种分别虽甚微而却极重要。以诗而论，李白不如杜甫，杜甫不如陶潜；以词而论，辛弃疾不如苏轼，苏轼不如李后主，分别全在露才的等差。中国诗愈到近代，味愈薄，趣愈偏，亦正由于情愈浅，才愈露。诗的极境在兼有平易和精练之胜。陶潜的诗表面虽平易而骨子里却极精练，所以最为上乘。白居易止于平易，李长吉、姜白石都止于精练，都不免较逊一筹。

诗的"隐"与"显"的分别在谐趣中尤能见出。诗人的本领在能于哀怨中见出欢娱。在哀怨中见出欢娱有两种，一是豁达，一是滑稽。豁达者澈悟人生世相，觉忧患欢乐都属无常，物不能羁縻我而我则能超然于物，这种"我"的醒觉便是欢娱所自来。滑稽者见到事物的乖讹，只一味持儿戏态度，谑浪笑傲以取乐。豁达者虽超世而却不忘情于淑世，滑稽者则由厌世而玩世。陶潜、杜甫是豁达者，东方朔、刘伶是滑稽者，阮籍、嵇康、李白则介乎二者之间。豁达者和滑稽者都能诙谐，但却有分别。豁达者的诙谐是从悲剧中看透人生世相的结果，往往沉痛深刻，直入人心深处。滑稽者的诙谐起于喜剧中的乖讹，只能取悦浮浅的理智，乍听可惊喜，玩之无余味。豁达者的诙谐之中有严肃，往往极沉痛之致，使人卒然见到，不知是笑好还是哭好，例如古诗：

何不策高足，先据要路津？无为守穷贱，轗轲长
苦辛！

看来虽似作随俗浮沉的计算而其实是愤世嫉俗之谈。表面虽似
诙谐而骨子里却极沉痛。陶潜《责子》诗末二句：

天运苟如此，且进杯中物！

和《挽歌辞》末二句：

但恨在世时，饮酒不得足！

都应该作如是观。滑稽者的诙谐往往表现于打油诗和其他的文
学游戏，例如《论语》（杂志名）嘲笑苛捐杂税的话：

自古未闻粪有税，如今只剩屁无捐。

和王壬秋嘲笑时事的对联：

男女平权，公说公有理，婆说婆有理；
阴阳合历，你过你的年，我过我的年。

乍看来都会使你发笑，使你高兴一阵，但是决不能打动你的情
感，决不能使你感发兴起。

诗最不易谐。如果没有至性深情，谐最易流于轻薄。古诗

《焦仲卿妻》叙夫妻别离时的誓约说：

> 君当作磐石，妾当作蒲苇，蒲苇纫如丝，磐石无转移。

后来焦仲卿听到兰英被迫改嫁的消息，便引用这个比喻来讽刺她：

> 府君谓新妇，贺君得高迁！磐石方且厚，可以卒千年；蒲苇一时纫，便作旦夕间。

这种诙谐已近于轻薄，因为生离死别不是深于情者所能用讽刺的时候，但是它没有落入轻薄，因为它骨子里是沉痛语。同是谐趣，或为诗的极境，或简直不成诗，分别就在隐与显。"隐"为谐趣之中寓有沉痛严肃，"显"者一语道破，了无余味，"打油诗"多属于此类。

陶潜和杜甫都是诗人中达到谐趣的胜境者。陶深于杜，他的谐趣都起于沉痛后的豁达。杜诗的谐趣有三种境界，一种为《茅屋为秋风所破歌》和《示从孙济》所代表的境界，豁达近于陶而沉痛不及。一种为《北征》（"平生所娇儿"段）和《羌村》所代表的境界，是欣慰时的诙谐。一种为《饮中八仙歌》所代表的境界，颇类似滑稽者的诙谐。唐人除杜甫以外，韩愈也颇以谐趣著闻。但是他的谐趣中滑稽者的成分居多。滑稽者的诙谐常见于文字的游戏。韩愈做诗好用拗字险韵怪句，和他作《送穷文》、《进学解》、《毛颖传》一样，多少要以文字为游戏，多少要在文字上逞才气。例如他的《赠刘师服》：

羡君齿牙牢且洁，大肉硬饼如刀截。我今牙豁落者多，所存十余皆兀臲。匙钞烂饭稳送之，合口软嚼如牛呞。妻儿恐我生怅望，盘中不钉栗与梨。

宋人的谐趣大半学韩愈和《饮中八仙歌》所代表的杜甫。他们缺乏至性深情，所以沉痛的诙谐最少见，而常见的诙谐大半是文字的游戏。苏轼是宋人最好的代表。他做诗好和韵，做词好用回文体，仍是带有韩愈用拗字险韵的癖性。他的赞美黄州猪肉的诗也可以和韩愈的"大肉硬饼如刀截"先后媲美。我们姑且选一首比较著名的诗来看看宋人的谐趣：

东坡先生无一钱，十年家火烧凡铅。黄金可成河可塞，只有霜须无由玄。龙邱居士亦可怜，谈空说有夜不眠。忽闻河东狮子吼，拄杖落手心茫然。

——苏轼《寄吴德仁兼简陈季常诗》首八句

这首诗的神貌都极似《饮中八仙歌》，其中谐趣出于滑稽者多，它没有落到打油诗的轻薄，全赖有几分豁达的风味来补救。它在诗中究非上乘，比较"何不策高足"，《责子》，《挽歌辞》以及《北征》诸诗就不免缺乏严肃沉痛之致了。

注 此文发表后，曾于《文学与生命》中见吴君一文对鄙见略有指责，我仔细衡量过，觉得他的话不甚中肯，所以没有答复他。读者最好取吴君文与拙文细看一遍，自己去下判断。拙著《文艺心理学》论"移情作用"章亦可参考。

诗与散文（对话）

对话者如前：

秦——传统派的代表，主张诗与散文以音律与风格分。

鲁——侧重实质者，主张诗与散文各有特殊的题材。

褚——美学家，主张诗与纯文学同义，形式起于实质的自然需要。

孟——调和派，主张诗为有音律的纯文学，形式不尽是自然的。

褚：诗与散文问题实在还是实质与形式问题的一部分。上次我们已经证明实质和形式平行一致，这次的问题就不难迎刃而解了。

孟：我却没有你那样乐观。头一层，我们的根本问题还没有解决：诗究竟是什么呢？

秦：就形式说，我们很容易定出一个标准来。诗有音律，散文没有音律。它们自然还有其他分别，但是这个是最显著而且最重要的分别。

鲁： 这个标准是靠不住的。亚里士多德老早就说过，诗不必尽有音律，有音律的也不尽是诗。冬烘学究堆砌腐典滥调成五言八句，自己也说是在做诗。章回小说中常插入几句韵文，评论某个角色或某段情节，在前面郑重标明"后人有诗一首"的字样。一般人心目中的"诗"大半是这么一回事。但是我们要知道，诸葛亮虽然穿过八卦衣，而穿八卦衣的不必就是诸葛亮。如果依秦先生的话，《百家姓》、《千字文》、医方脉诀以及冬烘学究的试帖诗和打油诗都可以和《诗经》、《楚辞》、《杜工部集》并驾齐驱，而柏拉图的《对话集》和《旧约》、《史记》、《汉魏丛书》中许多杰作以及《红楼梦》之类作品反被贬于"非诗"之列了。依我看来，诗的形式空洞不足为凭，最重要的还是实质。虽然褚先生反对实质形式分立，在事实上它们却常分立，《百家姓》、《千字文》之类只有诗的形式而无诗的实质，便是明证。

秦： 我不相信你能够找出一个精确的标准在实质上分别诗和散文，难道诗有诗的题材，散文有散文的题材么？

鲁： 这是不成问题的。有些题材只宜于做诗，有些题材只宜于做散文。就大体说，诗宜于抒情遣兴，散文宜于状物叙事说理。这并非我一个人的私见，许多诗学家都是这样想。比如英国摩越教授（Middleton Murry）是著名的主张诗和散文可交相替代者，也承认诗较宜于言情，散文较宜于说理。他说："如果起源的经验是偏于情感的，我相信用诗或用散文来表现，大半取决于时机或风尚，但是如果情感特别地深厚，特别地切己，用诗来表现的动机是占优胜的。我不能想象莎士比亚的十四行诗集可以用散文来写。"至于散文有特殊的题材，他说得更透辟。让我引他的几句结论，如果要知道详细的理由，我们可以读他的《风格论》第三章。他说："对于任何问题的精确思考必须用散文，音韵的限制对于它一定是不相容的。""一段描写，无论是写一个国家，一个逃犯，或是房子里一切器具，如果要精细，一定要用散文。""风俗喜剧所表现的心情须用散文"，"散文是讽刺的最合适的工具"。如果拿已往文学作品做一个统计，我们也可以知道摩越教授的话大致不错。极好的言情的作品都要在诗里找，极好的叙事说理的作品都要在散文里找。这种基本的分别在读者的了解方面也可以见出。懂得散文大半凭理智，懂得诗大半凭情感。这两种"懂"是"知"（Know）与"感"（feel）的分别。可"知"者大半可以言喻，可"感"者大半须以意会。比如陶潜的"采菊东篱下，悠然见南山"两句诗。就字句说，极其简单，如果问人说："你懂得么？"凡是识字者大概都说懂得。如果进一层追问他所懂的是什么，他的回答不外两种，一种是很干脆地诠释字义，用白话文把它翻译出来，一种是发挥言外之意。前者是"知"，是专讲字面的意义，后者有时是"感"，是体会字面后的情趣。就字义说，这两句诗不致引起若何分歧，就情趣说，则仁者见仁，智者见智，各各不同了。散文求人能"知"，诗求人能"感"。"知"贵精确，作者说出一分，读者便恰见到那一分；"感"贵丰富，作者说出一分，读者须在这一分之外见出许多其他的东西。因此，文字的功用在诗和散文中也不相同。在散文中，文字的功用在"直述"（State），读者注重它的本义；在诗中，文字的功用在"暗示"（Suggest），读者注重它的联想。这个分别罗斯教授（I. L. Lowes）在《诗中的成规与反抗》里说得最明白。

孟：别再引经据典，你的意思我们明白了。你的话在原理上只是大致不差，实在也有很多的反证。老实说，我不相信散文只宜于说理的话。凡是真正的文学作品，无论是诗或散文，里面都有它的特殊的情趣。许多小品文是抒情诗，这是大家都承认的。再看近代小说，我们试想一想，哪一种可用诗表现的情趣在小说里不能表现呢？我很相信摩越教授的话，一个作家用诗或用散文来表现他的意境，大半取决于当时的风尚。荷马和莎士比亚如果生在现代，一定会写小说；朵斯托夫斯基、普鲁斯特、劳伦司诸人如果生在古希腊或伊丽莎白时代，一定会写史诗或悲剧。至于诗不能说理的话比较近于真理，但也有例外。历史上有许多很好的说理的诗，陶潜的《形影神》和朱熹的《感兴诗》都是著例。如果说宽一点，凡是诗，除情趣之外，都有若干理的成分在内，不过情理融成一片，我们不能把理分开来说罢了。你能够说希腊悲剧和莎士比亚的悲剧里面没有"理"么？你能够说但丁的《神曲》和歌德的《浮士德》里面没有"理"么？你能够说《天问》、《杜工部集》、《白香山集》里面没有"理"么？我可以举一个很简单的例子，来说明同样情理可表现于诗，亦可表现于散文。《论语》里"子在川上曰，'逝者如斯夫，不舍昼夜！'"是散文，李白的"前水复后水，古今相续流；新人非旧人，年年桥上游"是诗。在这两个实例中，我们能够说散文不能表现情趣或是诗不能说理么？所以我觉得从实质上分诗与散文也有难点。

秦：孟先生的话很有理。宇宙间万事万物经过诗人的心灵妙用，都可以变成诗的材料。从前人以为有些材料不能入诗，那全是迷信。古典派学者都说诗只应表现人类的普遍的永恒的情趣，但是近代诗人往往欢喜写很个别很飘忽渺茫的情趣，也不失其为精妙。德国学者莱森（Lessing）以为诗不宜描写静止体态，但是中国许多伟大的自然诗人所写的大半是静止体态。摩越教授说诗不宜于讽刺和风俗喜剧，他忘记欧洲以讽刺和风俗喜剧著名的作者，如亚理斯妥芬、纠文纳儿、莫里哀、蒲普诸人大半采用诗的形式。诗和散文的分别不能在实质上见出，这是无疑义的。我还是觉得我的意见不错。诗人所写的情理，一般人还是能经验和了解的，所以不同的，是他能够把普通的情理纳在艺术的形式里去。我在开始时所说的音律是形式的一种，它是最易捉摸的。此外还有一种不易捉摸的形式的成分，就是"风格"。散文的风格要直截了当，明白晓畅。有些人在散文里堆砌华丽的词藻，假扮兴奋或感伤的声调，以为散文愈像诗，它的风格就愈提高。其实这是穷人摆富贵架子，做散文应该就像说话，要有几分家常便饭的味道，"像诗"是散文的一个大毛病。诗的风格却不能太家常，太家常就令人觉得平凡干枯。它华丽也好，清淡也好，壮严也好，优美也好，却都要保持诗的尊严的身份，不能落入俗套。许多提高风格的技巧，如"拟人格"，华丽字句、精当典故、情感化的声调之类，在散文为大病，在诗则为人所习用。依我看，拿音律和风格合在一起来看，诗和散文的分别是最容易辨明的。

褚：我觉得你这个主张有两大弱点。第一，你误解"风格"的性质；第二，你似乎犯了尊诗卑散文的俗见。先说"风格"，它并不是一种空洞的形式，或是矫揉造作出来的气派。你大概记得毕丰（Buffon）的名言："风格即人格。"换句话说，它就是作者性格情趣的特殊模样，理想的风格是情感思想和语言恰恰相称，混化无迹。上品诗和上品散文都可以做到这种境界。所以我们不能离开实质，凭空立论，说诗和散文在风格上不同。诗和散文的风格不同，也正犹如这首诗和那首诗的风格不同，所以风格不是区分诗与散文的好标准。其次，你以为诗在风格上比散文高一级，也是很大的偏见。诗和散文各有妙境，诗固往往能产生散文所不能产生的风味，散文也往往可以产生诗所不能产生的风味。例证甚多，我姑且举两个。

（一）诗人引用散文典故入诗，韵味常不及原来散文的深刻微妙。例如《世说新语》：

> 桓公北征，经金城，见前为琅琊时种柳皆已十围，慨然曰："木犹如此，人何以堪！"攀枝执条，泫然流涕。

一段散文，寥寥数语，写尽人物俱非的伤感，多么简单而隽永！庾子山在《枯树赋》里把它译为韵文说：

> 昔年种柳，依依汉南；今看摇落，凄怆江潭。桓大司马闻而叹曰："树犹如此，人何以堪！"

这段韵文改动《世说新语》的字句并不多，但是它一方面比原文纤巧，一方面也比原文呆板。原文的既真切而又飘渺摇曳的风致，在《枯树赋》的整齐合律的字句中就失去大半了。此外如辛稼轩的《哨遍》一首词，它总括庄子《秋水篇》的大意，用语也大半集庄子的陈句，但是庄子原文的那副磅礴谐谑的气概却不复存在。我们念一段来看看。

> 有客问洪河,百川灌雨,经流不辨涯涘。于是焉河伯
> 欣然喜,以为天下之美尽在己。渺溟,望洋东视,逡巡向
> 若惊叹,谓"我非逢子,大方达观之家,未免长见悠然
> 笑耳!"

这样剪裁配合得巧妙,固然独具匠心,但是它总不免令人
起假山笼鸟之感,庄子的雄肆就在这巧妙里消失了。

(二)诗词的散文序往往胜于诗词本身。例如《水仙操》
的序和词:

> 伯牙学琴于成连,三年而成,至于精神寂寞,情之专
> 一,未能得也。成连曰:"吾之学不能移人之情,吾师有
> 方子春在东海中。"乃赍粮从之。至蓬莱山,留伯牙曰:
> "吾将迎吾师。"刺船而去,旬日不返。伯牙心悲,延颈
> 四望,但闻海水汩没,山林窅冥,群鸟悲号,仰天叹曰:
> "先生将移我情!"乃援琴而作歌:
> 繄洞庭兮流斯护,舟楫逝兮仙不还。
> 移形素兮蓬莱山,钦伤宫仙不还。

序文多么美妙!歌词所以伴乐,原不必以诗而妙,它的意
义已不尽可解,但就可解的说,却比序文差得远了。此外如陶
潜的《桃花源诗》、王羲之的《兰亭诗》以及姜白石的《扬州
慢》词,虽然都是杰作,但就我个人的口味说,它们本身都

不如散文序美妙。这些实例很可以证明诗不必尽比散文高，秦先生的"风格"标准不能应用来区分诗与散文了。

鲁： 这个问题确实是难了，音律和风格的标准靠不住，实质的标准诸位以为也靠不住，那末，我们不就要根本否认诗和散文的分别么？

褚： 依我想，这是唯一的出路。我记不得是谁说的，与诗相对待的不是散文而是科学，科学叙述事理，诗与散文，就其为文学而言，表现对于事理所生的情趣。凡是作品有纯文学价值的都是诗，无论它是否具有诗的形式。我们常说柏拉图的《对话集》、《旧约》、六朝人的书信、柳子厚的山水杂记、明人的小品文、《红楼梦》之类散文作品是诗，就因为它们都是纯文学。亚里士多德论诗，仿佛也是用这种看法。他不把音律看作诗的要素，以为诗的特殊功用在"模仿"。他所谓"模仿"，就是我们所说的"创造"或"表现"。凡有创造性和表现性的文字都是纯文学，凡是纯文学都是诗。雪莱说，"诗与散文的分别是一个庸俗的错误"。克罗齐主张以"诗与非诗"的分别代替"诗与散文"的分别。我很赞成他的办法。

孟： 你这番话在理论上原有它的道理，不过就事实说，在纯文学范围之内，诗和散文仍有分别，我们是不能否认的。你的办法不是解决问题而是逃避问题。如果说宽一点，还不仅纯文学都是诗，一切艺术都可以叫做诗。我们常说"王维诗中有画，画中有诗"。其实一切艺术到精妙处都必有诗的境界。我们甚至于说一个人，一件事或是一片自然风景含有诗意。你刚才提起克罗齐，如果我没有误解他的话，他把"诗"、"艺术"、"语言"都看作同义字，因为它们都是抒情的，创造的。

所以"诗学"、"美学"和"语言学"在他的学说中是一件东西。在古希腊文中,"诗"的意义是制作,所以凡是"制作"或"创造"出来的东西都可以称为"诗",无论是文学,是图画或是其他艺术。把诗解作"纯文学",和把诗解作"艺术"一样,毛病在太空泛。诗和艺术,诗和纯文学,都有共同的要素,这是我们承认的,但是我们也应该知道:它们在相同之中究竟有不同者在。比如王维的画、诗和散文尺牍虽然都同具一种特殊的风格,而在精妙处,可以见于诗的不必尽可以见于书,也不必尽可以见于散文尺牍。我们正要研究这不同点究竟是什么。在我看,诗是"具有音律的纯文学"。这个定义把具有音律而非纯文学的陈腐作品以及是纯文学而不具音律的散文作品都丢开,只收在形式和实质两方面都不愧为诗的作品。这是一个最寻常的也是最精确的定义。

褚:你这个调和的见解也还有问题。有和无是一个绝对的分别,我觉得就音律而论,诗和散文的分别也只是相对的而不是绝对的。

孟:你是否指诗的音律可以随时变化?

褚:不仅指变化。诗有固定的音律,是一个传统的信条。从前人对它向不怀疑,不过从自由诗、散文诗和多音散文等等新花样出来以后,我们对于这个传统的信条就有斟酌修改的必要了。自由诗出来本很早,据说古希腊就有它。近代法国诗人采用自由诗的体裁的也很多。从"意象派诗人"(Imagistes)起来之后,自由诗才成为一个大规模的运动。自由诗究竟是什么呢?它的定义很不容易下。据法国音韵学专家格腊茫(Grammant)说,法文自由诗有三大特征。第一,法文诗最通行的亚力山大格每行十一音，古典派分四顿，浪漫派分三顿，自由诗则可有三顿以至于六顿。第二，法文诗通常用 aabb 式"平韵"，自由诗可杂用 abab 式"错韵"、abba 式"抱韵"等等。第三，自由诗每行不抱亚力山大格的成规，一章诗里各行长短可以相间。照这样看，自由诗不过就原有规律而加以变化。不过近代象征派诗人的自由诗，不合格腊茫的三条件也很多，它们有不用韵的。英文自由诗通常比较更自由，让我念一首来看看：

> The grass is beneath my head;
>
> and I gaze
>
> at the througing stars
>
> in the night.
>
> They fall...they fall...
>
> I am overwhelmed,
>
> and afraid.
>
> Each leaf of the aspen
>
> is caressed by the wind,
>
> and each is crying.
>
> And the perfume
>
> of invisile roses
>
> deepens the anguish.
>
> Let a strong mesh of roots
>
> feed the crimson of roses
>
> upon my heart;

and then fold over the hollow

Where all the pain was.

F. S. Flint

这首诗在章法上没有固定的规律。它好比风吹水面生浪，每一阵风所生的浪自成一单位，相当于一章。风可久可暂，浪也有长有短，三行、四行，五行都可以成章。就每一章说，字行排列也根据波动节奏（Cadence）的道理，一个节奏占一行，长短轻重无一定的规律，可以随意变化。照这样看，它似毫无规律可言，但是我们不能称它为散文，因为它究竟还是分章分行，章与章，行与行，仍有起伏呼应的关系。它不像散文那样流水式的直泻下去，却仍有低徊往复的趋势。我们可以说，自由诗实在还有一种内在的音律，不过没有普通诗的那样整齐明显罢了。散文诗又比自由诗降一等，它只是有诗意的小品文，或则说，用散文表现一个诗的境界，仍用若干诗所习用的词藻腔调，不过音律就几乎完全不存在了。从此可知，就音律论，诗可以由极严整明显的规律，经过不甚显著的规律，以至于无规律了。

秦：我不赞成这话，因为像"自由诗"、"散文诗"之类的新花样根本就不能叫做"诗"。

褚：这恐怕是你的偏见，艺术是创造的，与时俱新的，不断地打破成规定律的。我们不能拿外在的已成的种类体裁观念，作测量新兴作品的标准。你在脑筋里先假定凡诗都有平整明显的音律，看见自由诗和散文诗不符合你的成见，便根本否认它们是诗，这是走上批评的绝路。无论你承认不承认，自由诗和散文诗的存在，是一件确凿的事实，研究诗学，就不能不接收这件事实。这件事实所告诉我们的是：由有到无，诗的音律多寡有许多程度上的差别。

秦：纵然退一步承认诗可以由有音律到无音律，我们也不能说诗与散文无分别，因为散文是绝对没有音律的。

褚：这更是误解了。我们要知道，诗的起源比散文较早。原始人类凡遇值得留传的事迹或学问经验，都用诗的形式来记载，以便于记忆。到后来，因为诗的形式太笨重板滞，才逐渐设法使它活跃流动有弹性，于是散文才逐渐演化出来。散文由诗解放出来，并非一朝夕之故。在萌芽期，散文的形式都和诗相差不远。比如说英国，从乔叟到莎士比亚，诗就已经很可观，散文却仍甚笨重，词藻、构造都还不脱诗的习惯。从十七世纪以后，英国才有流利轻便的散文。中国散文的演化史也很类似。秦汉以前的散文常杂有音律在内。随便举几个例来看看：

> 今夫古乐，进旅退旅，和正以广，弦匏笙簧，会守拊鼓。始奏以文，复乱以武。治乱以相，讯疾以雅。君子于是语，于是道古，修身及家，平均天下。此古乐之发也。（《礼记·乐记》）

> 冲道而用之，或不盈。渊乎似万物之宗。挫其锐，解其纷；和其光，同其尘，湛兮似若存。吾不知谁之予，象帝之先。（《老子》）

> 吾有大树，人谓之樗，其大本拥肿而不中绳墨，其小枝卷曲而不中规矩。立之涂，匠者不顾。今子之言，大而

无用，众所同去也。(《庄子·逍遥游》)

这都是散文，但是都有音律。中国文学中最特别的一个体裁是赋。它是跨诗和散文界线的东西。它流利奔放，一泻直下，似散文，于变化多端之中保持音律，又似诗。我们可以说，隋唐以前大部分散文都没有脱离诗赋的影响，有很明显地用韵的，也有虽不用韵而仍保持诗赋的华丽词藻与整齐句法的，到唐以后，流利轻便的散文才逐渐占优势，不过诗赋对于散文的影响，到明清时代还未完全消灭。如果我们顾到这个事实，就可见散文绝对无音律的话不可靠了。

秦：你所指的是过去的散文，现在散文已演化到无音律的阶段了，恐怕你的话就不能适用了吧？

褚：你的非难应分两层回答。头一层，我们讨论诗和散文，应着眼全局，应搜罗所有的事实。我们不专论某一时代的诗，也就不能把散文的范围限制到近代。其次，白话文运动还在进行，我们不能预言中国散文，将来是否有一部分要回到杂用音律的路。不过这并非不可能。你不看见欧战后的"多音散文"(Polyphonic Prose) 运动么？佛来乔 (Fleicher) 说它的重要"不亚于政治上的欧战，科学上的镭的发明"。这虽然是过甚其词，它是一个值得注意的运动，却是无可讳言的。据罗威尔 (E. Lowel) 女士说，"多音散文应用诗所有的一切声音，如节音、自由诗、双声、叠韵、押韵、回旋之类，它可应用一切节奏，有时并且用散文节奏，但是通常都不把某一种节奏连用到很长的时间……韵可以摆在波动节奏的终点，可以彼此紧密相衔接，也可隔很长的距离遥相呼应"。换句话说，在多音散文里，极有规律的诗句，略有规律的自由诗句，以及毫无规律的散文句可以杂会在一块。我想这个花样在中国已"自古有之"，赋就可以说是最早的多音散文，庾信的《哀江南赋》，欧阳修的《秋声赋》和苏轼的《赤壁赋》都可以为例。看到欧洲的"多音散文"运动，我们不能说将来中国散文一定完全放弃音律，因为像"多音散文"的赋在中国有很久的历史和深远的影响，并且中国文字双声叠韵多，容易走上"多音"的路。

秦：这全是揣测之词，恐怕不足为凭。

褚：我的揣测能否成事实并不能影响到我的基本主张。我的基本主张是诗和散文的音律相对论。我们不能画两个圆圈，把诗摆在有音律的圈子里，把散文摆在无音律的圈子里，使彼此间壁垒森严，互不侵犯。诗可以由整齐音律到无音律，散文也可以由无音律到有音律。诗和散文两国度之中有一个很宽的界线，在这界线上有诗而近于散文，音律不甚明显的；也有散文而近于诗，略有音律可寻的。所以我不相信"有音律的纯文学"是诗的精确的定义。

孟：你的推理和证据都很有力，我很愿意放弃我的原来的主张。我向来反对做学问持成见。不过我们通常都觉得自己的成见是无可置疑的真理，到了几个见解不同的朋友们聚在一块仔细讨论，就发见成见往往是偏见。比如我们今天的讨论就破除了几个流行的成见。讨论到这个阶段，秦先生应该放弃"诗和散文以音律风格分"一个成见，鲁先生应该放弃"诗和散文各有特殊题材"一个成见，我也要放弃"诗为有音律的纯文学"一个成见了。我们所得到的结果是：无论就实质说或是就形式说，诗和散文都只有程度上的分别而没有绝对的分别，它们的疆域有一部分是互相叠合的。我们每个人虽然都放弃了自己珍视许久的成见，却也都得到实在可珍贵的收获，所得究竟超过所失，这是大可引以自慰的。

秦：我也愿意宣告放弃我的形式主义，不过问题并没有完全解决。承认了音律不是诗的绝对必要的原素，"大部分诗何以有音律？"还是一个重要的问题。

鲁：这话倒很对。我虽然承认诗和散文的疆域有一部分互相叠合，却也不得不承认它们有一部分不互相叠合，不得不承认有音律的一部分诗和无音律的一部分散文究竟有分别。何以有一部分诗有它的特殊形式呢？

褚：我看这个问题倒不难解决。我们在上次已经说明实质形式平行一致的道理，现在就可以拿这个道理来解释何以有一部分诗与散文有分别。为说话方便起见，我们姑且从语言的习惯，把有音律的一部分诗简称为"诗"，把无音律的一部分散文简称为"散文"，诸位同意么？

秦：同意，不过我们要记着我们所讨论的是两极端的部分，所得的结论不必可以应用到诗和散文相邻近的部分。褚先生，让我们听你的意见吧。

褚：诗的形式——音律——是实质的自然需要。换句话说，某种实质非有诗的形式不能表现出来。诗和散文的分别不仅是形式上的分别，也是实质上的分别。刚才秦先生拥护形式的话和鲁先生拥护实质的话本来各有片面的道理，因为它们都是片面的，所以显得错误。如果我们把这两方面的话合在一块来讲，那就圆满了。就形式说，散文的音节是直率的，无规律的，诗的音节是循环的，有规律的。就实质说，散文宜于叙事说理，诗宜于抒情遣兴。

孟：你忘记我们刚才已证明诗可无音律，散文也可有音律，诗可叙事说理，散文也可抒情遣兴。

褚：那是不错的。我已声明过，我们现在只就有音律的诗和无音律的散文来说，你所说的那些都可列在例外。普通的意义的诗和散文实在起于情趣与事理的分别。事理直截了当，一往无余，情趣则低徊往复，缠绵不尽。直截了当的宜用叙述的语气，缠绵不尽的宜用惊叹的语气。在叙述语中事尽于词，理尽于意，在惊叹语中，语言是情感的缩写字，情溢于词，所以读者可因声音想到弦外之音。这是诗和散文的根本分别。

秦：你这番话太抽象一点，请举一两个实例来说。

褚：比如看见一位年轻的美人，你如果把这番经验当作"事"来叙，你说，"我看见一位年轻的美人"；如果把它当作"理"来说，你说，"她年轻，所以健美。"这两句话既说出，"事"就已叙过了，"理"就已说明了，你不必再说什么，旁人就可以完全明白你的意思。但是如果你爱她，你只说"我爱她"却不能了事，因为这句话还只是把情当作事叙，文字声音本身并没传出你的缠绵不尽的情感。做诗就要于文字意义之外，在声音上见出情感。音律的讲究就是这样起来的。比如《诗经·卷耳》：

采采卷耳，不盈顷筐。嗟我怀人，置彼周行。陟彼崔嵬，我马虺隤。我姑酌彼金罍，维以不永怀。陟彼高冈，我马玄黄。我姑酌彼兕觥，维以不永伤。陟彼砠矣，我马痡矣，我仆痡矣，云何吁矣！

我们在文字声音上就可以见出作者渴望自慰与失望的心情。她的期望与疲劳一层深似一层，声音也一章凄恻似一章，到最后一章，她的力竭声嘶的嗟叹仿佛在我们的耳里旋转。你拿这诗和"我爱你"式的空头话比一比，就可以感觉到它是真情流露的文字，它的生命就全在它的低徊往复的音节上。如用散文来写，它决不能产生这样深刻的印象。再比如《诗经》中：

昔我往矣，杨柳依依；今我来思，雨雪霏霏。

这四句诗如果译为现代的散文，则为：

从前我去时，杨柳还正在春风中摇曳；现在我回来，已是雨雪天气了。

原诗的意义虽大致还在，它的情致却不知走向何处去了。义存而情不存，就因为译文没有保留住原文的音节。实质与形式本来平行一致，译文不同原诗，不仅在形式，实质亦并不一致。比如"在春风中摇曳"译"依依"就很勉强，费词虽较多而涵蓄却较少。"摇曳"只是板呆的物理，"依依"却含有浓厚的人情。诗较散文难翻译，就因为诗偏重音而散文偏重义，义易译而音不易译。这些实例都足证明诗的音律起于情感的自然需要。

孟： 依你的意思，诗的形式完全是自然的，内在的，与实质有必然关系的，是不是？

褚： 那恰是我的意思。

孟： 那也恰是我和你不同意的。你上次说实质与形式平行一致，我曾经表示怀疑，以为它能否解释诗的形式，还有问题。那时我没有说理由，今天我想把理由说出来。我先提出一个极浅近的事实，然后再进一步讨论原理。比如说李白的：

> 箫声咽，秦娥梦断秦楼月。秦楼月，年年柳色，灞陵伤别。　　乐游原上清秋节，咸阳古道音尘绝。音尘绝，西风残照，汉家陵阙。

和周邦彦的：

> 香馥馥，樽前有个人如玉。人如玉，翠翘金凤，内家妆束。　　娇羞爱把眉儿蹙，逢人只唱相思曲。相思曲，一声声是：怨红愁绿。

两首词都是杰作。它们在形式上有无分别呢？

鲁： 没有分别，它们都是填《忆秦娥》的调子。但是在情调上它们却大不相同。李白的悲壮，有英雄气；周邦彦的香艳，有儿女气。我还相信空洞的形式无关紧要，要紧的还是实质。

孟： 我们现在不讨论实质和形式哪一个较重要，我们要证明的是：形式与实质并非有绝对的必然关系。无论在哪一国，诗的形式都不很多，所写的情趣尽管有无穷的变化。中国正统的诗形式举指头就可数得尽，五古、七古、五律、七律、绝句……难道用这几种形式来表现的情趣意境也就只有这几种吗？请问褚先生。

褚：这倒是事实，刚才我自觉很有把握，现在却有些茫然了。待我想一想，先听你说吧。

孟：根本问题在音律的性质和起源。我们讨论了半天的"音律"，还没有把"音律"的定义下好，什么叫做"音律"呢？

褚：音律就是有规律的音节，音节就是声音方面的节奏。

孟：我们还应追问节奏是什么。

褚：节奏是一切艺术的灵魂，在跳舞则为纵横、急徐相照映，在绘画则为浓淡、疏密、明暗相配称，在建筑则为方圆、长短、疏密相错综，在音乐和语言则为高低、抑扬、长短相呼应。

孟：节奏是自然的还是人为的呢？

褚：它是自然的。人体中各种机能如呼吸循环等等都是一起一伏地川流不息，所以节奏是生理的自然需要。我们常不知不觉地求自然界的节奏和内心的节奏相应和。有时自然界本无节奏的现象，也可以借知觉而生节奏。比如钟表的机轮所作的声响本是单调一律，我们听起来，却觉得它高低长短相间。这也是很自然的。呼吸循环有起伏，所以精力有张弛，注意力有勤懈。同一声音，在注意力紧张时便显得重，在注意力松懈时便显得轻。如果物态的伸缩与注意力的起伏恰相平行，则心理可以免去不自然的努力，这就是诗中所谓"谐"，否则就是

"拗"。节奏的快感即起于精力的节省。凡是语言都有它的节奏，都顺着情感思想的节奏前进。

孟：你解释节奏的话很透辟，但是它只能应用到语言的节奏，不能应用到音乐的节奏。语言的节奏是自然的，音乐的节奏则不全是自然的，大半是经过形式化的。你刚才谈声音的节奏时，把音乐和语言相提并论，足见你没有把语言的节奏和音乐的节奏分清楚。

秦：这倒是闻所未闻，请你把这种分别详细解析给我们听。

孟：先分析语言的节奏。它是三种影响合成的。第一是发音器官的构造。呼吸有一定的长度，在"一口气"里我们所能说出的字音也因而有限制，呼吸有起伏，每句话中各字音的长短轻重也因而不能一律。念一段毫无意义的文字，也免不着带几分抑扬顿挫，这种节奏完全起于发音器官的构造，与情感和理解都不相干。其次是理解的影响。意义完成时声音须停顿，意义着重时声音须提高，意义不着重时声音须降低。这种起于理解的节奏为一切语言所共有，在散文中尤易见出。第三是情感的影响。起于情感的节奏虽常与理解的节奏相辅而行，不能分开，实在却不是一件事。它不仅见于高低起伏，在情感所伴的生理变化都可以见出。比如演说，有些人先将讲稿做好读熟，然后登台背诵，条理尽管清晰，词藻尽管是字斟句酌来的，而听者却往往不为所动。也有些人不先预备，临时随情感支配，信口开河，往往能娓娓动听，虽然事后看记录下来的演讲词，它很平凡芜琐。这就因为前一派演说家偏重理解的节奏，后一派偏重情感的节奏。理解的节奏是机械的，偏重意义，情感的节奏是有机的，偏重声音所伴的腔调和姿势。

秦：照你这样分析，音乐的节奏似乎和语言中情感的节奏相仿佛，因为它也随情感起伏。

孟：这是旧乐理学家的看法。例如英国斯宾塞（Spencer）和法国格列屈（Grétry）诸人都曾经主张音乐起于语言。自然语言的声调节奏略加变化，便成歌唱，乐器的音乐则为模仿歌唱的声调节奏所发展出来的，所以斯宾塞说："音乐是光彩化的语言。"德国大音乐家瓦格洛（Wagner）发挥这个主张，创"音乐表现情感"说，拿无文字意义的音乐和有文字意义的戏剧混合在一起，开近代"乐剧"的先河。但是这一派学说在现代已为多数乐理学家所摈弃，德国乐理学专家华拉歇克（Wallaschec）和司徒夫（Stumpf）以及法国文艺心理学者德腊库罗（Delacroix）诸人，都以为音乐和语言根本不同，音乐并不起于语言。音乐所用的音有一定的分量，它的音阶是断续的，每音与它的邻音以级数递升或递降，彼此成固定的比例。语言所用的音无一定的分量，从低音到高音一线连贯，在声带的可能性之内，我们可在这条线上取任何音来用，前音与后音不必成固定的比例。这是指音的高低，音的长短亦复如此。还不仅此，语言都有意义，了解语言就是了解它的意义；纯音乐都没有意义，欣赏音乐要偏重声音的形式的关系，如起承转合之类。总之，语言的节奏是直率的，常倾向变化；音乐的节奏是回旋的，常倾向整齐；语言的节奏没有规律，音乐的节奏有规律；语言的节奏是自然的，音乐的节奏是形式化的。

鲁：对不起，我看不出你这番分析语言节奏和音乐节奏的长篇大论和诗有什么关系。

孟：关系大得很。许多讨论音律的人们都隔靴搔痒，就因为没有抓住这两种节奏的重要分别。请问诸位，诗的节奏是哪一种节奏呢？

褚：诗还是一种语言，它的节奏自然就是语言的节奏。

秦：我看不然，语言无固定的规律，诗却有固定的规律。所以诗的节奏比较近于音乐的节奏。

孟：你们俩的话都对，诗的节奏是语言的节奏，也是音乐的节奏。

鲁：这话可有些神秘了。依你刚才的分析，语言的节奏是自然的，无规律的；音乐的节奏是形式化的，有规律的，它们本身是背道而驰的，如何能合在一起呢？

孟："相反者之同一"，像哲学家所说的。诗的难处在此，诗的妙处也在此。做诗和散文不同，散文须完全用语言的节奏，诗则于语言的节奏之外另加上音乐的节奏。所以褚先生的实质形式合一说可应用于散文，不可完全应用于诗。散文的形式是自然的，诗的形式却不全是自然的，有几分是人为的，外来的，习惯的，沿袭传统的。

褚：我还很怀疑你这番话。诗虽常沿用固有的形式，却不能为它所拘束。每个大诗人对于普通的形式都加以若干变化，好迁就他的特殊的情感。所以形式虽是人为的，传统的，在好诗里面却变成自然的，特创的。换句话说，诗虽用音律，却须保留语言的特性。

孟：你这话完全不错，不过不能推翻"诗的形式是人为的，传统的"这个基本原则。你的意思是说，诗的形式在整齐之中要有变化。你要知道，变化须从整齐出发。整齐是音乐的形式化的节奏，变化是语言的自然的节奏。无论如何，你没有方法把有音律诗中的形式化的节奏丢开，而且也绝不能把它看成自然的。你须得承认有音律诗在自然中有不自然，在变化中有规律，在创造中有沿袭，这就是说，在语言的节奏之外还有音乐的节奏。

秦：我完全同意你的主张。不过我还有一个疑问：诗的节奏须在歌诵时才可以见出。语言的节奏和音乐的节奏既不同，它们在歌诵中如何可以并行不悖呢？

孟：你问得非常好，我很可以趁这个机会证明诗的节奏同时是语言的也是音乐的。歌与诵不同。诗在原始时代都可歌唱，都必伴有乐调，所以歌词虽用语言，而语言的节奏则为音乐的节奏所掩。换句话说，歌诗几全用音乐的节奏而很少用语言的节奏，所以一个字在语言意义上原来虽不重要，而在伴乐歌唱时可以提得很高，拖得很长；一个字在语言意义上原来虽重要，而在伴乐歌唱时也可以降得很低，缩得很短。诗到近代已逐渐离开从前所伴的乐调而不复可歌唱，但仍须可诵。诗由歌的变为诵的，语言的节奏便逐渐占优势，但是音乐的节奏也并未完全消失。诵诗在西方已成为一种专门艺术。戏剧学校常把它列为必修功课。公众娱乐以及文人集会中带有诵诗一项节目。诵诗的难处和做诗的难处一样，一方面要保留音乐的形式化的节奏，一方面又要顾到语言的节奏，这就是说，要在呆板的规律之中流露活跃的生气。

秦：我还是不明白这种“相反者之同一”如何可以实现，请举一个实例来说吧。

孟：我不妨就我在欧洲所见到的来说。在法国方面，诵诗法以国家戏院所通用的为准。英国无国家戏院，"老维克"（Old Vic）戏院"莎士比亚班"诵诗剧的方法也是一个标准。此外私人团体诵诗的也很多。诗人孟罗（Harold Munro）在世时（他死于一九三二年），每逢礼拜四晚，邀请英国诗人到他所开的"诗歌书店"里朗诵他们自己的诗。就我在这些地方所得的印象说，西方人诵诗的方法也不一律。粗略的说，剧场偏重语言的节奏，诗人们自己大半偏重音乐的节奏。有些诗人根本反对戏剧式的诵法。他们以为诗的音律功用在把实际生活联想催眠，造成一种一尘不染的心境，使我们能聚精会神地陶醉于诗的意象和音乐。语言的节奏则太现实，易引起实际生活联想。不过戏剧式的诵读也很流行，它的好处在能表情。有些人设法兼收"歌唱式"与"戏剧式"，以调和语言和音乐的冲突。例如英文中：

To—mòrrow is our wèdding day.

——流行语言

这一句诗在流行语言中只有两个重音，如上文所标记的。但是就"轻重格"的规律说，它应该轻重相间，有四个重音，如下式：

To—mòrrow ìs our wèdding dày.

——固定形式

如此读法，则本来无须着重的音须勉强着重，语言的神情就不免失去了。但是如果完全依流行语言的节奏，则又失去音乐的节奏。一般诵诗者于是设法调和，读如下式：

To—mòrrow is our wèdding dày.

——折中式

这就是在音乐的节奏中丢去一个重音（is），以求合于语言，在语言的节奏中加上一个重音（day），以求合于音乐。这样办，两种节奏就可并行不悖了。这只是就极粗浅的说。诵诗的技艺到精微处，往往有云行天空舒卷自如之妙，这就不可以求诸形迹，所谓"神而明之，存乎其人"了。

鲁：你所说的是外国诗，中文诗恐怕不能在音乐的节奏中保留语言的节奏吧？

孟：中国人对于诵诗向来不很讲究，所采的大半类似和尚念经的方法，往往人自为政，既不合语言的节奏，又不合音乐的节奏。不过就一般哼旧诗的方法说，音乐的节奏较重于语言的节奏。我们知道，中国诗一句常分几"逗"（即顿），这种"逗"有表示节奏的功用，如法文诗中的"顿"，英文诗中的"节"。"逗"的位置在习惯上有一定的，比如五言句通常分两"逗"，落在第二字与第五字，有时第四字亦稍顿。七言句通常分三"逗"，落在第二字、第四字与第七字，有时第六字亦稍顿。"逗"所表示的节奏大半是音乐的而不是语言的。例如"汉文皇帝有高台"，"文"字在义不宜顿而在音宜顿；"鸿雁不堪愁里听，云山况是空中过"，"堪"、"是"两虚字在义不宜顿而在音宜顿；"永夜角声悲自语，中天月色好谁看"，"悲"、

"好"两字在语言的节奏宜长顿，"声""色"两字不宜顿。但在音乐的节奏中，"逗"不落在"悲""好"两字而反落在"声""色"两字。再如辛稼轩的《沁园春》：

> 杯汝前来，老子今朝，点检形骸。甚长年抱渴，咽如焦釜。于今喜睡，气似奔雷。汝说刘伶，古今达者，醉后何妨死便埋。浑如此，叹汝于知己，真少恩哉。

这首诗用对话体，很可以用语言的节奏念出来，但是原来的句读就应该改变。例如"杯汝前来"应读为"杯，——汝前来！""老子今朝，点检形骸。"应读为"老子今朝点检形骸。""汝说刘伶，古今达者"。应读为"汝说：'刘伶古今达者'。"关于中国诗如何念法，我们还要仔细研究，我不敢说冒昧话，也许调和音乐的节奏和语言的节奏是一条出路。我这里所要证明的是：无论是外国诗或中国诗，除语言的自然的节奏之外，都有一个音乐的形式化的节奏。褚先生的"实质形式平行一致"说，只能适用于语言的节奏，不能适用于音乐的节奏。诗的音乐的节奏是外来的，习惯的，人为的，不是实质所绝对必需的——至少在近代诗是如此。

褚：音乐的节奏既非诗的实质所绝对必需的，然则它是怎样起来的呢？

孟：可能的解释很多。有人以为原始人类用有音律的语言来记载一切值得流传的经验学问，原为它便于记忆。但是我想最大的原因，是在原始时代诗歌、音乐、跳舞是一种混合的群众的艺术。因为诗歌与乐舞不分，它要迁就乐舞的节奏，因为它与乐舞是群众的艺术，固定的形式便于在合作时大家能一致。如果没有固定的音律，你想想看，这个人唱高，那个人唱低；这个人拉长，那个人缩短；不是要嘈杂纷嚷，闹得一塌糊涂么？现在人在团体合作一事时，例如农人踏水车，工人举重载，都合唱一种合规律的"呀，啊啊！"调子来调节工作的节奏，用力就一齐用力，松懈就一齐松懈。诗的音律起源，我想也不过是如此。诗歌现已独立，但仍保留许多应和乐舞的痕迹，例如重叠、和声、衬字、用韵、整齐的句法章法等等。我们可以说，诗的形式大部分是沿袭传统的，不是每个诗人根据他的某一时会特殊的情趣所凭空制造出来的。我最不相信"诗是自然流露"的话。如果诗是自然流露，我们要找真正自然流露的诗，一定要到民歌里去找。但是就形式说，民歌也有它的传统的技巧，也很富于守旧性。它也常填塞不必要的字句来凑数，也常用在意义上不恰当的字来趁韵，也常模仿已往的民歌的格式。这就是说，民歌的形式也还是现成的，外在的，沿袭传统的，不是自然流露的结果。我想没有更好的证据，可以证明褚先生的"实质形式平行一致"说不能应用于诗了。

褚：依你那么说，诗的形式变成像盲肠一类的东西了。现在诗既不应和乐舞，又不是群众的艺术，我们是否可以像割盲肠似的把诗的形式割去呢？

孟：中音律的毒而害盲肠炎的诗人也并不少，对于他们施割的手术也许是一种救济。关于诗的音律问题，我们正可不必武断，要尊重历史的事实。诗的疆域日渐剥削，散文的疆域日渐扩大，这是一件不容否认的历史的事实。荷马用史诗体裁写的东西，苏菲克里司和莎士比亚用悲剧体裁写的东西，现代人都用散文小说写；亚理斯妥芬和莫里哀用有音律的喜剧形式写的东西，现代人用散文戏剧写；甚至于从前人用抒情诗写的东西，现代人用散文小品文写。我们现在还有人用诗的形式来写信么？来做批评论文么？我可以数出许多希腊罗马和假古典时代学者，用诗写信，用诗做批评论文。我想徐志摩如果生在六朝，他一定用赋的体裁写《浓得化不开》和《死城》；周作人如果生在另一个时代，也许《雨天的书》变成类似《范石湖诗集》的作品。摩越教授说，一个作家采用诗或散文来表现他的情感思想，大半取决于当时风尚。他以为在我们这个时代，爱好小说是健康的趣味，爱好诗是有几分不健康的趣味。我很赞成他的话。

秦：你如果要提倡废除诗的形式，我可要提出抗议。诗的形式纵然是沿袭传统的，它流传到现在，自然有它的好处。艺术的基本原则是"寓变化于整齐"。诗的音律好处就在给你一个整齐的东西做基础，可以让你变化。散文入手就是变化，变来变去，仍不过是那一种一盘散沙。诗有格律可变化多端，所以诗的形式实在比散文的更繁富。就作者说，迁就已成规律是一种困难，但是战胜技巧上的困难是艺术创造的乐事。同时，像许多诗学家所说的，这种带有困难性的音律，可以节制蛮野的情感和想象，使它们不至一放不可收拾。就读者说，规律可以在心中产生预期。比如读一首平仄相间的律诗，读到平时不知不觉地预期仄的复返，读到仄时又不知不觉地预期平的复返。预期不断地产生，不断地证实，所以发生"恰如所料"的快慰。自然，整齐中也要有变化，有变化时预期不中所引起的惊讶也不可少，它不但可以破除单调，还可以提醒注意力。

音律本身伴有一种美感，所以它有存在的价值。

褚：我们见到的音律的功用还不仅此。它还能够把实用的联想"催眠"，使我们聚精会神地观照纯意象。许多悲惨、淫秽或丑陋的材料，用散文写，仍不失其为悲剧；淫秽或丑陋，用诗写，就多少可以把它们美化。比如母亲杀儿子，妻子杀丈夫，女儿逐父亲和儿子娶母亲之类的故事，在实际生活中很容易引起痛恨和嫌恶，但是希腊悲剧和莎士比亚的悲剧中，它们居然成为极庄严灿烂的艺术的意象，就因为它们披上诗的形式，不致使人看成现实，以实用的态度对付它们。《西厢记》、《花间集》、《清真词》里有许多淫词，读者往往忘其为淫，就因为注意力被引到美妙的意象与和谐的声音方面去了。用美学术语来说，音律是一种制造"距离"的工具，把平凡粗陋的现实提高到理想世界。

孟：诸位的话都很对，如果时间允许，我还可以引许多前人赞美音律的话来补充，不过这大可不必。平心而论，我也很舍不得丢开诗的形式。依我看，诗和语言的关系最密切，语言是生生不息的，却亦非无中生有。语言的文法常在变迁，我们不能否认，但是每种变迁都从一个固定的基础出发。诗的形式应该和语言的文法一样看待。它们原来都是习惯，却也都是做进化出发点的习惯。诗的形式在各国固然都有一些固定的模型，但是这些模型却也随时随地在变迁。每个诗人似乎都宜于在习惯已养成的范围之内，顺着情感的自然需要而加以伸缩。如果我们略研究诗的形式变迁史，也可以看出这是已往历史所走的一条大道。比如在中国，由四言而五言，由五言而七言；由诗而骚，而赋，而词，而曲，由古而律，后一阶段都不同前一阶段，但仍有几分是沿袭前一阶段。所以我主张诗的形式应随时变迁，却也不赞成完全抛弃传统。我相信真正的诗人都能做到"从心所欲，不逾矩"的功夫。

鲁： 你刚才提起散文侵略诗的疆域，如果它不退兵，恐怕将来会把诗的国度整个的吞并下去吧？那么，我们对于诗的音律的留恋也就要遭打击了。

孟： 我们是现代人，说现代话，谁知道将来？你我都不是预言家，现在已经谈到唇焦舌敝了，将来的事让将来的人去理会吧！

1932 年

日 记

　　就体裁说，日记脱胎于编年纪事史。在史部著述中，编年纪事体起来最早。史是穷究本源的学问，给过去事实以因果线索的说明。要寻溯因果线索，先要搜罗孤立杂陈的事实，近代学者所谓"资料"。所以搜罗事实是史的第一步工作，也是史的发展中最初为史家看重的工作。说明因果线索是史学上比较晚起的观念，古代人大半只据实直书。中国古代史有专官，官有专掌，"左史记言，右史记事"。记的方法大半是遇到一件事情发生，随时就记下来，一事一条，如登流水账，先后次第就依事情发生的年月安排。这便是编年纪事。《春秋》是这个体裁的典型。西方各国史的著述也多起于 chronicles（即编年纪事）。例如著名的《盎格鲁撒克逊编年纪事》，就是英国的最早的史乘。这部书不像中国古史出于史官，它成于中世纪寺院的僧侣，作者以私人的资格逐年逐月记载国家的大事。

　　这种以私人资格写成的编年纪事实在就已经是日记，但是它和日记究竟有一个重要的分别：编年纪事以一国为中心，例如《春秋》中的"我"就是鲁国；日记以作者私人为中心，其中的"我"只是作者自己。"中心"与"观点"不同。任何史籍都必采取一个观点，而那个观点都必是作者个人的观点，所谓"客观的历史"并不存在。现存的《春秋》，是孔子用他自己的尊周尊鲁的观点，以鲁国为中心，去记载当时天下大事的。日记是作者用他的资禀经验修养所形成的观点，以自己为中心，记载每日所见所闻。自己所见所闻可能为天下国家大事，也可能为私人琐事。在这一点上，日记与编年纪事又有不同：编年纪事不记私人琐事，纵然偶尔破例，也必因为私人琐事有关国家大事，《春秋左传》记齐姜、夏徵舒、灵辄、杜隗诸人的琐事，可以为证。

编年纪事史起来很早，照理日记也应该如此。但是事实不然，日记起来很晚。在西方，希腊的 Ephemeris（意谓"日记"）还是官书，记载军队行动或是国王起居；罗马的 Diarium（"日记"）只是记载奴仆的配给账目，都与后来的日记（Diary）没有直接的渊源。最早的用近代语言写的日记，起于文艺复兴时代。法国有两部最早的日记都不署作者的姓名，一部的作者是一位牧师，另一部的题名是"一位巴黎市民的日记"。西方写日记的风气到十七世纪才盛，英国两位极著名的日记作者爱勿林（Evelyn）和斐匹斯（Pepys）都生在这个时期。在中国，《四库全书》中子部杂家类、史部杂史与传记类、集部别集类（日记可能隶属的部门），都不列日记为一目。据个人所知道的来说，清朝才逐渐有日记出现，比较为人所知的是陆清献公（陇其）日记，臧庸拜经日记，钱大昕竹汀日记（这几种实在是论学笔记，与寻常日记有别），曾文正公（国藩）日记，李文忠公（鸿章）日记，李慈铭越缦草堂日记数种。这当然不能证明从前人不写日记，很可能有写的不印行，但是这可以证明从前人不很重视日记，不认为它有流传的价值。

在日记起来之前还有一个过渡的体裁，就是笔记，它的内容无异于日记，只是不逐日安排。古代许多零星琐碎的私家著述，实在都要归于笔记一类。像《论语》、《檀弓》、《韩诗外传》、《晏子春秋》刘向《说苑》之类，可能都是随时记载，日积月累起来，似有系统又似无系统的。唐人说部盛行以后，笔记更日渐发达。像《北梦琐言》、《归田录》、《闻见录》、《涑水记闻》、《侯鲭录》、《梦溪笔谈》、《池北偶谈》、《庸庵笔记》之类，或记异闻，或谈琐事，或品评人物，或讨论诗文，或记载朝政，或描写风俗，不拘一格，不避芜琐，其实都是笔记而近于日记。在西方也是如此。记事的多属于"备忘录"（Memoirs）一类，罗马大将凯撒的"备忘录"（Commentaris）记载他自己所经过的战事，是最早的例子。十六七八世纪写备忘录的风气最盛，许多政治家退休或文艺家告老时，只要境遇安逸，时间充裕，都写一部"备忘录"，类似"自传"而涉及当时一般掌故。记言的则取随感录、笔记、对谈录各种形式。像马卡司·阿里流斯的《默想录》，本姜生的《发见录》（Ben Jonson：*Discoveries*），勃来克（Blake）、考洛芮基（Coleridge）一类文人的笔记（Note-Book），歌德的《与爱克曼谈话》之类作品，其中内容若是摆在日记里也都很合适。

不过这些作品虽近于日记而终非日记，不仅因为它们不标明年月日，尤其重要的是它们大半是作者存心著述，有意要流传给后人的。最好的日记，像爱文林和斐匹斯两人的作品，都是作者死后多年才被人发现印行的。作者自己初无意借此传世享名。斐匹斯记了九年的日记，不但从来没有向至亲好友谈过，不但时常把它当作一种秘密文件谨慎地藏起，而且用当时人所不熟悉的，而后人须费一番研究才发见出来的一种速写字体记录。他仿佛深怕人知道他写过这部日记或是拿它公布。许多日记作者也都这样谨守秘密。这是日记的一个特色：作者是在自言自语，为自己的方便或乐趣而写作，无心问世。惟其如此，他毫无拘束，毫无隐瞒避讳，无须把话说得委婉些、漂亮些，只须赤裸裸地直说事实或感想。他只对自己"披肝沥胆"（Confidential），所以他所写的真正是"亲切的"（Intimate）。例如斐匹斯早年同情革命党，查理第二复辟后，他在 1660 年 11 月 1 日有这样一段记载：

> 我们和两三位乡绅在一块吃饭，其中有我的老同学克里斯马君，我和他谈了很多。他还记得我在年轻时是一个剧烈的革命党，我深怕他会记得皇帝（注：查理第一）砍头那一天我所说的话（那话是"如果我要当牧师向他布道，我的题目应该是'恶人的过去史须毁烂去'"）：但是后来我发见他在那时已离开学校。

这话是不能告诉人的，说出来有生命的危险，在日记中他居然说出来了。在另一日他记下这样一段：

> 今早我去了礼拜堂。牧师的演讲甚好，但是前一排一位漂亮小姐的背影惹得我心慌意乱。我拿一本诵圣诗给她，好使她回过头来。照面看去颇失望，她像不高兴。收

捐用盘子不用劝施囊。真讨厌。要给半皇冠币（注：银
币值二先令六便士）。以后要记得放些六便士小银币在口
袋里。

这样的坦白，在一般自传中颇不易看到。寥寥数语叫我们
马上可以看出他的性格。

日记的好处在泄露作者的深心的秘密，怕泄露秘密，那就
失去日记的好处。惟其如此，不但作者自己，就是他的亲戚朋
友，也往往不肯轻易让一部日记公布，一则怕作者自己的不大
好看的一面性格现了出来，一则怕触忌讳，里面很可能有许多
使旁人不大好看的话。有些作者不免在日记里发泄私人的忿恨
和忌炉，李慈铭在《越缦草堂日记》里对他所不高兴的同时
文人学者常爱信口雌黄，就很惹起一些指责。连斐匹斯日记的
编辑者，也很谨慎地删去原文许多有失体面的话。这样对于作
者的虔敬虽然可佩，但究竟不免涴乱日记的真面目。

日记虽然本来不是拿来发表的，可是发表了出来，用处却
是很多。第一，它是很好的历史资料。正史通常有两个大缺
陷。首先，它只记国家大事，只传风云变幻中的主要人物，对
于一般社会内层的风俗习惯以及不影响到政教大端的而却具有
特性值得记忆的人物，或是一概抹煞，或是语焉不详。其次，
它往往出自史官之手或是依据官书，偏袒忌讳，常所不免。这
两个缺陷都可以借私人日记来弥补。法国十四五世纪那两部无
名氏的日记，为我们提供了许多关于当时的政治社会状况的知
识。英国十七世纪许多大事，像伦敦大疫、大火以及革命内战
之类，在爱文林和斐匹斯的日记里都有很翔实的记载。从这些

日记里，我们对于当时英法两国社会人情风俗，比从正史里还能得到更具体的印象。第二，与史实相关的是传记的资料。替一个人作传记或年谱，如果他有日记留传，我们就有最原始可靠的证据。尤其是一个人的内心生活，在日记里比在他的一般言行里可以看得更清楚。日记作风的倾向颇类似小说，在十七八世纪以前，一般日记与小说都侧莺浮面的事态变动，近来这两类作品日渐变成"内省的"，爱作深微的心理描写。曾经轰动一时的俄国女艺术家巴西柯塞夫（Marie Bashkirtseff）的日记（一八六〇年至八四年），就是一部极好的内心生活的自传。第三，它是文学研究的好资料。诗人华兹华斯的妹妹道洛遮（Dorothy）的日记就是一个好例。这兄妹俩常在一起，遇到一个新鲜有趣的境界或人物，兄写成诗，妹就用散文写在日记里。借着这种日记我们知道华兹华斯的许多诗是在什么情境之下写成的。还有另一类日记像法国刚古尔弟兄（Los Gencourts）和季德（Gidc），英国曼殊斐尔（Mansfield），以及美国爱莫生（Emerson）诸人的作品，常流露作者对于人生自然与文艺的深切的感想，也有助于文艺的了解与欣赏。

最后，我们不要忘记日记对于近代小说发展的影响也很大。较早一点的像意大利名著《爱的教育》（有夏丏尊译本），就是用日记体写的。近来像乔易司的《幽力塞斯》（James Joyce：*Uiysses*）和伍尔夫的《达洛勿夫人》（Virginia Woolf：*Mrs. Dalloway*）两部划时代的小说名著，在形式上都是一日的日记，把一天里的外界印象与内心变化极细微地描写出来，篇幅到了几百页之多。这可以说是日记体的登峰造极了。

我们都是人，了解人性是人性中一个最强烈的要求，我们都有很浓厚的好奇心要窥探自己的深心的秘密和旁人的深心的秘密。在要求了解之中，我们博取同情也寄与同情。我们惊喜发见旁人与自己有许多相同，也有许多不同。这世界不是一个陌生的世界，却也不是一个陈腐单调的世界。因为这个缘故，记日记与读日记都永远是一件有趣的事。

1948 年

原题《日记——小品文略谈之一》

载 1948 年 5 月 1 日《天津国民日报》

随感录（上）

——小品文略谈之二

依心理学的分析，人类心思的运用大约取两种方式：一是推证的，分析的，循逻辑的方式，由事实归纳成原理，或是由原理演绎成个别结论，如剥茧抽丝，如堆砖架屋，层次线索，井井有条；一是直悟的，综合的，对于人生世相涵泳已深，不劳推理而一旦豁然有所彻悟，如灵光一现，如伏泉暴涌，虽不必有逻辑的层次线索，而厘然有当于人心，使人不能否认其为真理。这分别相当于印度因明家所说的比量与现量，也相当于科学与艺术。"言为心声"，文学作品中也可以见出同样的分别。有一类文章是"想"出来的，有一类文章是"悟"出来的，"想"由于人力，"悟"由于天机。本来得之于"想"的就可以"想"去了解，把文章的脉络线索理清楚了，意思也就自然清楚；本来得之于"悟"的就必以"悟"去了解，"悟"须凭经验涵养的印证，功夫没有到那步田地，丝毫也不能强求。所以"悟"的文章对于莫名其妙的人们往往带有神秘色彩——禅宗语录是最显著的例。

就大体说，随感录这一类文章是属于"悟"的。它没有系统，没有方法，没有拘束，偶有感触，随时记录，意到笔随，意完笔止，片言零语如群星罗布，各各自放光彩。由于中国人的思想长于综合而短于分析，长于直悟而短于推证，中国许多散文作品就体裁说，大半属于随感录。《论语》可以说是这类作品的典型，随便举几节为例：

> 子在川上曰，逝者如斯夫，不舍昼夜。
>
> 子曰，予欲无言，子贡曰，子如不言，则小子何述焉？子曰，天何言哉？四时行焉，百物生焉，天何言哉？
>
> 山梁雌雉，子路拱之，三嗅而作。子曰，时哉时哉！

这类文章大半文词极简洁而意味隽永，耐人反复玩索。虽是零碎的记载，各自独立，而结集起来全盘看去，仍有一个一贯的生命，因为每句话都表现作者的人格，许多零碎的话借作者的完整的人格贯串起来，终成一个整体，虽杂而却不至于乱。既是随感，题材便不必一致，或记人事，或谈哲理，或评人物，或论文艺，无所施而不可。中国许多著作，都多少有随感录的性质。经部如易卦象象辞、典礼檀弓、春秋记言；子部如老子、韩非语林、韩诗外传、晏子春秋、刘向说苑；集部如杂说、杂记、笔记、语录、诗话之类，有许多都是一时兴到之作。《论语》以后，取随感录的体裁而最成功的，当然要推《世说新语》。这部书尽管是撷拾史乘，尽管是分类记录，而每条都可以独立自成一个小天地，如清泉秋潭，印心照眼，令人悠然起遐想。许多宏篇巨制，经作者精心结构，经我们读者仔细揣摩过的，往往只是一种功课，境过即忘，而这类零星感想却凭它们的简单而深刻，平易而微妙的力量渗入我们的肺腑，活在我们的生活里，在漫不经心的时会，突然在我们心里开花放光，令我们默契欣喜，这是随感录这一类文章的妙用。

西方思想本长于推证与分析，所以西方文学大半以结构擅长。讲结构不能不穷究本源，寻溯变化，推判终极。亚里士多德在《诗学》里所以特申文艺作品要有头有尾有中段，那个似平凡而却紧要的教训。头尾全具，变化毕陈，篇幅就不能不延长，所以西方著作无论是哲学、科学或是文学的，大半有两大特色：第一是篇幅长，其次是条理清楚。像一座建筑，它有一个架子，柱梁墙壁，门窗户扇，架得起也拆得开，令人望之一目了然。古代的史诗，近代的小说以及哲学、科学名著都是如此。所以随感录这一类文章不能算是西方人的本色当行。但是西方心智的发展究竟是多方面的。在思想方面，从古到今，直悟的综合的方式也并非没有卓越的代表人物。因此，随感录这一类文章，还是有悠久的渊源与广泛的应用。如果把它们集结起来，成就也颇可观。

随感录在西文中有许多名称，有时是"格言"（Maxims），有时是"隽语"（Epigrams），最早见而到现在还习用的是 Aphorisms，意为"简隽的断语"。这一类作品大半是判而不证，论而不辩，以简短隽永为贵，它起源于希腊哲学家希波克里特斯（Hippocrates）。他是当时的医学权威，曾结集一些经验证为有效而科学系统还不能容纳的事实，用简短的语句表达出来，就成为西方最古的一部 Aphorisms。其中也有涉及一般人生的：

技艺悠久而生命短促。

性格即命运。

我们不能在同一河流里濯足两回。

醒者共有一个世界，睡者各有一个世界。

听得见的乐调是和谐的，听不见的乐调更和谐。

像这一类话现在已成为一般人的口头语。罗马人崇实用而喜辞令，所以格言隽语也很受人欣赏，姑译数例以见一斑：

民主国由人民统治，但是所谓人民并非乌合之众，而是团体的集合，团结的主力是尊法律、谋公益。

没有比所谓"平等"更不平等的。

——以上西塞罗语

国家愈腐败，法令愈滋章。

恨我们所害过的人，这是人性。

——以上塔西陀斯语

到处都去过的人一处也没有去过。

小债成恩，大债成仇。

——以上西赖卡语

要在愚人面前显出学问，在学问的面前就显得是愚人。

如果我们让妇女们和我们平等，她们马上就要占我们的上风。

——以上昆惕林语

妻下于夫，这是到平等婚姻的唯一路径。

——马提尔语

　　一国的格言可以见出一国的国民性，罗马人最关心政治伦理，所以这方面的格言比较多。

　　格言贵在简隽，在产生时就有两重目的：一是实用的，经验之语取便于记忆的形式，可以做生活的指南；一是艺术的，本是平易近人的道理，因为表达的方式简短而隽永，令人一听到就觉得喜欢，类似一般文学作品的欣赏。它仿佛是一种敷着糖衣的药丸，药取其可医病，糖壳取其甘旨适口，使人乐于接受。普通讲道理的话，尤其是关于道德生活的，最易流于平板枯燥。格言隽语的长处，就在把平常的道理说得不平板枯燥。世界各国的道德家言大半取 Aphorisms 的形式，用意都在便于记忆与便于流传。最显著的例子是希伯来民族的"箴言"（见《旧约》）和中国的"贤文"。

　　格言隽语本来都属于随感录一类，但是就一般而论，随感录比格言隽语较长，尤其在近代事例中，也比格言隽语切己，如马卡司·阿里流斯的《默想录》，现译数则如下。

　　　　我们所说所做的大部分都不必要，如果把这些抛开不说不做，我们就有较多的闲暇和较少的烦恼。因此，在每一时会，一个人应自问："这是否属于不必要的一类呢？"他不仅要抛开不必要的举动，还要抛开不必要的思想，免得有不必要的举动跟着来。

　　　　甲替旁人做了一件功德事，就以为这是一种恩惠而居功自喜。乙不居功自喜，心里却仍把那人看成受惠者，自己知道自己做了什么。丙连自己做了什么也不知道，做了就算做了，如同葡萄结实，结了实就不追究其他。正如一匹马走完了路程，一条狗攫获了猎品，一只蜂酿成了蜜，一个人做成了一件好事，并不要叫旁人来瞧，而只往下做另一件好事，像葡萄到了另一个节季就结另一批果实。

人们找退隐的地方就到乡下别墅、海边或是山里，而你也常存这个愿望。但是这样做就足见这种人最平庸，因为无论什么时候，你都可以自己做主，退隐到你自身里面去。一个人退隐到自己的心灵里去，比退隐到任何地方都较清静，较不受尘忧俗累的侵扰，尤其是他的内心里如果有一种思致，省察那种思致就马上踏进完全静穆的境界。所以你要时常让你自己有这种退隐，时常更新你自己；并且你所想的道理须是简而要，每逢你回头去省察它们，它们就够把你的心灵完全洗净，把你送还到你须回去应付的事情上，丝毫不存一点不乐意的心情。

从这几个例子看，作者在心理原型上是属于"内倾"的一种，欢喜朝自己的内心里面去看。他的这部《默想录》，开头就说明白是"为自己写的"，本无心于问世，所以不存客套，自言自语似地把心事话说出来①。

1948 年

注释

① 篇末作者略有删节。——编者

随感录（下）

——小品文略谈之二

　　人类思想和语文都逐渐由简朴而繁富，随感录一类文章的特色在简朴而隽永，所以古代人在这方面特别擅长，近代人要写成一部书的，古代人只要寥寥数语就可以了事。不过近代人也有一个特殊倾向，宜于在随感录方面发展，就是他们比古人较锐意求精巧，不惜绞尽脑汁雕章琢句，一方面炫耀自己的才智，一方面博取听者的惊心夺目。在欧洲，这倾向在十七八世纪的法国最为显著。法国人承继拉丁的"清晰"的理想，思想最尖锐而语文也最灵活，思想尖锐的人们最容易窥探深心的秘奥，也最容易取讥刺或打诨的态度。本着这种民族思想与语文的特性，法国人比较会把一个道理或一种心情轻描淡写地表达出来，显得既委婉（elegant）而又有锋芒（pointed）。在十七八世纪，法国社会在客厅里聚谈的风气很盛，一个人能否成功成名颇要看他在客厅里话谈得漂亮不漂亮，所谓漂亮并非指滔滔雄辩，而是指微妙精巧，耐人寻味，话不在多，却要实在能动听。这恰是随感录一类文章所要做到的，而法国人对此在客厅谈话中都有娴熟的训练，所以随感录在近代法国特别成功。法国人也替这类作品奠定了一个极恰当的名称，这就是Penseés，意谓"所感想的"。提起这个名称，我们当然要想到巴斯卡尔（Pascal）。在他以前，蒙田（Montaigne）已经写过一些近似随感录的文章，不过篇幅较长，归到"试笔"（Essay）一类较妥。巴斯卡尔才是法国随感录体裁的真正的典型，现在摘译数则以见一斑：

> 人愈有智慧就发见愈多的优异的人，平常人见不出人与人的分别。

> 莫说我没有新鲜话可说：材料的处置总是新鲜的，好比玩手球，你和我们玩的同是一个球，可是我把它摆布得比较好。

> 自然本色的文章风格令人惊而且喜，因为人本来指望看见一个作家，所发见的却是一个人。

> 克利阿伯拉（注：非洲皇后叫几位罗马大将倾倒的）的鼻子如果短一分，全世界就会为之改观。

> 你为什么杀我？——什么！你不是住在河那边吗？朋友，你如果住在河这边，我就算是杀人犯，这样杀你就不公平；但是你既然住在河那边，而我是一个好汉，杀你就是公平。

> 人只是一棵芦苇，自然界最脆弱的，但是一棵运用思想的芦苇。要摧毁他，无须全宇宙都武装起来，一股气，一滴水，都够致他死命。但是在宇宙摧毁他时，人依然比摧毁者较高贵，因为他知道自己死，知道宇宙比他占便宜；而宇宙却毫不知道。

　　这无穷空间的无终寂静使我颤栗。

　　第一流感想录的作者往往同时具备哲学家与诗人两重资格，巴斯卡尔可以为证。唯其是哲学家，才能看得高远也看得微细；唯其是诗人，才能融情于理，给它一个一个令人欣喜而且不易忘记的表现方式。

　　和巴斯卡尔同时的还有一位罗希富柯公爵，写过一部《箴言录》（La Rochefoucauld：*Maximes*），在随感录体裁中也久已成为一部古典。这是一位老于世故者，对于人性的较不光荣的一方面特别看得清楚，例如：

　　　　自尊心在一切谄媚者之中是最大的一个。

　　　　情欲往往产生和它们相反的情欲：贪吝有时生奢侈，奢侈也有时生贪吝；人有时强硬由于软弱，大胆由于怯懦。

　　　　我们都有足够的力量忍受旁人的痛苦。

　　　　有些过失如果我们自己不犯，我们看到旁人犯了，就不会那样高兴。

　　　　伪善是罪恶向德行所致的敬礼。

　　　　多数人爱公正只怕是自己受到不公正。

　　　　人人都埋怨自己的记忆力不好，没有人埋怨自己的判断力不好。

　　　　我们太惯于对旁人作伪，结果对自己也就作伪了。

全书简直是一部性恶论，与一般道德家言是两回事。随感录一类文章本宜于在简洁中露锋芒，带一点讥刺的辛辣性，容易显得干脆而生动。说坏话要俏皮容易，说好话要俏皮难，难在不落平凡，一落平凡，便失去这类体裁的长处。

随感录在法国最为发达，作者如林，福尔太（Voltaire）、香孚（Chamfort）和浮文纳格（Vauvenargues），都是所谓"以言语妙天下"的。较晚起的犹伯尔（Goubert）特别值得提及。他自己说过："如果世间有人呕尽心肝要把一部书的话写成一页，一页的话写成一句，一句的话写成一个字——那就是我。"

英国方面随感录作者也很多。斯密兹教授（L. F. Smith）曾辑有一部选本，并且做了一篇论文介绍。对这类文章有兴趣的人们可以问津于此。德国方面诗人歌德也是随感录的高手，此外为叔本华、尼采诸哲学家亦时有隽语。大约英国人重实际，随感录中世故语者多；德国人富于玄想，随感录中诗意哲理居多。不过这两国语文都比法文重拙，所以随感录这类体裁并非这两国人的特长所在。本文意在说明这类体裁的特点，不在穷溯它的历史。所以姑且从略。

培根说过，有些书是供咀嚼的。随感录主要地是供咀嚼的书。虽是零篇断简，它们是长久涵养的结晶，读者须优游涵泳，有证于经验，有契于心怀，才能吸收它们的好处。它们不是茶余酒后的消遣，也不是"锲而不舍"的正经功课。唯其如此，当你一气读下去的读品，它们颇像珍味杂陈，不免令人腻味。作者原来不是一气写下去，读者也就不宜一气读下去，最好今日东取一鳞，明日西取一爪，有时间仔细玩索。它们可供咀嚼，却也只能当作小点心咀嚼。

1948 年

载 1948 年 4 月 26 日《天津民国日报》

谈报章文学

　　在染着经院气的人们看，报章和文学不能发生关联。报章只是朝菌随生随死，而文学是千秋事业；报章只能投俗好，而文学须自拔于流俗，曲弥高而和弥寡。这看法不只在中国是很普遍，就是在报章文学最发达的欧美，所谓 Journalistic Writing（"报章写作"）也含有贬责的意味。你说一个作者的风格是"报章的"，乃至于说一个人的英文是"报章的"，他都不会觉得你恭维他。

　　一直到现在，还有一派自尊的学者们不肯读报章里的文章，他们不肯替报章写文章，更不消说。从前我有一位笃好古典的朋友，看到我的案头摆着一些文学刊物，很惊讶而且惋惜地问："你也在看这些东西？"他特别着重"也"字，言下仿佛有错认了我的意思，以为我本来还洁身自爱，于今竟做出这样没出息的事，看报章里的文章！后来他发见我不但看，而且还写，替报章写，他就不再说什么，只在脸上露一点难过的样子，我明白，他认为我是无可救药了。

　　这不全是一种偏见。就事实论，报纸文章普遍确是很坏。

报章的主要功用是报导新闻和反映舆论，这些都是严肃而不免枯燥的工作。社会除此之外还要一点消遣，报章于是就"副刊"一点文学作品供消遣。所以文学在报章里变成一种"余兴"，只是茶余酒后聊散心神的读物。作家有以此为业的，既写文章给人看，就想人看得高兴，而报章读者各色人等都有，一般的趣味不能很高，作家就势必要迁就他们，迎合他们的不很高级趣味，于是产生一些空洞肤浅而富于刺激性与麻醉性的东西，一般报章文学的现状都是如此。这种作品的影响很坏，是无可讳言的。读者如果认为这是文学，就会养成文学的低级趣味，永远不会能欣赏真正的文学，作者如果认为这是文学，也就会养成油腔滑调，永远不会创造真正的文学。所以染着经院气的人们不屑看报章文学，更不屑写报章文学，确有他们的见地。

但是因噎不能废食。报章文学并非天生来必然要坏，它的坏是由于读者与作者都不肯努力求好。语文的功用原在表现思想与情感，各时代情境不同，表现的方式也就不同。原始人类一切都借口传，文字发明以后，口传变为笔写，印刷发明以后，笔写又变为印刷；从前印刷的都是整部书籍，近代报章流行以后，零篇片段可以逐日逐月分期印行。这可以说是表现方式的进步，因为流传愈广愈速。我们不能相信由笔写变为印刷时，文学必然要因为流传较广较速，而就贬值或降低身份。由印成书本变为印成报章，道理也应该是一样。无论如何，我们既生在这个时代，就应该接受在这个时代最通行的表现方式，也就应该把这个表现方式弄得完善合理。

它可以弄得完善合理，历史有前例可证。姑且拿英国来说，十八世纪散文写得最好而影响也最大的要算爱笛生。当时报章文学初露头角，他主编一个小型日刊叫做《旁观者》，以亲切流利的文笔谈日常生活中一些小问题，以及文学、哲学、政治上一些大问题，结果不但奠定了一代的文风，而且影响到当时社会的风俗习惯。他自己表明宗旨说："苏格拉底据说把哲学从天上搬到人间，我有野心要人说我把哲学从书斋和图书馆，学校和书院搬到俱乐部和集会场，茶席上和咖啡馆里。"这可以说是学术的大众化或通俗化。通俗化原来有它的弊端，它有时不免使人把学术看得太容易，甚至淆乱学术的真相，但是它也有它的功德，它叫一般人能赶上时代，至少是明白他所处的时代，不长留滞在愚昧状态中。爱笛生在《旁观者》里确实做到了这一点，他叫一般英国人每天清早于消遣娱乐中得到一点教益，同时读到一篇浅显而典雅的文章，无形中对他们自己运用语文发生好影响。像这种报章文学比起"书斋和图书馆，学校和书院"里许多正经作品和高头讲章，对于社会的功益还要大得多。

这是十八世纪的事。近百年来报章日渐发达，在报章上发表作品已成为文学家的惯例，许多有名的小说家，像笛铿生、萨柯越、威尔斯诸人，都先在报章发表他们的作品而后结集成书。甚至于富于研究性的学术著作，像法国圣博甫的许多文学传记，以及极不通俗的诗篇，像爱理阿特和奥登的作品，也都先出现于一般刊物。理由很简单，作者需要读者，而报章能供给的读者数目最多，品类也最繁复。

作者需要读者，这是人情。文学的功用原来就在作者有所见，有所感，借语文的传达，在读者心中引起同见同感。"孤高自赏"虽然可以见出作者的身份，却不一定是文学的健康状态。"象牙之塔"只是作者的囚笼，而不是他的发育长成所依赖的田壤。真正伟大的作者，必须了解现实人生，因此他就必须接近民众。这种接近的影响是双方的，交互的。就作者说，他多接近民众，就多对于人生起深刻的同情和了解，多吸收文学的生命力。就民众说，他们多接近作者（这就是说，多读他们的作品），也就多学会作者的较敏锐的观察，较丰富的想象，和较深挚的情感，因此对于人生得到较深广的了解和较纯正的感受，至于文学趣味的加强与提高，是当然的结果，更不消说。作者的成就愈大，读者的趣味也就愈提高，读者的趣味愈提高，作者的成就也就愈大。从历史看，文学风气的演进大抵如此。所以居今之世，一个文学作家不能轻视他的读者群众，因此也就不能轻视读者群众最多的报章。报章在今日是文学的正常的发育园地，我们应该使它成为文学的健康的发育园地。

这是报章文学作家的责任。他不能轻视读者，他不必逢迎读者，他却不妨由迁就读者而逐渐提高读者。说话的用意原来在使人懂，明知其不懂而仍唠叨不休，这正是"不可与之言而与之言，失言"。但是从另一个方面说，如果所说的话旁人无须说而已全懂，说也就是多余的。所以凡是要说的话都有两个条件：第一，听者可以懂；其次，听者未经说出就还未懂。因其可懂，话不是白说的；因其由未懂到懂，话是有效验的，对于听者是有进益的。文学的效用，说来说去，原来不过如此。它叫人逐渐多懂一点，或是懂得更透彻一点。这就是说，它逐渐启发人，提高人的心灵水准。一个报章文学作者如果做到了这一步，他就算尽了他的能事了。他所写的应该是他的读者群众在现状所能接受的文学，同时也应该是使这群众能得到进益的文学。这种作品应该不叫一般读者觉得干燥无味，也不叫高明人觉得它的趣味是低级的。总之，它要能深入浅出，雅俗共赏。

1948 年

谈书牍

　　语文的功用在传情达意，传达的方式不外口说与笔写两种。文字未产生以前，一切都靠对面交谈；有了文字，声借形留下可行远传久的痕迹，这就叫做"书"。"书"字在故训中有"舒""如"两义，"舒"是舒达心意，"如"是言恰如心。书以记言，言为心声，所以书就是笔谈，作者借这个媒介，向不能对面的远方人或未来人倾衷曲。就这个意义说，一切著作都是作者致读者的信，现在所谓"信"古人通叫做"书"，可见著书与通信在基本原则上是一致的。

　　不过一般的书籍和信札有一个重要的分别：书籍是写给一般读者群，作者与读者不必有私人的关系；信札是专为某一人或一群人看的，作者与读者通常都有某种私人的关系，或是亲友，或是师徒，等等。这种私人的关系带给了信札一个特色，它显出作者与读者在情感上态度上的分寸，亲切或是疏泛，爱慕或是怨恨。写信与著书不同：著书能使读者"如闻其语，如见其人"，就算能事已尽；写信则不仅要表现作者的性格，还要表现作者与读者私人契合的程度。书可泛说，甚至眼光可以不注在读者；信就必须"切己"，心目中时时想着读信人，一封见不出私人情感的信就是一封不必写的信。

在西方，凡是私人中间的文字传达一律叫做"信"（Letters）。在中国，它随作者身份与内容性质而有种种名称。上行言事的叫做"奏疏""奏议""上书""章表"或"禀""呈"，下行言事的叫做"诏令"或"谕旨"，平辈通闻的叫做"书""启""笺""牍"等等。上行下行的虽有私人的关系，大半是公事文章，有时近于律令与策论，可以略而不谈。本文所称"书牍"，大致采取曾国藩《经史百家杂钞》的分类。不过"书"与"牍"实在还有分别，"书"是很正式而且很郑重的写作，有时是长篇大论，言政讲学，像叔向《诒子产书》、司马迁《报任安书》以及韩愈《与孟尚书书》之类；"牍"是纯粹的私人随便道款曲的文字，不发大议论，不谈国家大事，有如对面谈心或说家常话，这种信在西方通常冠上"亲切的"（Intimate）或"推心置腹的"（Confidential）之类形容词。《昭明文选》把"书"与"笺"分别，"笺"就是"牍"，古人写信用木简，"笺""牍""简""札"都是同义字。用木简就不能不"简"短，简短也是这类信札的一个特色。本文意在谈小品文，所以从前所谓"书"的一类也略而不谈，只谈随便写来的简短的亲切的那一类书札。

这类书札本非著述，在著述家看，它们未免琐屑不足道，所以通常不把它们采入史传或选集。时代愈久远，这类材料愈不易搜寻。这是很可惜的一件事。因为古人的文章特别以简朴见长，最宜于书牍。统观中国书牍演变，约可分为五个时期，它们的分水岭在魏晋、盛唐、北宋以及晚明。魏晋以前，著录的书牍多为吉光片羽，言简意赅而风味隽永。《文心雕龙·书记》篇引秦绕朝赠晋士会以策：

> 子无谓秦无人，吾谋适不用也。

如果"策"字依刘彦和解作"书简"，这就是短信的一个古例。这两句话希望晋人不要小看秦人，伤叹秦君无知见，不行自己的计谋，预料秦要受晋的欺侮，满腹牢骚都发泄在这一声愤慨中。《史记》载项羽要烹汉高的父亲，汉高回答说：

> 吾与项羽俱北面受命怀王日，约为兄弟。吾翁即尔翁，必欲烹而翁，则幸分我一杯羹。

寥寥数语，把两个人的性格完全托出。项羽粗暴鲁莽，出此下策；汉高临危不乱，他的话带有打官腔、轻蔑、狠毒、果决、幽默种种意味在内。汉朝皇帝多善于辞令，文帝《与赵佗书》是人所熟知的，看它多么慈祥、坦白、委婉，藏锋不露！马援退休，光武给他一封短信说：

> 卿归田里，曷不令妻子从？将军老矣，夜卧谁为搔背痒也？

关切之中寓调笑，一代风云人物，退到田舍中请老妻搔背，也颇令人起滑稽之感。

中国文章风格素重堂皇典雅，看起来如踩高跷行路，高则高矣，无奈站在人行路之上另一个平面上，与日常生活隔着一层。两汉文章虽"淹博无惭于古"，却还有像王褒的《僮约》那一类呶呶道家常琐屑的文章。这种较平易近人的风格较宜于便笺小简，我们在汉人书牍中还可以看到这种风格。姑举两例。一是人所熟知的杨恽《报孙会宗书》：

> 臣之得罪已三年矣。田家作苦，岁时伏腊，烹羊炮羔，斗酒自劳。家本秦也，能为秦声，妇赵女也，雅善鼓瑟，奴婢歌者数人，仰天拊缶而呼乌乌。

一幅家庭行乐图，一腔罪臣的委曲，都跃现目前。另一是冯衍《与妇弟任武达书》。冯衍妻悍而妒，疑夫通婢，不免泼辣打骂。他写信给她的弟弟诉苦，中间有这句话：

> 惟一婢，武达所见，头无钗珥，面无脂泽，形骸不蔽，手足抴土。（妇）不原其穷，不揆其情，跳梁大叫，呼若入冥。贩糖之妾，不忍其态。

丑婢与泼妇的相貌神情也写得淋漓尽致。这种写实的风格可惜一挫于六朝绮丽，再挫于唐宋高古，没有健旺地发展。

魏晋书牍已开始染着辞赋骈俪的风气，看到昭明所选的书牍，我们就觉得已进到另一世界。这风气始于建安七子，一直推演到齐梁。不过在这新时代的初叶，在曹孟德、诸葛武侯、王右军诸人书牍中，我们还可以看到汉人的简隽。在曹氏父子中我最佩服老瞒，不论诗歌或书牍，都显得英气勃勃，不是当时雕章琢句的文人们所可望尘。且看下列数例：

> 今幼主微弱，制于奸臣，未有昌邑亡国之衅而一
> 旦改易，天下其孰安之。诸君北面，我自西向！（《答
> 袁绍书》）

> 近者奉辞伐罪，旌麾南指，刘琮束手。今治水军八十
> 万众，方与将军会猎于吴。（《遗孙权书》）

> 赤壁之役，值有疾病，孤烧船自退，横使周瑜虚获此
> 名！（《又遗孙权书》）

"诸君北面，我自西向"，何等斩钉截铁！"方与将军会猎
于吴"，何等悠闲幽默，咄咄逼人！"孤烧船自退"，何等自欺
欺人！"奸雄"与"老瞒"于此见之。不过此公于霸气中自有
一副柔情侠骨，读者无妨检阅他的遗嘱和与荀彧悼郭嘉书，去
看看这位奸雄性格的可爱的一方面。

诸葛公在危难中受重任，忠贞体国，俱见于《出师表》，
其他教令书牍，大半论事论人，操心危，虑患笃，处处见出孤
臣孽子的谨慎周密，固不期以文字见长。姑举三例以见一斑：

> 前后所作斧，都不可用……彼主者无意，宜收治之。
> 非小事也。若临敌，败人军事矣。（《作斧教》）

> 张飞虽实武人，敬慕足下。主公方今收合文武以定大
> 事。足下虽天素高亮，宜稍降意也。（《与刘巴书》）

> 臣家成都有桑八百株，薄田十五顷。子孙衣食自有余
> 饶。臣身在外，别无调度，随时衣食，悉仰于官，不别治

生，以长尺寸。臣死之日，不使内有余帛，外有盈财，以
负陛下也。(《临终遗表》)

从他的书牍中，我们所见到的孔明是一个小心翼翼的人，
决不如传说中那位穿八卦衣、摇鹅毛扇的那样逍闲自在。

右军善书，所以他的书札寸纸只字都被后人珍视，保存的
比较多。现存右军诸帖有许多是零碎不完全的，单就每一帖
看，固然各具风味；但是要明了他的整个的人格，非把全部书
帖摆在一起看不可。中国书牍圣手，古今只有两人，前有王右
军，后有苏东坡，两人胸襟气度也颇有相似处。右军是魏晋人
物的一个典型的代表。后人对于魏晋人物的看法多侧重"清
谈"、"旷达"一方面，其实这只是一方面，而且不是庐山真
面目。看右军书帖便可以知道，他写给殷浩、谢安、谢万诸人
的长信，讨论国家大事，品题人物，解说处世做人的道理，都
有大臣的老成谋国，醇儒的立己立人的风度。比如他诫谢万
的书。

以君迈往不屑之韵而俯同群辟，诚难为意也。然所谓
通识，正自当随事行藏，乃为远耳。愿君每与士之下者
同，则尽善矣。食不二味，居不重席，此复何有，而古人
以为美谈。济否所由，实在积小以致高大，君其存之。

这算得"清谈"，又算得"旷达"么？（关于此点可参看《断
酒帖》、《憎运帖》、《群凶帖》等）再看他谈到家庭婚丧的一
些信：

　　吾有七儿一女，皆同生，婚娶已毕，唯一小者尚未婚耳。过此一婚，便得至彼。今内外孙有十六人，足慰目前。足下情至委曲，故具示。（《十七帖》之一）

　　延期官奴小女并得暴疾，遂至不救，愍痛心，奈何！吾以西夕，至情所寄，唯在此等，以禁慰余年。何意旬日之中，二孙天命。日夕左右，事在心目，痛之缠心，无复一至于此，可复如何！临纸咽塞。

　　像这类的话，帖中不知凡几。右军自是至性深情人，不容以"旷达"二字尽之。我寻遍右军诸帖，没有一语可见旷达，他有闲情逸致，常爱在人生崇高幽美方面流连玩索，却是事实。他寄信给在蜀的朋友，详询汉画可否摹取，盐井火井是否真有，严君平、司马相如、杨子云有无后人，并且表示愿登汶岭峨眉一游，说"得果此缘，一段奇事"。另一帖向人索取青李来禽樱桃的种子，"吾喜种果，今在田里，惟以此为事"。此外有约人围棋、采菊、登山诸帖，都可以见出右军对人生许多方面兴致都很浓。我们把右军帖全部一看，可以对他的为人得到一个很清楚的印象，而这印象是和一般人所想象到的魏晋人物相差很远。

　　子桓、子建兄弟与吴质、陈琳诸人来往书札，已开六朝绮丽的风气，到齐梁更甚。当时写信如写字绘画已自成一种艺术，写信者都有意在这上面做文章，仿佛叫收信人不仅知道信的意思，还要把它当作一件珍贵的赠品留存，随时可以取出赏玩。爱这类"美"文的读者们可以问津于《昭明文选》或《六朝文絜》，这里只略举数例，以见风气的转移：

每念昔日南皮之游，诚不可忘。既妙思六经，逍遥百氏，弹棋间设，终以六博，高谈娱心，哀筝顺耳，驰骋北场，旅食南馆，浮甘瓜于清泉，沈朱李于寒水……（曹丕《与吴植书》）

暮春三月，江南草长，杂花生树，群莺乱飞，见故国之旗鼓，感生平于畴日，抚弦登陴，岂不怆恨！（邱迟《与陈伯之书》）

山川之美，古来共谈。高峰入云，清流见底。两岸石壁，五色交辉。青林翠竹，四时俱备。晓雾将歇，猿鸟乱鸣；夕日欲颓，沉鳞竞跃。（陶宏景《答谢中书书》）

人非新市，何处寻家；别异邯郸，那应知路？想镜中看影，当不含啼；栏外将花，居然俱笑。分杯帐里，却扇床前，故是不思，何时能忆？（庾信《为萧悫与妇书》）

这些书牍都极力注意调声设色，绚烂满目，有如蜀锦吴绣。在艺术中它们颇像晚唐诗，南宋词与明清院画，极精工之能事。不过就个人的趣味来说，我还是喜欢家常随便的一类。除掉王右军以外，六朝书牍属于这一类的也颇不少。比如下列数例：

江表惟长沙有好米，何得比新城粳稻耶？上风吹之，五里闻香。（曹丕《与朝臣论禾稻书》）

加少孤露，母兄见骄，不涉经学。性复疏懒，筋驽肉缓，头面常一月十五日不洗，不大闷痒，不能沐也。每常小便而忍不起，令胞中略转乃起耳。（嵇康《与山巨源绝

交书》)

　　汝旦夕之费，自给为难。今遣此力，助汝薪水之劳。此亦人子也，可善遇之。(陶潜《戒子书》)

　　仁寿殿前有大方铜镜，高五尺余，广三尺二寸，立著庭中，向之便写人形体了，亦怪也。(陆机《与弟云书》)

　　这类自然流露的文字，易见作者平生性格与一时兴致，实在比前面所引的那些花枝招展的文章较富于生气。

　　唐朝古文运动是对于六朝绮丽的一种反动。就一方面说，文章由骈而散，由繁富而古朴，理应宜于产生轻便自然的书牍；可是就另一方面说，古文家不但有意为文，而且时时存心摹古避俗，往往不写信则已，一写就是长篇大论，拖着腔调说话。韩柳诸大家文集里所谓"书"都实在是"论"，没有一篇随意写的尺牍，《唐文粹》的几卷"书"也是如此。这当然不就能证明唐人不写这类尺牍，但是单就它们不被收入选集一点来说，当时人看轻这类小品，却无可置疑。从现存的长篇书信来看，唐人对于尺牍似未见擅长。论政、论道、论文的书信姑置之不论，就拿自道衷曲的书信来说，它们也往往有些装腔作态。姑举两例：

　　与足下久别矣，以吾心之思足下，知足下悬悬于吾也。各以事牵，不可合并。其于人人，非足下之为见而日与之处，足下知吾心乐否也？吾言之而听者谁欤？吾唱之而和者谁欤？言无听也，唱无和也，独行而无徒也，是非无所与同也，足下知吾心乐否也？(韩愈《与孟东野书》)

茕茕孤立，未有子息。荒陬中少士人女子，无与为婚，世亦不肯与罪人亲昵。以是嗣续之重，不绝如缕。每当春秋时飨，子立捧奠，顾盼无后继者，嗛嗛然歆欷惆怅。恐此事便已，椎心伤骨，若受锋刃。此诚丈人所共悯惜也。（柳宗元《与许孟容书》）

两书在韩柳文集中都是上品文字，其中有真情感，写得很酣畅淋漓，都无可否认。但是拿它们和汉魏人短笺相较，终不免有不惬人意处。意简而辞繁，其病一。有意摹古修辞，韩书故为低徊往复，摇曳生姿；柳书全体语调酷似司马迁《报任安书》；两书都拉着腔调说话，不似寻常人缕缕道家常口吻，其病二。唐人本胎息两汉，特别景仰汉人的奇古朴茂。不过汉人的奇古朴茂是本乡本调，家常亲切；唐人的高古朴茂则如南人当京官学蓝青官话，一听到就令人觉得他有几分勉强做作。古文家轻视尺牍，尺牍恐怕也必须回避古文家；因为尺牍代替面谈，而面谈的胜境在无拘无碍，家常亲切，它最忌讳扮腔打官话。

宋人的文章风格大体继承唐人，可是多少放弃了唐人的那种堂庑巍峨的气象而求于平淡轻便。这变化在诗中最显著，在书牍方面也可以看出。因此，宋人的书牍比较平易近人。古文的风气仍很盛，"书"还是皇皇大文。唐人原有一派保存着六朝的骈俪，宋人也没有完全放弃这方面的传统，欧阳修、王安石本来都是古文家，而集中小"启"大半还是骈俪。不过当时用骈俪作启，已把它作官样文章看待，大半用在应酬方面，姑举一例：

伏审荣膺帝制，显正台司，伏惟庆慰。伏以史馆相公诚明禀粹，精褷穷微。高步儒林，著三朝甚重之望；晚登文陛，当万乘非常之知……（欧阳修《贺王安石入相启》）

这种四六体尺牍已开后来幕僚文牍的风气，文无足取，影响却甚广大。不过在宋人尺牍中这究竟不是正宗，正宗必数苏、黄。东坡、山谷的书札在当时已为人珍视，所以早就搜集印行。东坡是绝顶聪明人，胸无尘芥，诗文书画都如行云流水，意到笔随。一般文人强作"雅"语，往往"雅"得俗不可耐，东坡的风雅却是他的自然本色，毫无做作，这是他的难能可贵处。东坡如右军，在全部尺牍中现出一个很明显的性格，篇篇都有独到，不宜以一斑窥全豹。我们在这里勉强举例，只是想引起阅读全书的兴趣：

枉顾，知事务冗迫，不敢久留话。纸轴纳去，余空纸两幅，留与五百年后人跋尾也。（《与孙子思》）

今日雾色尤可喜，食已，当取天庆观乳泉泼建茶之精者。念非君莫可与共之。然早来市无肉，当相与啖菜饭耳。不嫌，可即今相过。（《与李公择》）

或圣恩许归田里，得款段一仆，与子众丈杨宗文之流往来瑞草桥，夜还何村，与君对坐庄门吃瓜子炒豆，不知当复有此日否？（《与王元直》）

某睹近事，已绝北归之望。然中心甚安之。未话妙理达观，但譬如元是惠州秀才，累举不第，有何不可？（《与程正辅》）

这些尺牍简隽自然，犹是汉魏人风味，不像韩、欧诸公那样踩高跷拉调子说话。"言为心声"，东坡能"以言语妙天下"，还是因为他的胸襟超人一等。

苏黄并称，不过在尺牍方面，黄只能算是一个配角。他的短简大半谈读书写字，亦偶有涉及私人日常生活的，但常不免矜持。姑举两例：

> 子瞻论作文法，须熟读檀弓，大为妙论。书字甚工，然少波峭，政以观古人书少耳。可取古法帖日陈左右。事业之余辄写数纸，颇胜弈棋废日。（《与孙莘老》）

> 某寓舍已渐完。使令者但择三四人差谨廉者耳。既不出谒，所与游者亦不多。山花野草，微风动摇，以此终日。衣食所资，随缘厚薄，更不劳治也。此方米面皆胜黔中。食饱饭，摩腹婆娑以卒岁耳。（《答宋子茂》）

这种尺牍本也楚楚可人，但是和苏公的作品摆在一起，终觉作者胸中没有那一股清气，笔下也没有那种灵活气。

明朝人最讲究尺牍，时代较近，流传的也较多。赖古堂《尺牍新钞》搜罗较富，其次则陈眉公的《翰海》，所收的也大半是明人作品。明人尺牍也像他们的书画诗文一样，爱做表面功夫，风致翩翩，但缺乏真正的生气，有时竟"雅"到俗不可耐。姑举数例：

> 一水盈盈，重门深闭，玉人夜从何路来吾梦境也？计剪灯细语，当在林莺唤友梁燕将雏之际。（孔顾之《寄朱

景周》)

先生言霏霏流霞，竞爽眉际，都是晋人气味，一见凉骨。痴俗人那得领如许清快！（徐文长《与屠赤水》）

山中已有一亭，次第作屋。晨起阅藏经数卷，倦即坐庭上，看西山一带堆蓝，天然一幅米家墨气。午后闲走乳窟听泉，精神日以爽健，百病不生。三月初间花鸟更新奇，来往数日，烟云供养，受用不尽。（袁小修《寄弟》）

这都是典型的明人气味。他们都有些"斗方名士"的习气，啸傲山川，纵情风月，自以为是世间第一等高人雅士，友朋酬酢，互相激扬，日日以"雅事"消磨岁月，作"雅语"自慰衷怀。他们的尺牍就是这样写成的。他们的好处古人都已有了，古人的好处他们摹拟渲染，往往就成为他们的坏处。说艳丽他们和六朝相距甚远；说隽永他们所得的只是苏东坡的牙后慧。

不过这只就一时风气而言，通则都有例外，明朝人也有些能自拔于流俗的。宗子相《报刘一丈书》，描写士子奔走权贵之门的丑态，淋漓尽致，常见于选本，无用钞引。此外我颇喜欢像下列两例的书札：

先司徒及先太安人生平不问卜，不推命。男女婚姻，一言即决，亦不待媒妁之往复也。故儿辈结缡，并未尝先求庚帖……小女今十六岁，辛丑生，其月日与时亦不能详。庚帖，造命也。命曰造便当造之。必得小女庚帖，乞迂数月，俟有精于推命者命其造一八字，极富极贵极多

男，方送来如何？（张萱《答人议婚》）

弟入都半载，尘垢满身，未经一浴，无此具也。北人都不办此，且谓多浴耗神。不审此地诸公得此养生妙诀，果能与鼓箧比算否？老年翁以南人居北，必能避此迁风。如有其具，幸为一假。（李渔《与倪涵谷》）

我喜欢这类书札，因为它们有一事就说一事，说得直截了当，不卖弄风雅，也不咬文嚼字，而文字也自明快可读。

书牍虽小道，却是最家常亲切的艺术，大可以见一时代的风气，小可以见一人的性格。回顾中国二千年来书牍风格的演变，约有三个主潮。一是古文派，像乐毅《报燕惠王书》、司马迁《报任安书》、杨恽《报孙会宗书》、马援《与杨广书》以及韩愈、柳宗元、欧阳修、王安石诸古文家的作品所代表的。这派作品在文体上以散为主，严肃有如正式著述，宏肆有如长江大河，一泻千里。一是骈俪派，像曹丕《与吴质书》、邱迟《与陈伯之书》、鲍照《登大雷岸与妹书》、梁简文帝《与萧临川书》、祖鸿勋《与阳休之书》、庾信《为萧撝与妇书》之类所代表的。这派作品在文体上以骈为主，镂金绣彩，备极精工，情称其文时风致亦复翩翩可喜，辞溢于情时易流为浮华俗滥。一是帖札派，像曹操、王羲之、苏轼、黄鲁直诸人作品所代表的。这派作品与前两派的最大异点在随时应机，无意为文，称心而言，意到笔随，意尽笔止。就文体说，它随兴所至，时而骈，时而散，时而严肃，时而诙谐，不拘一格。在这三派之中，最家常亲切而也最能尽书牍功用的当推后一派。但是这后一派在已往也最为人所忽视，因为过去文人不属于古文派就属于文选派，在古文派看，尺牍与语录、小说同为芜杂不雅驯，在文选派看，他们在这里面找不到他们所羡慕的辞藻声色。因此，这一派尺牍往往不收入文集或是选本。如果尺牍要走上正轨，这风气必须矫正过来。我们要记得书牍本是代替面谈，我们所需要的是家常便饭而不是正式筵席。

1948 年

载《文学杂志》第 3 卷第 1 期，1948 年 5 月

谈对话体

　　对话直接记载主宾应对语，记载者据闻录实，自己不另加论断，在文法上这通常叫做直接叙述格。它的应用最广泛的是在戏剧，戏剧以对话表示情节的演进，除约略指示台景外，作者全不露面说话。其次是历史与小说记言的部分也用对话，因为话本身值得流传或是有助于事态演变与人物性格的了解。不过对话在这些著述里只是附庸，无论是戏剧、小说，或是历史，要表现的主要是人物和他们的行动。本文所谈的对话专指不是戏剧、小说或历史，而是自成一种特殊体裁叫做"对话"（Dialogue）的那一类，像柏拉图的许多著作。

　　对话体特别宜于论事说理。在不用对话体的论事说理的文章中，作者独抒己见，单刀直入，只要持之有故，言之成理，就算"自圆其说"，至于旁人的种种不同的看法，可以一概置之不问，至多也只是约略转述，作为己说的佐证或是作为辩驳的对象。但是同一事理往往有许多方面，观点不同，所得的印象或结论也就不同；而且各人的资禀修养很可以影响他的见地，所谓仁者见仁，智者见智，事理的看法没有完全是客观的。单刀直入的文章如平面画，作者对于所画事物采取某一角度去看，截取某一断面去表现，同时他的主观的依据也只是某一时某一境的思路和心情。论事说理贵周密，周密才能平正通达。这种片面的主观的见解当然是不周密的，惟其如此，它有时可能是歪曲的，错误的。对话的好处就在它对于同一事理取各种不同的角度去看，把它的正反侧各面都看出来，然后把各面不同的印象平铺在一起，合拢起来就可以现出一幅立体的活动影片。

事理虽有多面的看法，却不一定每面看法都是对的。有时须综合各面才见全体真相，有时某一面特真，而真也要待证明其他各面错误后才明显。对话虽是各面平铺并陈，却仍有宾有主，着重点当然仍在主，正如一出戏里许多人物中必有一个主角。宾可以托主，也可以变主，改变他的思路或纠正他的片面观的偏蔽，所以宾的用处仍然很大。中国已往文论家谈到对话体的只有章学诚，而他的态度却是不同情的，他反对用对话的理由是：

> 理之易见者不言可也；必欲言之，直笔于书其上可也，作者必欲设问，则已迂矣……且问答之体，问者必浅而答者必深，问者有非而答者必是。今伪托于问答，是常以深且是者自予，而以浅且非者予人也，不亦薄乎？（《文史通义·匡谬》篇）

章氏可惜没有读过柏拉图的对话集或是没有想到公孙龙子的《白马论》以及提婆的《百论》之类作品。否则他便不至说出这种话。他没有明白"宾"的用场。"宾"并不是临时竖起的草人来供打倒，他必须是"主"的劲敌，值得一打，而且在打"宾"时，"主"须鼓起他在平时不常鼓起的勇气与力量，"宾"可以说是"主"的感发兴起者。譬如两拳师角力，败者本领愈大，胜者也愈有光彩，"狮子搏兔"并不是对话的胜境。对话平衡众说而折衷于一是，可以说是对于同一事理的各种同样有力的看法的角力，由比较见胜负，在比较中彼此都尽了最大的努力，所以胜负不是偶然侥幸的，而是叫人不得不心悦诚服的。

论事说理宜于采用对话体，还另有一个更重要的理由。思想是解决疑难的努力，没有疑难就不会有思想。疑难是思想的起点与核心，思想由此出发，根据有关事实资料，寻求关系条理，逐渐剥茧抽丝，披沙拣金。有时疑难之中又有疑难，解决了一层又另有一层继起，须经过许多尝试与错误，反驳与修正，分析与综合，才能达到一个周密而正确的结论，所谓"表里精粗无不到，然后一旦豁然贯通"。从此可知，思想是一长串流动生发的活动，它有曲折起伏，有生发的过程。一般单刀直入的文章不能显示这种思想的过程，而只叙述思想的成就，它所叫人看见的只是思想结果（Thought）而不是思想动作（Thinking）本身。其实思想的生发的线索和惨淡经营的甘苦，比已成就的思想还更富于启发性。对话的好处就在反复问答，逐渐鞭辟入里，辩论在生发也就是思想在生发，次第条理，曲折起伏，都如实呈现，一目了然。所以对话不仅现出一种事理的全面相，而且也绘出它所由显现的过程；用生物学术语来说，它不仅是一种"形态学"（Morphology），而且是一种

"发生学"（Genotics）。它也可以说是思想的戏剧，把宾主的思想动作都摆在台上表演，一幕接着一幕，从始以至于终。因此，就文格说，它也有一种特长，就是戏剧性的生动。在名家的手中，它还可以流露戏剧性的幽默。

从历史看，对话最盛行的时代，往往也就是思想最焕发的时代。古希腊的哲学时代，印度的大乘经论制作时代，以及中国的周秦诸子时代，都是极显著的例证。在这三个思想的高潮之中，写对话体而成就最大的要推希腊的柏拉图。他的全部哲学都用对话体写出，现存的还有三十六种之多，其中多数是长篇巨制。这些对话中的主人大半是他的老师苏格拉底，苏格拉底自己并未著书，柏拉图的思想和对话的文格无疑地都受了他的老师的影响。一提到苏格拉底，我们就要联想到他的辩证法（Socratic Method）即从对立面求统一的思想方法。这辩证法的成因是当时讲学的风气。纪元前第四世纪左右的希腊，颇类似稷下谈天时代的战国。当时有许多辩士以教授演说辩论为职业，他们自夸利口善辩，能把是的说成非的，非的说成是的。许多青年都受了他们的迷惑，想学得这副本领作获取权位的工具。苏格拉底看到这种颠倒是非的辩证法不但不诚实，而且阻碍哲学思想的进展，于是挺身而出，要揭穿辩士的伎俩。他以为是非必有定准，辩士们所以能淆乱是非者，病根在名不正，义不定。比如说，你谈"公道"，究竟什么才算"公道"呢？这须先弄清楚，否则你以它为甲而我以它为乙，或是你先以它为甲而后以它为乙，彼此先后谈话便不接头，暧昧矛盾与错误便从这漏洞中钻出。所以苏格拉底和朋友们讲学，一不先讲抽象的大道理，只就浅近事例入手，层层分辨，一层逼近一层，最后才达到原理通则；二不抬出自己的意见要听者接受，只是装着一无所知，向人求教，抓住对方所说的一句话开始发问，让他表示意见，然后就那意见一层一层地驳问到底，逼得他无路可逃，非把名义定清楚不可，非承认自己错误不可，非接受正确的结论不可。这种由浅入深的正名定义的辩证法，便是柏拉图在他的对话里所用的方法。比较一般对话，柏拉图所写的有许多优点。第一，他不仅是设问答难，只有一宾一主，他的对话中人物往往有七八位之多，而每人所代表的见地都很充分地有力地表现出来，宾不只是主的扣钟锤或应声虫。其次，他的文笔流利而生动，于琐事见哲理，融哲理于诗情，他的每篇对话都像是一首散文诗，节节引人入胜，读之令人不忍释手。对话文的胜境于此可叹观止。读者如果不信，可以去看看《理想国》、《会饮篇》或苏格拉底的《自辩》。《理想国》尤其是西方思想的泉源，青年朋友们常要我介绍西方哲学书籍，我往往只举这一部书。

中国周秦诸子的著述用对话的也很多，不过和希腊的对话相较，差别甚多。第一，对话往往限于一问一答，很少有一层逼着一层问下去，对于一个事理作逻辑分析的。原因在中国思想类型长于直觉而短于分析，长于体验而短于辩证，师儒往往本其经验涵养，以寥寥数语答弟子的疑问，听者默契于心，便涣然冰释，无劳繁词释证。姑举《论语》一段为例：

子路曰：卫君待子而为政，子将奚先？

子曰：必也正名乎！

子路曰：有是哉，子之迂也！奚其正名？

> 子曰：野哉由也！君子于其所不知，盖阙如也。名不正则言不顺，言不顺则事不成，事不成则礼乐不兴，礼乐不兴则刑罚不中，刑罚不中则民无所措手足。故君子名之必可言也，言之必可行也，君子于其言无所苟而已矣。

一部政治哲学只用几句话就说尽，言简而意赅，无用分辨剖析，也无用举例引证。如果柏拉图来说这番道理，"名不正则言不顺"以下五层，便须于每层有一长段问答，逐渐透出这五句结论。孔子只说其"然"，柏拉图便要说出其"所以然"。如果柏拉图的立言方式特称"对话"，周秦诸子的许多问答就只能叫做"语录"。

其次，周秦诸子大半自居论主的地位发抒一番议论，中间夹杂对话，以阐明自己的主旨。昔人常说"庄周之书多寓言"，所谓"寓言"大半是夹在议论中的对话。姑取《养生主》篇为例。庄子开始抽象地说"养生"的主旨，接着连引庖丁解牛、公文轩见介、秦失吊老聃三段对话来阐明这个主旨。后来韩非、荀卿、列子等沿用这种方式的甚多。在这种方式中，对话只是陪衬和譬喻，用间接叙述语气。几个宾主不同题材不同的对话，往往在一篇议论中平铺并列，只要能烘托主旨便行，先后次第不关紧要。它不像西方对话，从头至尾由同一宾主，就同一题材，沿着一条线索，逐层递辩下去。

从这一点可以看出先秦文章风格的一个特点，就是它侧重横面的发展。作者先立定一个主旨，便抱着它四方八面反复盘旋，旁敲侧击，尽量渲染。这种写法已开汉魏辞赋骈俪的风气。西方文章风格却不然，它像柏拉图对话所代表的，大体是沿纵线发展。作者很少开门见山，马上揭出主旨。他先从主旨的胚胎出发，由胎生芽，由芽成树，由树开花，由花结果，层层生展，不蔓不枝。说理文如此，叙事文也是如此。中国人作文真正要"布局"，西方人作文实在是"理线索"。拿用兵打比，中国文章是横扫，要占的是面；西方文章是直冲，要占的是线。中国文章有宾有主，有正有反有侧，较近于画；西方文章像亚里士多德所主张的，有头有腰有尾，较近于乐。这种异点反映着两种思想类型，中国思想偏向平排横展，西方思想偏向沿线直展。先秦诸子与柏拉图用对话的方式不同也就在此：一个是抱定主旨，反复盘旋；一个是剥茧抽丝，层层深入。

但是通则都有例外。我们姑举两个显著的例外。第一个是孟子。孟子用对话，不但首尾自成一完整体，全篇用直接叙述语气，而且进展的方式不是横面的而是直线的。换句话说，他的写法与柏拉图的很相近，虽然篇幅较短。读者试取《齐桓晋文之事》、《养气》、《神农之言》诸章一玩索，便知此言不谬。兹举许行的徒弟陈相与孟子一段辩论为例：

陈：贤者与民并耕而食，饔飧而治……

孟：许子必种粟而后食乎？

陈：然。

孟：许子必织布而后衣乎？

陈：否……以粟易之。

孟：许子奚为不自织？

陈：害于耕。

孟：许子以釜甑爨，以铁耕乎？

陈：然……以粟易之。

孟：以粟易械器者不为厉陶冶，陶冶亦以其械器易粟者，岂为厉农夫哉？且许子何为不陶冶？舍皆取诸其宫中而用之，何为纷纷然与百工交易？何许子之不惮烦？

陈：百工之事固不可耕且为也。

孟：然则治天下独可耕且为欤？有大人之事，有小人之事，且一人之身而百工之所为备，为必自为而后用之，是率天下而路也。

像这样浅譬近喻，短兵相接，层层逼近，驱虎落阱的办法，把分工的必要说得一清二楚。战国秦汉的文章往往骈多于散，词溢于理；孟子却不然，他始终以散行文，明快犀利，英气逼人，与当时诸子的文风全不相似。这是文格进化中的一个"突变"，何由得此，对于我始终是一个疑谜。

第二个例外是公孙龙子。他是别墨名家。名家向重析理辨微，理应常用对话体，如因明发达后的印度论师。事实却不然，墨经立论虽严守逻辑规律而却不用对话，只有公孙龙子是一个例外。他的《白马论》、《通变论》、《坚白论》诸篇，都通篇用对话体，而且主宾都持之有故，言之成理，不像后来设问答难，宾在主的面前显得幼稚可笑。姑举《白马论》一段为例。

主：马者所以命形也，白者所以命色也。命色者非命形也，故曰白马非马。

宾：有白马不可谓无马也。不可谓无马者非马也！……

主：求马，黄黑马皆可致；求白马，黄黑马不可致，使白马乃马也，是所求一也……黄黑马一也，而可以应有马，而不可以应有白马，是白马之非马审矣。

宾：以马之有色为非马，天下非有无色之马也。天下无马可乎？

主：马固有色，故有白马。使马无色，如有马而已耳，安取白马？故白者非马也；白马者马与白也，马与白马也，故曰白马非马也。

以下反复阐明马与白马之异，一个表面看来像是荒谬的主张（白马非马），经过谨严的逻辑分析，便显得确凿不可移。这个问题牵涉到逻辑学上同一律和周延不周延的问题，以及哲学上本体与现象、唯名与唯实、一元与二元种种问题。如果沿着这个思路发展，中国哲学应该早已和西方哲学走上一条路，早就有认识论和形而上学。可惜公孙龙子只是昙花一现，名家的思想到后来没有发挥光大。

先秦的思想和说理文风格是同时起落的。对话体只在这一个时代放了一回光彩，到了西汉以后便一蹶不振。问答的形式还存在，但是只是一个躯壳。大约西汉以后的对话体文章都效法屈原的《渔父》，问者寥寥数语，答者长篇大论，问只是给作者一个说话的借口，丝毫无辩驳的意味。宋玉对楚襄王问，东方朔答客难，扬雄解嘲以及班固答宾戏之类文章都是著例。宋元明新儒家蜂起，著述常用"语录"体，不过是弟子各记所闻，不能算是严格的对话。

　　对话体的衰落是一件极可惋惜的事。近代思想派别比从前更多，各派入主出奴的风气也更甚；如果多用对话体写说理文，同时也多用对话体的思路去权衡各派不同的见解，也许思想和文章都可望再达到一个高潮。这就说明了百家争鸣的必要。

　　　　　　　　　　　　　　　　　　　　　　　　　1948 年

写作之方

——读书破万卷 下笔如有神

谈作文

　　我们对于许多事，自己愈不会做，愈望朋友做得好。我生平最大憾事就是对于美术和运动都一无所长。幼时薄视艺事为小技，此时亦偶发宏愿去学习，终苦于心劳力拙，怏怏然废去。所以每遇年幼好友，就劝他趁早学一种音乐，学一项运动。

　　其次，我极羡慕他人做得好文章。每读到一种好作品，看见自己所久想说出而说不出的话，被他人轻轻易易地说出来了，一方面固然以作者"先获我心"为快，而另一方面也不免心怀惭怍，唯其惭怍，所以每遇年幼好友，也苦口劝他练习作文，虽然明明知道人家会奚落我说："你这样起劲谈作文，你自己的文章就做得'蹩脚'！"

　　文章是可以练习的么？迷信天才的人自然嗤着鼻子这样问。但是在一切艺术里，天资和人力都不可偏废。古今许多第一流作者大半都经过刻苦的推敲揣摩的训练。法国福楼拜尝费三个月的工夫做成一句文章；莫泊桑尝登门请教，福楼拜叫他把十年辛苦成就的稿本付之一炬，重新起首学描实境。我们读莫泊桑那样的极自然极轻巧极流利的小说，谁想到他的文字也是费工夫做出来的呢？我近来看见两段文章，觉得是青年作者应该悬为座右铭的，写在下面给你看看：

一段是从托尔斯泰的儿子 Count Ilya Tolstoy 所做的《回想录》（Reminiscences）里面译出来的，这段记载托尔斯泰著《安娜·卡列尼娜》（Anna Karenina）修稿时的情形。他说："《安娜·卡列尼娜》初登俄报 Vyetnik 时，底页都须寄吾父亲自己校对。他起初在纸边加印刷符号如删削句读等。继而改字，继而改句，继而又大加增删，到最后，那张底页便成百孔千疮，糊涂得不可辨识。幸吾母尚能认清他的习用符号以及更改增删。她尝终夜不眠替吾父誊清改过底页。次晨，她便把他很整洁的清稿摆在桌上，预备他下来拿去付邮。吾父把这清稿又拿到书房里去看'最后一遍'，到晚间这清稿又重新涂改过，比原来那张底页要更加糊涂，吾母只得再抄一遍。他很不安地向吾母道歉：'松雅吾爱，真对不起你，我又把你誊的稿子弄糟了。我再不改了。明天一定发出去。'但是明天之后又有明天。有时甚至于延迟几礼拜或几月。他总是说，'还有一处要再看一下'，于是把稿子再拿去改过。再誊清一遍。有时稿子已发出了，吾父忽然想到还要改几个字，便打电报去吩咐报馆替他改。"

你看托尔斯泰对文字多么谨慎，多么不惮烦！此外小泉八云给张伯伦教授（Prof. Chamberlain）的信也有一段很好的自白。他说："……题目择定，我先不去运思，因为恐怕易生厌倦。我作文只是整理笔记。我不管层次，把最得意的一部分先急忙地信笔写下。写好了，便把稿子丢开，去做其他较适宜的工作。到第二天，我再把昨天所写的稿子读一遍，仔细改过，再从头至尾誊清一遍，在誊清中，新的意思自然源源而来，错误也呈现了，改正了。于是我又把他搁起，再过一天，我又修改第三遍。这一次是最重要的，结果总比原稿大有进步，可是还不能说完善。我再拿一片干净纸作最后的誊清，有时须誊两遍。经过这四五次修改以后，全篇的意思自然各归其所，而风格也就改定妥帖了。"

小泉八云以美文著名，我们读他这封信，才知道他的成功秘诀。一般人也许以为这样咬文嚼字近于迂腐。在青年心目中，这种训练尤其不合胃口。他们总以为能倚马千言不加点窜的才算好角色。这种念头不知误尽多少苍生！在艺术田地里比在道德田地里，我们尤其要讲良心。稍有苟且，便不忠实。听说印度的甘地主办一种报纸，每逢作文之先，必斋戒静坐沉思一日夜然后动笔。我们以文字骗饭吃的人们对此能不愧死么？

文章像其他艺术一样，"神而明之，存乎其人"，精微奥妙都不可言传，所可言传的全是糟粕。不过初学作文也应该认清路径，而这种路径是不难指点的。

学文如学画，学画可临帖，又可写生。在这两条路中间，写生自然较为重要。可是临帖也不可一笔勾销，笔法和意境在初学时总须从临帖中领会。从前中国文人学文大半全用临帖法。每人总须读过几百篇或几千篇名著，揣摩呻吟，至能背诵，然后执笔为文，手腕自然纯熟。欧洲文人虽亦重读书，而近代第一流作者大半由写生入手。莫泊桑初请教于福楼拜，福楼拜叫他描写一百个不同的面孔。霸若因为要描写吉普赛野人生活，便自己去和他们同住，可是这并非说他们完全不临帖。

许多第一流作者起初都经过模仿的阶段。莎士比亚起初模仿英国旧戏剧作者。布朗宁起初模仿雪莱。陀思妥也夫斯基和许多俄国小说家都模仿雨果。我以为向一般人说法，临帖和写生都不可偏废。所谓临帖在多读书。中国现当新旧交替时代，一般青年颇苦无书可读。新作品寥寥有数，而旧书又受复古反动影响，为新文学家所不乐道。其实冬烘学究之厌恶新小说和白话诗，和新文学运动者之攻击读经和念古诗文，都是偏见。文学上只有好坏的分别，没有新旧的分别。青年们读新书已成时髦，用不着再提倡，我只劝有闲工夫有好兴致的人对于旧书也不妨去读读看。

读书只是一步预备的工夫，真正学作文，还要特别注意写生。要写生，须勤做描写文和记叙文。中国国文教员们常埋怨学生们不会做议论文。我以为这并不算奇怪。中学生的理解和知识大半都很贫弱，胸中没有议论，何能做得出议论文？许多国文教员们叫学生入手就做议论文，这是没有脱去科举时代的陋习。初学做议论文是容易走入空疏俗滥的路上去。我以为初学作文应该从描写文和记叙文入手，这两种文做好了，议论文是很容易办的。

这封信只就一时见到的几点说说。如果你想对于作文方法还要多知道一点，我劝你看看夏丏尊和刘薰宇两先生合著的《文章作法》。这本书有许多很精当的实例，对于初学是很有用的。

你的朋友　孟实

选自《给青年的十二封信》

漫谈说理文

　　《人民文学》一向侧重文艺创作，很少登载说理文；我一向不会文艺创作，只写些说理文，以为《人民文学》不要说理文，所以对它一直无所贡献。近来《人民文学》却邀我写一点散文，并且鼓励我说："形式内容均不拘，你可以选你所熟悉而又感兴趣的题材写。"照这样看，《人民文学》不用说理文的想法是我的一种误解。这种误解或许不只我一个人有，因为确实很有一部分人是把实用文（包括说理文）和艺术文（包括诗歌、小说、剧本、描写性和抒情性的散文之类公认的文学类型）看作对立的。这是一种比较窄狭的看法。文学的媒介是语言，而语言是社会交际的工具。要达到社会交际的目的，运用语言的人第一要有话说（内容），其次要把话说得好，叫人不但听得懂，而且听得顺耳（形式），这两点是实用文和艺术文都要达到的。如果要在一般语言的运用和文艺创作之间划出一条绝对互不相犯的界限，那是很难的。如果以为只有在文学创作里运用语言才要求艺术性，那就只会鼓励人对一般语言的运用不要求艺术性，结果就会既不利于语言的发展，也不利于文学的发展。实用性与艺术性不是互相排斥而是相辅相成的。实用性的文章也要求能产生美感，正如一座房子不但要能住人而且要样式美观一样。有些人把文学局限在诗歌、小说、剧本之类公认类型的框子里，那未免把文学看得过于窄狭了。打开《昭明文选》、《古文辞类纂》、《经史百家杂钞》之类文学选本一看，就可以看出很大一部分归在文学之列的文章都是些写得好的实用性的文章；在西方，柏拉图的《对话集》，德摩斯梯尼的演说，普鲁塔克的英雄传，蒙田和培根的论文集以及许多其他类似的作品都经常列在文学文库里，较著名的文学史也都讨论到历史、传记、书信、报告、批评、政论以至于哲学科学论文之类论著。从此可见，悠久而广泛的传统是不把文学局限在几种类型的框子里的。我认为这个传统是值得继承的，因为它可以使文学更深入现实生活和人民大众，更快地推动语言和一般文化的发展。

现在单谈说理文。"摆事实，讲道理"已成为我们日常生活中愈来愈广泛、愈重要的社会活动。开会讨论要说理，做报告要说理，写社论要说理，写教科书要说理，发动群众要说理，对敌斗争要说理……总之，凡是需要开动脑筋的地方，凡是要辩护自己，说服旁人的地方，没有不需要说理的。近几年来我们对于诗歌、小说、剧本的写作提出了很多问题，进行过热烈的讨论，至于说理文怎样写，就很少有人过问，尽管这个问题曾经由毛主席在《改造我们的学习》、《反对党八股》等一系列的论著里三番五次地郑重地提出，并且作出一些原则性的指示。文学界对这问题谈的少，是否说明说理文容易写，有理自然说得出，根本没有什么问题呢？就我个人的经验来说，我写过四十多年的说理文，也费过一些摸索，尝过一些甘苦，至今还不能写出一篇称心如意的文字，所以我可以说，写说理文对于我并不是一件易事。

写说理文究竟难在哪里？在推理还是在行文？问题的这种提法本身就有问题。它假定了理在文先，第一道手续是把理想清楚，第二道手续才用语言把理表达出来。这种相当流行的看法是对的，但也不完全对。说它对，因为语言总是跟着思想走，思想明确，语言也就会明确，思想混乱，语言也就会混乱。如果不先把意思想好而就下笔写，那就准写不好。所以学写说理文，首先就要学会思考，而这要深入生活，掌握事实，再加上对分析和综合的思想方法的长期辛苦训练。谈到究竟，难还是难在这方面。

为什么说两道手续的看法又不完全对呢？因为语言和思想毕竟是不能割裂开来的，在运用思想时就要运用语言，在运用语言时也就要运用思想。语言和思想都不是静止的，而是不断在生发的，在生发时语言和思想在密切联系中互相推动着。据我个人的经验，把全篇文章先打好腹稿而后把它原封不动地誊写出来，那是极稀有的事。在多数场合，我并不打什么腹稿，只要对要说的道理先有些零星片断的想法，也许经过了一番组织，有一个大致不差的粗轮廓，一切都有待进一步的发展。这里有一个很重要的关键，就是对所要说的道理总要有一些情感，如是对它毫无情感，勉强敷衍公事地把它写下去，结果就只会是一篇干巴巴的应酬文字，索然无味。如果对它有深厚的情感，就会兴会淋漓，全神贯注，思致风发，新的意思就会源源不断地涌现出来。这是写作的一种乐境，往往也是写作的一个难关。意思既然来得多了，问题也就复杂化了。新的意思和原来的意思不免发生矛盾，这个意思和那个意思也许接不上头，原来自以为明确的东西也许毕竟还是紊乱的模糊的乃至于错误的。有许多话要说，究竟从何说起？哪个应先说，哪个应后说？哪个应割爱，哪个应作为重点？主从的关系如何安排？这时候面前就像出现一团乱丝，"剪不断，理还乱"，思路好像走入一条死胡同，陡然遭到堵塞，左也不是，右也不是，不免心烦意乱。这就是难产的痛苦，也是一个考验的时刻。有两种情况要避免。一种是松懈下去，蒙混过关，结果就只会是失败，理不通文也就不通。另一种是趁着心烦意乱的时候勉强继续绞脑汁，往往是越绞越乱，越想越烦。这时候最好是暂时把它放下，让头脑冷静下去，得了足够的休息，等精力再旺时再把它提起来，进行一番冷静的分析，做到"表里精粗无不到"，自然就会"一旦豁然贯通"，令人感到"山重水复疑无路，柳暗花明又一村"的乐趣。在这种情况写出的文章总会是意到笔随，文从字顺，内容与形式都是一气呵成的。

所以在说理文的写作中，思想和语言总是要维持辩证的关系：不想就不能写，不写也就很难想得明确周全。多年来我养成一种习惯，读一部理论性的书，要等到用自己的语言把书中要义复述一遍之后，才能对这部书有较好的掌握；想一个问题，也要等到用文字把所想的东西凝定下来之后，才能对这个问题想得比较透。我发现不但思想训练是写说理文的必有的准备，而写说理文也是整理思想和训练思想的一个很好的途径。因此，我认为理先于文或意在笔先的提法还是片面的。

说理要透，透在于话说得中肯，轻重层次摆得妥当，并不在话说得多。有时我把一万字的原稿压缩到五六千字，发现文字虽然压缩了，意思反而较醒豁。从此我看出简洁是文章的一个极可珍视的优点。简洁不仅表现于遣词造句，更重要的是表现于命意，一个意思已经包含在另一个意思了，或是主要的意思已经说出了，被包含的或次要的意思就不必说。文章要有剪裁，剪裁就要割爱，而割爱对一般写作者来说仿佛是一件痛苦的事，所以任何人作报告都非一气讲上三五个钟头不可，写一篇要在报纸上发表的陈述意见的文章也动辄要写上一两万字。这种文风造成了难以估计的物质的、精力的和时间的浪费，是必须改革的。我也认识到这点，但是自己提笔写文时总不免仍然呶呶不休，一写就是一两万字。就我来说，原因在于思想上的懒惰，往往是接受到一个写文章的任务，稍加思考，就奋笔直书，把所想到的都倾泻出去，倾泻完了，就算完事大吉，不肯（有时也是没有足够的时间）去进行一番重新整理、剪裁和压缩的工夫，而这种工夫对于写好文章却是绝对必要的。

我很少从事文艺创作，但是也很爱读文艺作品。就我从阅读中所体会到的来说，说理文的写作和文艺创作在道理上也有很多相通之处，有时我甚至想到理论文也还是可以提高到文艺创作的地位。我知道反对者会抬出情与理的分别以及形象思维和抽象思维的分别来。这些分别都是存在的，但也都不是绝对的。我不相信文艺创作丝毫不须讲理，不用抽象思维；我很相信说理文如果要写好，也还是要动一点情感，要用一点形象思维。如对准确、鲜明和生动的要求也适用于说理文。修辞学家们说，在各种文章风格之中，有所谓"零度风格"（zero style），就是纯然客观，不动情感，不动声色，不表现说话人，仿佛也不理睬听众的那么一种风格。据说这种风格宜于用在说理文里。我认为这种论调对于说理文不但是一种歪曲，而且简直是一种侮辱。说理文的目的在于说服，如果能做到感动，那就会更有效地达到说服的效果。作者自己如果没有感动，就绝对不能使读者感动。

文章如说话，说话须在说的人和听的人之间建立一种社会关系。话必须是由具有一定身份的人说的，说给具有一定身份的人听的。话的内容和形式都要适合这两种人的身份，而且要针对着说服的目的。这个事实就说明说话或作文都免不掉两种情感上的联系，首先是说话人对所说的话不能毫无情感，其次是说话人对听众不能没有某种情感上的联系，爱或是恨。这些情感色彩都必然要在声调口吻上流露出。这样的话才有意义，才能产生它所期待的效果。如果坚持所谓"零度风格"，说话人装着对自己所说的话毫无情感，把自己隐藏在幕后，也不理睬听众是谁，不偏不倚，不疼不痒地背诵一些冷冰冰的条条儿，玩弄一些抽象概念，或是罗列一些干巴巴的事实，没有一丝丝人情味，这只能是掠过空中的一种不明来历去向的声响，所谓"耳边风"，怎能叫人发生兴趣，感动人，说服人呢？

最近我到广州、湛江、海南岛、桂林等地参观了一个月，沿途听到很多的大大小小的报告，其中也偶有用"零度风格"的，事实虽然摆得很多，印象却不深刻。但是多数是做得很亲切很生动的，其中最突出的是海口市萧书记所做的一篇。当天我们坐了一天的汽车和飞机，到夜都已经有些疲倦，萧书记从七点钟一直向我们谈到十一点过后，却没有一个人觉得困或是嫌他话长。他说话的时候眉飞色舞，用的语言是家常亲切的，把海南岛的远景描写得很形象化，叫我们都不由自主地精神振奋起来。他真正做到了"引人入胜"。他的秘诀在和听众建立了亲密的情感上的联系，对所谈的事也真正有体会，有情感。

从此我看出说理文的两条道路，一条是所谓"零度风格"的路，例子容易找，用不着我来举；另一条是有立场有对象有情感有形象，既准确而又鲜明生动的路，这是马克思在《神圣家族》、恩格斯在《反杜林论》、列宁在《唯物主义与经验批判主义》以及我们比较熟悉的《评白皮书》和《尼赫鲁的哲学》这一系列说理文范例所走的路。

载《人民文学》第 3 期，1962 年 3 月

谈写作学习

——在香港中文大学一次夜餐会上应邀的一次谈话

　　诸位约我谈一点个人学习写作的经验，我不是一个文学创作家，一生都只写些关于写作的议论文，没有写过一部文学创作。我是桐城人，自幼就只读些姚姬传的《古文辞类纂》，蘅塘退士的《唐诗三百首》，沈德潜的《古诗源》和张惠言的《词选》之类选本。这些作品就养成我对中国文学的爱好。受到一位宋诗派老师的教导，特别爱好诗词。后来进武昌高等师范学校中文系，学过段玉裁的《说文解字注》，对中国文字学得到了初步认识。后来考入香港大学，毕业后又留学英法大学共八年，初步接触到西方文学，随时拿西方文学和中国文学进行比较，写了一些心得。这样就走上美学道路。回国后就一直从事美学或诗学方面的研究和翻译工作，写的全是些理论文。偶尔也想写点文艺创作，可是总写不出来，原因在于我惯于抽象思维，就扼杀了形象思维的能力。因此我常根据自己失败的教训，劝告文学青年朋友们早就集中精力于细心观察和体验实际生活，少谈一点理论或公式教条，把亲身体验的实际生活加以精练的形象化，便是文学作品了。为着自己创作，就要钻研一些模范作品。无论是写诗或写散文，都要精读一些模范作品。就像写字作画都要"临帖"一样，从而摸索出大家名手的诀窍。这是文艺创作家成功的秘诀，也是一切行业（包括近代工业和农业）成功的秘诀。"工欲善其事，必先利其器"。文学用的"器"是语言文字。从事文学创作的人也要在语言文字学方面下一些切实的工夫。这是现在一般青年写作家们所忽视的。我自己开始写作时，白话文运动刚开始。我是从学古文起家的，起初颇觉以白话代替古文未免可惜，经过一阵彷徨，后来我终于认识到白话文比文言更接近现实生活，也更接近群众，于是毅然忍痛地放弃了古文，学习白话文，不过发现古文的根底对写白话文也还有用，想在写白话文中学一点古文的简洁明确。

语言有全国性的，也有地方性的，二者是不可偏废的，文学也是如此。这就是涉及文艺的民族性问题，也就要涉及香港和台湾的文艺前途问题。这两个地方的语言都与粤语和闽语有渊源，这两种地方语，特别是粤语，在近代都产生过自己特有的文学，都对国语和中国文学有所贡献。从此我想到《楚辞》在中国文学中的起源和发展足资借鉴。屈原是楚人，楚在战国时代属于南方的一个少数民族，屈原所创建的《楚辞》是和《诗经》中的《国风》部分一脉相承，而后来对中国文艺和文化起着重要作用的。我悬想台湾文学也终会成为中国文学中的一种"国风"。目前就有生动的事实足以证明。大量的台湾文学作品和乐歌已介绍到大陆，深受一般文艺爱好者欢迎，对青年作家们已在发生显著影响。另一方面，大量内地的文学作品也已在香港和台湾流行。我很高兴地看到自己的一些著作也在香港和台湾不断地翻印流行，最近我还看到秦贤次先生替台湾"洪范文学丛书"编的我的一部《诗论新编》；编得很出色，搜集了我自己早已遗忘了的一些颇足说明问题的资料，例如我受《歌谣研究》的影响写的对于诗的形式问题的意见，《性欲"母题"在原始诗歌中的位置》，以及《读胡适的〈白话文学史〉后的意见》、《朱佩弦先生的〈诗言志辨〉》。我在香港还注意到近年来台湾印行的大部头的中国古籍也很多很好。这些生动的事实不正足以证明台湾与大陆的和好合作足以提高人类文化和福利吗？实际上这种和好合作是顺大势所趋、人心所向，将会顺利进行。否则我这次就根本不会应新亚书院的邀约来香港讲学。我在和香港中文大学师生短期接触中对他们的良好学风和研究成果只有钦佩，我深信我们和好合作是大势所趋，让我们认清形势，和好合作，来促进和提高全人类的文明和幸福吧！

载《美育》第 4 期，1986 年

读经与做古文

就各人安排自己的读书范围来说，读经与不读经，全是个人的自由，用不着辩来辩去。不过就站在教育立场，替一般学校规定课程来说，限定全国的学生去读经，或是限定全国学生都不去读经，这种决断——如果不是武断——就值得仔细考虑。

我相信专门研究国学的人们不能不读经，正犹如研究西方文学的人不能不读希腊史到悲剧和新旧的诸古典名著。经书是中国文化思想的渊源，是中国民族特殊精神的表现。

不过在现在分工时代，社会的需要与个人的精力都不幸只能容许一个受教育者走一条很窄的路，每个人都能从经书去明白中国文化思想与特殊精神，这已成为一种可望不可攀的理想。它是研究国学者的特殊工作。十个受教育者之中至多只能有一个人能专修国学，我们就要顾到其余九个人的时力经济。读经到能真正得实益的程度，所需的时力必定妨碍到其他功课的进展。现在学校读经，恐怕正如读第二外国语，费力多而无所成就。

主张读经的道理自然很多，已经引起很多人的讨论，用不着多说。我想多数父兄师长希望子孙读经，还是从前人的老心理，以为经书是"古文"典型，要想做好文章，终须读经书。这种迷信是急待打破的。为练习文字发表力起见，以同样的时力去研究语体文，比较以同样的时力去研究经书古文，可以说是事半功倍。我相信就一般人而论，做"古文"是不合理的，现代英国人不做伊利萨白时代的古文，唐宋大家又何曾真正学周诰殷盘呢？是一时代的人，过一时代的生活，就用一时代的语文发展思想，这已成为世界公律。中国决非例外。"古文"是决不会复兴的，绝对没有未来的现代青年还要学做"古文"，那是老鼠钻牛角，死路一条。这番经人说过三番四遍的话，到今日还有再说的必要，我不但觉得希怪，也很难受。

主张读经做古文的教师们惯骂写白话文者不通，他们应该扪心自问：他们的学生们的"古文"卷有几篇说得上"通"呢？我近来看一些青年人所做的腐气沉沉的"古文"，愈让我坚信"古文"不可做。乱用语言的诸总是思想糊涂，现代人做"古文"不乱用语言，那是一件极不容易的事。

举一个小小的统计来说，现在青年用语体文做的作品，可观的甚多。这一二十年来，我就没有见到一个做"古文"的青年写出一部值得一看的书。我对于新书旧书都欢喜看，并不分什么畛域。

我自己也读过经书，做过"古文"的，改作语体文是近十年的事。我觉得用语体文比用古文要痛快得多就很切得多。我现在对于经书仍有几分留恋，对于"古文"都敢斩定其为伪制古董，我或许不会忘怀于《论语》、《诗经》、《左传》、《檀

公》、《乐记》、《学记》之类书籍，但是我相信我这一辈子不会
再欢喜唐宋八家的议论文，也不会再用"古文"来发表思想。
我对于一般青年的忠告是经书可读但不必人人都读，古文则绝
对不可做。读经书也要脱除冬烘腐气，用新方法去整理，用新
观点去鉴赏。带冬烘腐气去读经，那就不免愈读愈腐。

载《学生半月刊》第 1 卷第 6 期，1938 年 3 月

作文与运思

　　作文章通常也叫做"写"文章，在西文中作家一向称"写家"，作品叫做"写品"。写须用手，故会作文章的人在中文里有时叫做"名手"，会读而不会作的人说是"眼高手低"。这种语文的习惯颇值得想一想。到底文章是"作"的还是"写"的呢？创造文学的动作是"用心"还是"用手"呢？

　　这问题实在不像它现于浮面的那么肤浅。因近代一派最占势力的美学——克罗齐派——所争辩的焦点就在此。依他们看，文艺全是心灵的活动，创造就是表现也就是直觉。这就是说，心里想出一具体的境界，情趣与意象交融，情趣就已表现于那意象，而这时刻作品也就算完全成就了。至于拿笔来把心里所想好的作品写在纸上，那并非"表现"，那只是"传达"或"记录"。表现（即创造）全在心里成就，记录则如把唱出的乐歌灌音到留声机片上去，全是物理的事实，与艺术无关。如我们把克罗齐派学说略加修正一下，承认在创造时，心里不仅想出可以表现情趣的意象，而且也想出了描绘那意象的语言文字，这就是说，全部作品都有了"腹稿"，那么"写"并非

"作"的这个看法大致是对的。

我提出这问题和联带的一种美学观点，因为它与作文方法有密切的关系。普通语文习惯把"写"看成"作"，认为写是"用手"，也有一个原因。一般人作文往往不先将全部想好，拈一张稿纸，提笔就写，一直写将下去。他们在写一句之前，自然也得想一番，只是想一句，写一句，想一段，写一段；上句未写成时，不知下句是什么，上段未写成时，不知下段是什么；到写得无可再写时，就自然终止。这种习惯养成时，"不假思索"而任笔写下去，写得不知所云，也是难免的事。文章"不通"，大半是由这样来的。这种写法很普遍，学生们在国文课堂里作文，不用这个写法的似居少数。不但一般学生如此，就是有名的职业作家替报章杂志写连载的稿子，往往还是用这个"急就"的办法。这一期的稿子印出来了，下一期的稿子还在未定之天。有些作家甚至连写都不写，只坐在一个沙发上随想随念，一个书记或打字员在旁边听着，随听随录，录完一个段落了就送出发表。这样做成的作品，就整个轮廓看，总难免前后欠呼应，结构很零乱。近代英美长篇小说有许多是这样做成的，所以大半没有连串的故事，也没有完整的形式。作家们甚至把"无形式"（formlessness）当作一个艺术的信条，以为艺术原来就应该如此。这恐怕是艺术的一个厄运，有生命的东西都有一定完整的形式，首尾躯干不完全或是不匀称，那便成了一种怪物，而不是艺术。

这是一个极端，另一个极端是把全部作品都在心里想好，写只是记录，像克罗齐派美学家所主张的。苏东坡记文与可画竹，说他先有"成竹在胸"，然后铺纸濡毫，一挥而就。"成竹在胸"于是成为"腹稿"的佳话。这种办法似乎是理想的，实际上很不易做到。我自己也尝试过，只有在极短的篇幅中，像做一首绝句或律诗，我还可以把全篇完全在心里想好；如篇幅长了那就很难。它有种种不方便。第一，我们的注意力和记忆力所能及的范围有一定的限度，把几千字甚至几万字的文章都一字一句地记在心里，同时注意到每字每句每段的线索关联，并且还要一直向前思索，纵假定是可能，这种繁重的工作对于心力也未免是一种不必要的损耗。其次，这也许是我个人的心理习惯，我想到一点意思，就必须把它写下来，否则那意思在心里只是游离不定。好比打仗，想出一个意思是夺取一块土地，把它写下来就像筑一座堡垒，可以把它守住，并且可以作进一步袭击的基础。第三，写自身是一个集中注意力的助力，既在写，心思就不易旁迁他涉。还不仅此，写成的字句往往可以成为思想的刺激剂，我有时本来已把一段话预先想好，可是把它写下来时，新的意思常源源而来，结果须把预定的一段话完全改过。普通所谓"由文生情"与"兴会淋漓"，大半在这种时机发现。只有在这种时机，我们才容易写出好文章。

我个人所采用的，是全用腹稿和全不用腹稿两极端的一种折衷办法。在定了题目之后，我取一张纸条摆在面前，抱着那题目四方八面地想。想时全凭心理学家所谓"自由联想"，不拘大小，不问次序，想得一点意思，就用三五个字的小标题写在纸条上，如此一直想下去，一直记下去，到当时所能想到的意思都记下来了为止。这种寻思的工作做完了，我于是把乱杂无章的小标题看一眼，仔细加一番衡量，把无关重要的无须说的各点一齐丢开，把应该说的选择出来，再在其中理出一个线索和次第，另取一张纸条，顺这个线索和次第用小标题写成一个纲要。这纲要写好了，文章的轮廓已具。每小标题成为一段的总纲。我于是依次第逐段写下去。写一段之先，把那一段的话大致想好，写一句之先，也把那一句的话大致想好。这样写下去时，像上面所说的，有时有新意思涌现，我马上就修改。一段还没有写妥时，我决不把它暂时摆下，而是继续写下去。因此，我往往在半途废去了很多稿纸，但是一篇写完了，我无须再誊清，也无须大修改。这种折衷的办法颇有好处，一则纲要先想好，文章就有层次，有条理，有轻重安排，总之，就有形式；二则每段不预先决定，任临时触机，写时可以有意到笔随之乐，文章也不至于过分板滞。许多画家作画，似亦采取这种办法。他们先画一个大轮廓，然后逐渐填枝补叶，显出色调线纹阴阳向背。预定轮廓之中，仍可有气韵生动。

寻思是作文的第一步重要工作，思有思路，思路有畅通时也有蔽塞时。大约要思路畅通，须是精力弥满，脑筋清醒，再加上风日清和，窗明几净，临时没有外扰败兴，杂念萦怀。这时候静坐凝思，新意自会像泉水涌现，一新意酿成另一新意；如是辗转生发，写作便成为人生一件最大的乐事。一般"兴会淋漓"的文章大半都是如此做成。提笔作文时，最好能选择这种境界，并且最好能制造这种境界。不过这是理想，有时这种境界不容易得到，有时虽然条件具备，文思仍然蔽塞。在蔽塞时，我们是否就应放下呢？抽象的理论姑且丢开，只就许多著名的作家的经验来看，苦思也有苦思的收获。唐人有"吟成一个字，捻断数茎须"的传说；李白讥诮杜甫说"借问近来太瘦生，总为从来作诗苦"；李长吉的母亲说"呕心肝乃已"。佛洛伯有一封信札，写他著书的艰难说："我今天弄得头昏脑晕，灰心丧气。我做了四个钟头，没有做出一句来。今天整天没有写成一行，虽然涂去了一百行。这工作真难！艺术啊，你是什么恶魔？为什么要这样咀嚼我们的心血？"但是他们的成就未始不从这种艰苦奋斗得来。元遗山与张仲杰论文诗说："文章出苦心，谁以苦心为？"大作家看重"苦心"，于此可见，就我个人所能看得到的来说，苦心从不会白费的。思路太畅时，我们信笔直书，少控制，常易流于浮滑；苦思才能剥茧抽丝，鞭辟入里，处处从深一层着想，才能沉着委婉，此其一。苦思在当时或许无所得，但是在潜意识中它的工作仍在酝酿，到成熟时可以"一旦豁然贯通"，普通所谓"灵感"大半都先经苦思的准备，到了适当时机便突然涌现，此其二。难关可以打通，平路便可驰骋自如。苦思是打破难关的努力，经过一番苦思的训练之后，手腕便逐渐娴熟，思路便不易落平凡，纵遇极难驾御的情境也可以手挥目送，行所无事，此其三。大抵文章的畅适境界有两种，有生来即畅适者，有经过艰苦经营而后畅适者。就已成功的作品看，好像都很平易，其实这中间分别很大，入手即平易者难免浮浅，由困难中获得平易者大半深刻耐人寻味，这是铅锡与百炼精钢的分别，也是袁简斋与陶渊明的分别。王介甫所说的"看似寻常最奇崛，成如容易却艰辛"，是文章的胜境。

作文运思有如抽丝，在一团乱丝中拣取一个丝头，要把它从错杂纠纷的关系中抽出，有时一抽即出，有时须绕弯穿孔解结，没有耐心就会使萦乱的更加萦乱。运思又如射箭，目前悬有鹄的，箭朝着鹄的发，有时一发即中，也有因为瞄准不正确，用力不适中，箭落在离鹄的很远的地方，习射者须不惜努力尝试，多发总有一中。

这譬喻不但说明思路有畅通和艰涩的分别，还可说明一个意思的涌现，固然大半凭人力，也有时须碰机会。普通所谓"灵感"，虽然源于潜意识的酝酿，多少也含有机会的成分。大约文艺创作的起念不外两种。一种是本来无意要为文，适逢心中偶然有所感触，一种情境或思致，觉得值得写一写，于是就援笔把它写下来。另一种是预定题目，立意要做一篇文章，于是抱着那题目想，想成熟了然后把它写下。从前人写旧诗，标题常用"偶成"和"赋得"的字样，"偶成"者触兴而发，随时口占，"赋得"者定题分韵，拈得一字，就用它为韵做诗。我们可以借用这个术语，把文学作品分为"偶成"和"赋得"两类。"偶成"的作品全凭作者自己高兴，迫他写作的只有情思需要表现的一个内心冲动，不假外力。"赋得"的作品大半起于外力的催促，或是要满足一种实用的需要，如宣传、应酬、求名谋利、练习技巧之类。照理说，只有"偶成"作品才符合纯文学的理想；但是在事实上现存的文学作品大半属于"赋得"的一类，细看任何大家的诗文集就可以知道。"赋得"类也自有好文章，不但应酬唱和诗有好的，就是策论、奏疏、墓志铭之类也未可一概抹煞。一般作家在练习写作时期，常是做"赋得"的工作。"赋得"是一种训练，"偶成"是一种收获。一个作家如果没有经过"赋得"的阶段，"偶成"的机会不一定有，纵有也不会多。

"赋得"所训练的不仅是技巧，尤其是思想。一般人误信文学与科学不同，无须逻辑的思考。其实文学只有逻辑的思考固然不够，没有逻辑的思考却也决不行。诗人考洛芮基在他的文学传记里眷念一位无名的老师，因为从这老师的教诲，他才深深地了解极放纵的诗还是有它的逻辑。我常觉得，每一个大作家必同时是他自己的严厉的批评者。所谓"批评"就要根据逻辑的思想和文学的修养。一件作品如果有毛病——无论是在命意、布局或是在造句、用字——仔细穷究，病源都在思想。思想不清楚的人做出来的文章决不会清楚。思想的毛病除着精神失常以外，都起于懒惰，遇着应该分析时不仔细分析，应该斟酌时不仔细斟酌，只图模糊敷衍，囫囵吞枣混将过去。练习写作，第一件要事就是克服这种心理的懒怠，随时彻底认真，一字不苟，肯朝深处想，肯向难处做。如果他养成了这种谨严的思想习惯，始终不懈，他决不会做不出好的文章。

1943 年

选自《谈文学》

选择与安排

在作文运思时，最重要而且最艰苦的工作不在搜寻材料，而在有了材料之后，将它们加以选择与安排，这就等于说，给它们一个完整有生命的形式。材料只是生糙的钢铁，选择与安排才显出艺术的锤炼刻划。就生糙的材料说，世间可想到可说出的话，从前人在大体上都已经想过说过；然而后来人却不能因此就不去想不去说，因为每个人有他的特殊的生活情境与经验，所想所说虽大体上仍是那样的话，而想与说的方式却各不相同。变迁了形式，就变迁了内容。所以他所想所说尽管在表面上是老生常谈，而实际上却可以是一种新鲜的作品，如果选择与安排给了它一个新的形式，新的生命的话。"袅袅兮秋风，洞庭波兮木叶下"，在大体上和"菡萏香销翠叶残，西风愁起绿波间"表现同样的情致，而各有各的佳妙处，所以我们不能说后者对于前者是重复或是抄袭。莎士比亚写过夏洛克以后，许多作家接着写过同样典型的守财奴（莫里哀的哈伯贡和巴尔札克的哥里阿是著例），也还是一样入情入理。材料尽管大致相同，每个作家有他的不同的选择与安排，这就是说，有他的独到的艺术手腕，所以仍可以有他的特殊的艺术成就。

最好的文章，像英国小说家斯沃夫特所说的，须用"最好的字句在最好的层次"。找最好的字句要靠选择，找最好的层次要靠安排。其实这两桩工作在人生各方面都很重要，立身处世到处都用得着，一切成功和失败的枢纽都在此。在战争中我常注意用兵，觉得它和作文的诀窍完全相同。善将兵的人都知道兵在精不在多。精兵一人可以抵得许多人用，疲癃残疾的和没有训练没有纪律的兵愈多愈不易调动，反而成为累赘或障碍。一篇文章中每一个意思或字句就是一个兵，你在调用之前，须加一番检阅，不能作战的，须一律淘汰，只留下精锐，让他们各站各的岗位，各发挥各的效能。排定岗位就是摆阵势，在文章上叫做"布局"。在调兵布阵时，步、骑、炮、工、辎须有联络照顾，将、校、尉、士、卒须按部就班，全战线的中坚与侧翼，前锋与后备，尤须有条不紊。虽是精锐，如果摆布不周密，纪律不严明，那也就成为乌合之众，打不来胜仗。文章的布局也就是一种阵势，每一段就是一个队伍，摆在最得力的地位才可以发生最大的效用。

文章的通病不外两种：不知选择和不知安排。第一步是选择，斯蒂芬生说：文学是"剪裁的艺术"。剪裁就是选择的消极方面。有选择就必有排弃，有割爱。在兴酣采烈时，我们往往觉得自己所想到的意思样样都好，尤其是费过苦心得来的，要把它一笔勾销，似未免可惜。所以割爱是大难事，它需要客观的冷静，尤其需要谨严的自我批评。不知选择大半由于思想的懒惰和虚荣心所生的错觉。遇到一个题目来，不肯朝深一层处想，只浮光掠影地凑合一些实在是肤浅陈腐而自以为新奇的意思，就把它们和盘托出。我常看大学生的论文，把一个题目所有的话都一五一十地说出来，每一点都约略提及，可是没有一点说得透彻，甚至前后重复或自相矛盾。如果有几个人同做一个题目，说的话和那话说出来的形式都大半彼此相同，看起来只觉得"天下老鸦一般黑"。这种文章如何能说服读者或感动读者？这里我们可以再就用兵打比喻，用兵致胜的要诀在占领要塞，击破主力。要塞既下，主力既破，其余一切就望风披靡，不攻自下。古人所以有"射人先射马，擒贼先擒王"的说法。如果虚耗兵力于无战略性的地点，等到自己的实力消耗尽了，敌人的要塞和主力还屹然未动，那还能希望打什么胜仗？做文章不能切中要害，错误正与此相同。在艺术和在自然一样，最有效的方式常是最经济的方式，浪费不仅是亏损而且也是伤害。与其用有限的力量于十件事上而不能把任何一件事做得好，不如以同样的力量集中在一件事上，把它做得斩钉截铁。做文章也是如此。世间没有说得完的话，你想把它说完，只见得你愚蠢；你没有理由可说人人都说的话，除非你比旁人说得好，而这却不是把所有的话都说完所能办到的。每篇文章必有一个主旨，你须把着重点完全摆在这主旨上，在这上面鞭辟入里，烘染尽致，使你所写的事理情态成一个世界，突出于其他一切世界之上，像浮雕突出于石面一样。读者看到，马上就可以得到一个强有力的印象，不由得他不受说服和感动。这就是选择，这就是攻坚破锐。

我们最好拿戏剧小说来说明选择的道理。戏剧和小说都描写人和事。人和事的错综关系向来极繁复，一个人和许多人有因缘，一件事和许多事有联络，如果把这些关系辗转追溯下去，可以推演到无穷。一部戏剧或小说只在这无穷的人事关系中割出一个片段来，使它成为一个独立自足的世界，许多在其他方面虽有关系而在所写的一方面无大关系的事事物物，都须斩断撇开。我们在谈劫生辰纲的梁山泊好汉，生辰纲所要送到的那个豪贵场合也许值得描写，而我们却不能去管。谁不想知道哈姆雷特在魏敦堡的留学生活，但是我们现在只谈他的家庭悲剧，时间和空间的限制都不许我们搬到魏敦堡去看一看。再就划定的小范围来说，一部小说或戏剧须取一个主要角色或主要故事做中心，其余的人物故事穿插，须能烘托这主角的性格或理清这主要故事的线索，适可而止，多插一个人或一件事就显得臃肿繁芜。再就一个角色或一个故事的细节来说，那是数不尽的，你必须有选择，而选择某一个细节，必须有典型性，选了它其余无数细节就都可不言而喻。悭吝人到处悭吝，吴敬梓在《儒林外史》里写严监生，只挑选他临死时看见油灯里有两茎灯心不闭眼一事。《红楼梦》对于妙玉着笔墨最少，而她那一副既冷僻而又不忘情的心理却令我们一见不忘。刘姥姥吃过的茶杯她叫人掷去，却将自己用的绿玉斗斟茶给宝玉；宝玉做寿，众姊妹闹得欢天喜地，她一人枯坐参禅，却暗地递一张粉红笺的贺帖。寥寥数笔，把一个性格，一种情境，写得活灵活现。在这些地方多加玩索，我们就可悟出选择的道理。

选择之外，第二件要事就是安排，就是摆阵势。兵家有所谓"常山蛇阵"，它的特点是"击首则尾应，击尾则首应，击腹则首尾俱应"。亚里士多德在《诗学》里论戏剧结构说它要完整，于是替"完整"一词下了一个貌似平凡而实精深的定义："我所谓完整是指一件事物有头，有中段，有尾。头无须有任何事物在前面笼盖着，而后面却必须有事物承接着。中段要是前面既有事物笼盖着，后面又有事物承接着。尾须有事物在前面笼盖着，却不须有事物在后面承接着"。这与"常山蛇阵"的定义其实是一样。用近代语言来说，一个艺术品必须为完整的有机体，必须是一件有生命的东西。有生命的东西第一须有头有尾有中段，第二是头尾和中段各在必然的地位，第三是有一股生气贯注于全体，某一部分受影响，其余各部分不能麻木不仁。一个好的阵形应如此，一篇好的文章布局也应如此。一段话如果丢去仍于全文无害，那段话就是赘疣；一段话如果搬动位置仍于全文无害，那篇文章的布局就欠斟酌。布局愈松懈，文章的活力就愈薄弱。

从前中国文人讲文章义法，常把布局当作呆板的形式来谈，例如全篇局势须有起承转合，脉络须有起伏呼应，声调须有抑扬顿挫，命意须有正反侧，如作字画，有阴阳向背。这些话固然也有它们的道理，不过它们是由分析作品得来的，离开作品而空谈义法，就不免等于纸上谈兵。我们想懂得布局的诀窍，最好是自己分析完美的作品；同时，自己在写作时，多费苦心衡量斟酌。最好的分析材料是西方戏剧杰作，因为它们的结构通常都极严密。习作戏剧也是学布局的最好方法，因为戏剧须把动作表现于有限时间与有限空间之中，如果起伏呼应不紧凑，就不能集中观众的兴趣，产生紧张的情绪。我国史部要籍如《左传》、《史记》之类在布局上大半也特别讲究，值得细心体会。一篇完美的作品，如果细经分析，在结构上必具备下面的两个要件：

　　第一是层次清楚。文学像德国学者莱森所说的，因为用在时间上承续的语文为媒介，是沿着一条线绵延下去。如果同时有许多事态线索，我们不能把它们同时摆在一个平面上，如同图画上许多事物平列并存；我们必须把它们在时间上分先后，说完一点，再接着说另一点，如此生发下去。这许多要说的话，谁说在先，谁说在后，须有一个层次。层次清楚，才有上文所说的头尾和中段。文章起头最难，因为起头是选定出发点，以后层出不穷的意思都由这出发点顺次生发出来，如幼芽生发出根干枝叶。文章只有生发，才能成为完整的有机体。所谓"生发"，是上文意思生下下文意思，上文有所生发，下文才有所承接。文章的"不通"有多种，最厉害的是上气不接下气，上段上句的意思没有交代清楚就搁起，下段下句的意思没有伏根就突然出现。顺着意思的自然生发脉络必有衔接，不致有脱节断气的毛病，而且意思可以融贯，不致有前后矛盾的毛病。打自己耳光，是文章最大的弱点。章实斋在韩退之《送孟东野序》里挑出过一个很好的例。上文说"凡物不得其平则鸣"，下文接着说"伊尹鸣商，周公鸣周"，伊尹、周公并非不得其平。这是自相矛盾，下文意思不是从上文意思很逻辑地生发出来。意思互相生发，就能互相呼应，也就能以类相聚，不相杂乱。杂乱有两种：一是应该在前一段说的话遗漏着不说，到后来一段不很相称的地方勉强插进去；一是在上文已说过的话，到下文再重复说一遍。这些毛病的根由都在思想疏懈。思想如果谨严，条理自然缜密。

　　第二是轻重分明。文章不仅要分层次，尤其要分轻重。轻重犹如图画的阴阳光影，一则可以避免单调，起抑扬顿挫之致；二则轻重相形，重者愈显得重，可以产生较强烈的效果。一部戏剧或小说的人物和故事如果不分宾主，群龙无首，必定显得零乱芜杂。一篇说理文如果有五六层意思都平铺并重，它一定平滑无力，不能说服读者。艺术的特征是完整，完与整是相因的，整一才能完美。在许多意思并存时，想产生整一的印象，它们必须轻重分明。文章无论长短，一篇须有一篇的主旨，一段须有一段的主旨。主旨是纲，由主旨生发出来的意思是目。纲必须能领目，目必须附丽于纲，尊卑就序，然后全体自能整一。"譬如北辰居其所而众星拱之"。一篇文章的主旨应有这种气象，众星也要分大小远近。主旨是着重点，有如照像投影的焦点，其余所有意思都附在周围，渐远渐淡。在文章中显出轻重，通常不外两种办法：第一是在层次上显出。同是一个意思，摆的地位不同，所生的效果也就不同，不过我们不能指定某一地位是天然的着重点。起头有时可以成为着重点，因为它笼盖全篇，对读者可以生"先入为主"的效果；收尾通常不能不着重，虎头蛇尾是文章的大忌讳，作家往往一层深一层地掘下去，不断地引起读者的好奇心，使他不能不读到终了，到终了主旨才见分晓，故事才告结束，谜语才露谜底。中段承上起下，也可以成为着重点，戏剧的顶点大半落在中段，可以为证。一个地位能否成为着重点，全看作者渲染烘托的技巧如何，我们不能定出法则，但是可以从分析名著（尤其是叙事文）中探得几分消息。其次轻重可以在篇幅分量上显出。就普遍情形说，意思重要，篇幅应占多；意思不重要，篇幅应占少。这不仅是为着题旨醒豁，也是要在比例匀称上现出一点波澜节奏，如同图画上的阴阳。轻重倒置在任何艺术作品中都是毛病。不过这也不能一概而论，名手立论或叙事，往往在四面渲染烘托，到了主旨所在，有如画龙点睛，反而轻描淡写地掠过去，不多着笔墨。

从上面的话看来，我们可以知道文章有一定的理，没有一定的法。所以我们只略谈原理，不像一般文法修辞书籍，在义法上多加剖析。"大匠能诲人以规矩，不能使人巧。"知道文章作法，不一定就做出好文章。艺术的基本原则是寓变化于整齐，整齐易说，变化则全靠心灵的妙运，这是所谓"神而明之，存乎其人"了。

1943 年

选自《谈文学》

咬文嚼字

　　郭沫若先生的剧本《屈原》里婵娟骂宋玉说："你是没有骨气的文人！"上演时他自己在台下听，嫌这话不够味，想在"没有骨气的"下面加"无耻的"三个字。一位演员提醒他把"是"改为"这"，"你这没有骨气的文人！"就够味了。他觉得这字改得很恰当，他研究这两种语法的强弱不同，以为"你是什么"只是单纯的叙述语，没有更多的意义，有时或许竟会"不是"；"你这什么"便是坚决的判断，而且还把必须有的附带语省略去了。根据这种见解，他把另一文里"你有革命家的风度"一句话改为"你这革命家的风度"（见《文学创作》第四期郭沫若《札记四则》）。

　　这是炼字的好例。我们不妨借此把炼字的道理研究一番。那位演员把"是"改为"这"，确是改得好，不过郭先生如果记得《水浒》，就会明白一般民众骂人，都用"你这什么"式语法。石秀骂梁中书说："你这与奴才做奴才的奴才！"杨雄醉骂潘巧云说："你这贱人！你这淫妇！你这你这大虫口里流涎！你这你这……"一口气就骂了六个"你这"。看这些实例，

"你这什么!"倒不仅是"坚决的判断",而是带有极端憎恶的惊叹语,表现着强烈的情感。"你是什么"便只是不带情感的判断,纵有情感也不能在文字本身上见出。不过它也不一定就是"单纯的叙述语,没有更多的含义"。《红楼梦》里茗烟骂金荣说:"你是个好小子,出来动一动你茗大爷!"这里"你是"含有假定语气,也带"你不是"一点讥刺的意味,如果改成"你这好小子!"神情就完全不对了。从此可知"你这"式语法,并非在任何情形之下都比"你是"式语法都来得更有力。其次,郭先生援例把"你有革命家的风度",改为"你这革命家的风度",似乎改得并不很妥。一、"你这"式语法大半表示深恶痛嫉,在赞美时便不适宜。二、"是"在逻辑上是联接词(copula),相当于等号;"有"的性质全不同。在"你有革命家的风度"一句中,"风度"是动词的宾词,在"你这革命家的风度"中,"风度"便变成主词,和"你(的)"平行根本不成一句话。

这番话不免啰嗦,但是我们原在咬文嚼字,非这样锱铢必较不可。咬文嚼字有时是一个坏习惯,所以这个成语的涵义通常不很好。但是在文学,无论阅读或写作,我们必须有一字不肯放松的谨严。文学借文字表现思想情感;文字上面有含糊,就显得思想还没有透彻,情感还没有凝炼。咬文嚼字,在表面上像只是斟酌文字的分量,在实际上就是调整思想和情感。从来没有一句话换一个说法而意味仍完全不变。例如《史记》李广射虎一段:

李广见草中石,以为虎而射之,中石没镞,视之,石也。因更复射，终不能复入石矣。

这本是一段好文章，王若虚在《史记辨惑》里说它"凡多三石字"，当改为：

> 以为虎而射之，没镞，既知其为石，因更复射，终不能入。

或改为：

> 尝见草中有虎，射之，没镞。视之，石也。

在表面上看，改得似乎简洁些，却实在远不如原文。见"草中石，以为虎"并非"见草中有虎"。原文"视之，石也"有发现错误而惊讶的意味，改为"既知其为石"便失去这意味。原文"终不能复入石矣"有失望而放弃得很斩截的意味，改为"终不能入"便觉索然无味。这种分别稍有文字敏感的人细心玩索一番，自会明白。

有些人根本不了解文字和思想情感的密切关系，以为更改一两个字不过是要文字顺畅些或是漂亮些。其实更动了文字，就同时更动了思想情感，内容和形式是相随而变的。姑举一个人人皆知的实例。韩愈在月夜里听见贾岛吟诗，有"鸟宿池边树，僧推月下门"两句，劝他把"推"字改成"敲"字。这段文字因缘古今传为美谈，于今人要把咬文嚼字的意思说得好听一点，都说"推敲"。古今人也都赞赏"敲"字比"推"

字下得好。其实这不仅是文字上的分别，同时也是意境上的分别。"推"固然显得鲁莽一点，但是它表示孤僧步月归寺，门原来是他自己掩的，于今他"推"。他须自掩自推，足见寺里只有他孤零零的一个和尚。在这冷寂的场合，他有兴致出来步月，兴尽而返，独往独来，自在无碍，他也自有一副胸襟气度。"敲"就显得他拘礼些，也就显得寺里有人应门。他仿佛是乘月夜访友，他自己不甘寂寞，那寺里假如不是热闹场合，至少也有一些温暖的人情。比较起来，"敲"的空气没有"推"的那么冷寂。就上句"鸟宿池边树"看来，"推"似乎比"敲"要调和些。"推"可以无声，"敲"就不免剥啄有声，惊起了宿鸟，打破了岑寂，也似乎平添了搅扰。所以我很怀疑韩愈的修改是否真如古今所称赏的那么妥当。究竟哪一种意境是贾岛当时在心里玩索而要表现的，只有他自己知道。如果他想到"推"而下"敲"字，或是想到"敲"而下"推"字，我认为那是不可能的事。所以问题不在"推"字和"敲"字哪一个比较恰当，而在哪一种境界是他当时所要说的而且与全诗调和的。在文字上推敲，骨子里实在是在思想情感上"推敲"。

无论是阅读或是写作，字的难处在意义的确定与控制。字有直指的意义，有联想的意义。比如说"烟"，它的直指的意义，凡见过燃烧体冒烟的人都会明白，只是它的联想的意义迷离不易捉摸，它可联想到燃烧弹、鸦片烟榻、庙里焚香、"一川烟水"、"杨柳万条烟"、"烟光凝而暮山紫"、"蓝田日暖玉生烟"……种种境界。直指的意义载在字典，有如月轮，明显而确实，联想的意义是文字在历史过程上所累积的种种关系，有如轮外圆晕，晕外霞光，其浓淡大小随人随时随地而各各不同，变化莫测。科学的文字愈限于直指的意义就愈精确，文学的文字有时却必须顾到联想的意义，尤其是在诗方面。直指的意义易用，联想的意义却难用，因为前者是固定的，后者是游离的，前者偏于类型，后者偏于个性。既是游离的，个别的，它就不易控制，而且它可以使意蕴丰富，也可以使意思含糊甚至于支离。比如说苏东坡的《惠山烹小龙团》诗里三四两句"独携天上小团月，来试人间第二泉"，"天上小团月"是由"小龙团"茶联想起来的，如果你不知道这个关联，原文就简直不通；如果你不了解明月照着泉水和清茶泡在泉水里那一点共同的清沁肺腑的意味，也就失去原文的妙处。这两句诗的妙处就在不即不离、若隐若约之中。它比用"惠山泉水泡小龙团茶"一句话来得较丰富，也来得较含混有蕴藉。难处就在于含混中显得丰富。由"独携小龙团，来试惠山泉"变成"独携天上小团月，来试人间第二泉"，这是点铁成金。文学之所以为文学，就在这一点生发上面。

这是一个善用联想意义的例子。联想意义也最易误用而生流弊。联想起于习惯，习惯老是欢喜走熟路。熟路抵抗力最低，引诱性最大，一人走过，人人就都跟着走，愈走就愈平滑俗滥，没有一点新奇的意味。字被人用得太滥，也是如此。从前做诗文的人都倚靠《文料触机》、《幼学琼林》、《事类统编》之类书籍，要找词藻典故，都到那里去乞灵。美人都是"柳腰桃面""王嫱、西施"，才子都是"学富五车，才高八斗"；谈风景必是"春花秋月"，叙离别不离"柳岸灞桥"；做买卖都有"端木遗风"，到现在用铅字排印书籍还是"付梓"、"杀青"。像这样例子举不胜举，它们是从前人所谓"套语"，我们所谓"滥调"。一件事物发生时立即使你联想到一些套语滥调，而你也就安于套语滥调，毫不斟酌地使用它们，并且自鸣得意。这就是近代文艺心理学家们所说的"套板反应"（stock response）。一个人的心理习惯如果老是倾向"套板反应"，他就根本与文艺无缘，因为就作者说，"套板反应"和创造的动机是仇敌，就读者说，它引不起新鲜而真切的情趣。一个作者在用字用词上面离不掉"套板反应"，在运思布局上面，甚至于在整个人生态度方面也就难免如此。不过习惯力量的深广非我们意料所及，沿着习惯的去做，总比新创较省力，人生来有惰性，常使我们不知不觉地一滑就滑到"套板反应"里去。你如果随便在报章杂志或是尺牍宣言里面挑一段文章来分析，你就会发见那里面的思想情感和语言，大半都由"套板反应"起来的。韩愈谈他自己做古文，"惟陈言之务去"。这是一句最紧要的教训。语言跟着思想情感走，你不肯用俗滥的语言，自然也就不肯用俗滥的思想情感，你遇事就会朝深一层去想，你的文章也就真正是"作"出来的，不至落入下乘。

以上只是随便举几个实例，说明咬文嚼字的道理。例子举不尽，道理也说不完。我希望读者从这粗枝大叶的讨论中，可以领略运用文字所应有的谨严精神。本着这个精神，他随处留心玩索，无论是阅读或写作，就会逐渐养成创作和欣赏都必需的好习惯。他不能懒，不能粗心，不能受一时兴会所生的幻觉迷惑而轻易自满。文学是艰苦的事，只有刻苦自励，推陈翻新，时时求思想情感和语言的精练与吻合，他才会逐渐达到艺术的完美。

1943 年

"读书破万卷，下笔如有神"

——天才与灵感

　　知道格律和模仿对于创造的关系，我们就可以知道天才和人力的关系了。

　　生来死去的人何止恒河沙数？真正的大诗人和大艺术家是在一口气里就可以数得完的。何以同是人，有的能创造，有的不能创造呢？在一般人看，这全是由于天才的厚薄。他们以为艺术全是天才的表现，于是天才成为懒人的借口。聪明人说，我有天才，有天才何事不可为？用不着去下功夫。迟钝人说，我没有艺术的天才，就是下功夫也无益。于是艺术方面就无学问可谈了。

　　"天才"究竟是怎么一回事呢？

　　它自然有一部分得诸遗传。有许多学者常欢喜替大创造家和大发明家理家谱，说莫扎特有几代祖宗会音乐，达尔文的祖父也是生物学家，曹操一家出了几个诗人。这种证据固然有相当的价值，但是它决不能完全解释天才。同父母的兄弟贤愚往往相差很远。曹操的祖宗有什么大成就呢？曹操的后裔又有什么大成就呢？

　　天才自然也有一部分成于环境。假令莫扎特生在音阶简单、乐器拙陋的蒙昧民族中，也决不能作出许多复音的交响曲。"社会的遗产"是不可蔑视的。文艺批评家常欢喜说，伟大的人物都是他们的时代的骄子，艺术是时代和环境的产品。这话也有不尽然，同是一个时代而成就却往往不同。英国在产生莎士比亚的时代和西班牙是一般隆盛，而当时西班牙并没有产生伟大的作者。伟大的时代不一定能产生伟大的艺术。美国的独立，法国的大革命在近代都是极重大的事件，而当时艺术却卑卑不足高论。伟大的艺术也不必有伟大的时代做背景，席勒和歌德的时代，德国还是一个没有统一的纷乱的国家。

我承认遗传和环境的影响非常重大，但是我相信它们都不能完全解释天才。在固定的遗传和环境之下，个人还有努力的余地。遗传和环境对于人只是一个机会，一种本钱，至于能否利用这个机会，能否拿这笔本钱去做出生意来，则所谓"神而明之，存乎其人"。有些人天资颇高而成就则平凡，他们好比有大本钱而没有做出大生意；也有些人天资并不特异而成就则斐然可观，他们好比拿小本钱而做出大生意。这中间的差别就在努力与不努力了。牛顿可以说是科学家中一个天才了，他常常说："天才只是长久的耐苦。"这话虽似稍嫌过火，却含有很深的真理。只有死功夫固然不尽能发明或创造，但是能发明创造者却大半是下过死功夫来的。哲学中的康德、科学中的牛顿、雕刻图画中的米开朗琪罗、音乐中的贝多芬、书法中的王羲之、诗中的杜工部，这些实例已经够证明人力的重要，又何必多举呢？

最容易显出天才的地方是灵感。我们只须就灵感研究一番，就可以见出天才的完成不可无人力了。

杜工部尝自道经验说："读书破万卷，下笔如有神。"所谓"灵感"就是杜工部所说的"神"，"读书破万卷"是功夫，

"下笔如有神"是灵感。据杜工部的经验看，灵感是从功夫出来的。如果我们借心理学的帮助来分析灵感，也可以得到同样的结论。

灵感有三个特征：

一、它是突如其来的，出于作者自己意料之外的。根据灵感的作品大半来得极快。从表面看，我们寻不出预备的痕迹。作者丝毫不费心血，意象涌上心头时，他只要信笔疾书。有时作品已经创造成功了，他自己才知道无意中又成了一件作品。歌德著《少年维特之烦恼》的经过，便是如此。据他自己说，他有一天听到一位少年失恋自杀的消息，突然间仿佛见到一道光在眼前闪过，立刻就想出全书的框架。他费两个星期的工夫一口气把它写成。在复看原稿时，他自己很惊讶，没有费力就写成一本书，告诉人说："这部小册子好像是一个患睡行症者在梦中做成的。"

二、它是不由自主的，有时苦心搜索而不能得的偶然在无意之中涌上心头。希望它来时它偏不来，不希望它来时它却蓦然出现。法国音乐家柏辽兹有一次替一首诗作乐谱，全诗都谱成了，只有收尾一句（"可怜的兵士，我终于要再见法兰西！"）无法可谱。他再三思索，不能想出一段乐调来传达这句诗的情思，终于把它搁起。两年之后，他到罗马去玩，失足落水，爬起来时口里所唱的乐调，恰是两年前所再三思索而不能得的。

三、它也是突如其去的，练习作诗文的人大半都知道"败兴"的味道。"兴"也就是灵感。诗文和一切艺术一样都宜于乘兴会来时下手。兴会一来，思致自然滔滔不绝。没有兴会时写一句极平常的话倒比写什么还难。兴会来时最忌外扰。

本来文思正在源源而来，外面狗叫一声，或是墨水猛然打倒了，便会把思路打断。断了之后就想尽方法也接不上来。谢无逸问潘大临近来做诗没有，潘大临回答说："秋来日日是诗思。昨日捉笔得'满城风雨近重阳'之句，忽催租人至，令人意败。辄以此一句奉寄。"这是"败兴"的最好的例子。

灵感既然是突如其来，突然而去，不由自主，那不就无法可以用人力来解释么？从前人大半以为灵感非人力，以为它是神灵的感动和启示。在灵感之中，仿佛有神灵凭附作者的躯体，暗中驱遣他的手腕，他只是坐享其成。但是从近代心理学发现潜意识活动之后，这种神秘的解释就不能成立了。

什么叫做"潜意识"呢？我们的心理活动不尽是自己所能觉到的。自己的意识所不能察觉到的心理活动就属于潜意识。意识既不能察觉到，我们何以知道它存在呢？变态心理中有许多事实可以为凭。比如说催眠，受催眠者可以谈话、做事、写文章、做数学题，但是醒过来后对于催眠状态中所说的话和所做的事往往完全不知道。此外还有许多精神病人现出"两重人格"。例如一个人乘火车在半途跌下，把原来的经验完全忘记，换过姓名在附近镇市上做了几个月的买卖。有一天他忽然醒过来，发现身边事物都是不认识的，才自疑何以走到这么一个地方。旁人告诉他说他在那里开过几个月的店，他绝对不肯相信。心理学家根据许多类似事实，断定人于意识之外又有潜意识，在潜意识中也可以运用意志、思想，受催眠者和精神病人便是如此。在通常健全心理中，意识压倒潜意识，只让它在暗中活动。在变态心理中，意识和潜意识交替来去。它们完全分裂开来，意识活动时潜意识便沉下去，潜意识涌现时，便把意识淹没。

灵感就是在潜意识中酝酿成的情思猛然涌现于意识。它好比伏兵，在未开火之前，只是鸦雀无声地准备，号令一发，它乘其不备地发动总攻击，一鼓而下敌。在没有侦探清楚的敌人（意识）看，它好比周亚夫将兵从天而至一样。这个道理我们可以拿一件浅近的事实来说明。我们在初练习写字时，天天觉得自己在进步，过几个月之后，进步就猛然停顿起来，觉得字越写越坏。但是再过些时候，自己又猛然觉得进步。进步之后又停顿，停顿之后又进步，如此辗转几次，字才写得好。学别的技艺也是如此。据心理学家的实验，在进步停顿时，你如果索性不练习，把它丢开去做旁的事，过些时候再起手来写，字仍然比停顿以前较进步。这是什么道理呢？就因为在意识中思索的东西应该让它在潜意识中酝酿一些时候才会成熟。功夫没有错用的，你自己以为劳而不获，但是你在潜意识中实在仍然于无形中收效果。所以心理学家有"夏天学溜冰，冬天学泅水"的说法。溜冰本来是在前一个冬天练习的，今年夏天虽然是在做旁的事，没有想到溜冰，但是溜冰的筋肉技巧却恰在这个不溜冰的时节暗里培养成功。一切脑的工作也是如此。

灵感是潜意识中的工作在意识中的收获。它虽是突如其来，却不是毫无准备。法国大数学家彭加勒常说他的关于数学的发明大半是在街头闲逛时无意中得来的。但是我们从来没有听过一个人向来没有在数学上用功夫，猛然在街头闲逛时发明数学上的重要原则。在罗马落水的如果不是素习音乐的柏辽兹，跳出水时也决不会随口唱出一曲乐调。他的乐调是费过两年的潜意识酝酿的。

从此我们可以知道"读书破万卷，下笔如有神"两句诗是至理名言了。不过灵感的培养正不必限于读书。人只要留心，处处都是学问，艺术家往往在他的艺术范围之外下功夫，在别种艺术之中玩索得一种意象，让它沉在潜意识里去酝酿一番，然后再用他的本行艺术的媒介把它翻译出来。吴道子生平得意的作品为洛阳天宫寺的神鬼，他在下笔之前，先请斐旻舞剑一回给他看，在剑法中得着笔意。张旭是唐朝的草书大家，他尝自道经验说："始吾见公主担夫争路，而得笔法之意；后见公孙氏舞剑器，而得其神。"王羲之的书法相传是从看鹅掌拨水得来的。法国大雕刻家罗丹也说道："你问我在什么地方学来的雕刻？在深林里看树，在路上看云，在雕刻室里研究模型学来的。我在到处学，只是不在学校里。"

从这些实例看，我们可知各门艺术的意象都可触类旁通。书画家可以从剑的飞舞或鹅掌的拨动之中得到一种特殊的筋肉感觉来助笔力，可以得到一种特殊的胸襟来增进书画的神韵和气势。推广一点说，凡是艺术家都不宜只在本行小范围之内用功夫，须处处留心玩索，才有深厚的修养。鱼跃鸢飞，风起水涌，以至于一尘之微，当其接触感官时我们虽常不自觉其在心灵中可生若何影响，但是到挥毫运斤时，他们都会涌到手腕上来，在无形中驱遣它，左右它。在作品的外表上我们虽不必看出这些意象的痕迹，但是一笔一画之中都潜寓它们的神韵和气魄。这样意象的蕴蓄便是灵感的培养。它们在潜意识中好比桑叶到了蚕腹，经过一番咀嚼组织而成丝，丝虽然已不是桑叶而却是从桑叶变来的。

选自《谈美》

论小品文（一封公开信）

——给《天地人》编辑徐先生

徐先生：

承你两次赐信，嘱为《天地人》写一点稿子，想来想去，找不到一个合式的题目。我近来因为讲一门关于艺术和诗的理论的功课，研究一些陈腐干燥的问题，动笔一写，就是经院气十足的长篇大论。这种文章理应和一般油印的讲义享受同样的命运，我虽然敢拿它来献丑，恐怕读者也还是以看油印讲义的心情对待它。这种心情你知道也许比我更清楚，用不着说。我常觉得文章只有三种，最上乘的是自言自语，其次是向一个人说话，再其次是向许多人说话。第一种包含诗和大部分文学，它自然也有听众，但是作者用意第一是要发泄自己心中所不能发泄的，这就是劳伦斯所说的"为我自己而艺术"。这一类的文章永远是真诚朴素的。第二种包含书信和对话，这是向知心的朋友说的话，你知道我，我知道你，用不着客气，也用不着装腔作势，像法文中一个成语所说的"在咱们俩中间"（entre nous）。这一类的文章的好处是家常而亲切。第三种包含一切公文讲义宣言以至于《治安策》、《贾谊论》之类，作者的用意第一是劝服别人，甚至于在别人面前卖弄自己。他原来要向一切人说话，结果是向虚空说话，没有一个听者觉得话是向他自己说的。这一类的文章有时虽然也有它的实用，但是很难使人得到心灵默契的乐趣。这三种文章之中，第一种我爱读而不能写，第三种我因为要编讲义，几乎每天都在写，但是我心里实在是厌恶它，第二种是唯一的使我感觉到写作乐趣的文章。我的最得意的文章是情书，其次就是写给朋友说心里话的家常信。在这些书信里面，我心里怎样想，手里便怎样写，吐肚子直书，不怕第三人听见，不计较收信人说我写得好，或是骂我写得坏，因为我知道他，他知道我，这对于我是最痛快的事。

徐先生，我说了这一番话，只是要向你告罪，我没有替你写篇文章，只写这封信给你来代替。上面的帽子太长了，反正我在写信，一写就写出许多废话，你如果嫌啰嗦，也是你自惹的。我和你似乎还没有见过面，但是你既写信给我，我既写信给你，我就要向你要求通信人所应有的相互的亲密和自由，容许我直说！容许我乱说！信既写给你，就是你的所有品，前面虽注明"公开"字样，你公开与否，那也完全是你的事。

你主编的《天地人》还没有出世，我不知道它的性质如何。你允许我们把它弄得比《人间世》较少年，这叫我想起《人间世》以及和《人间世》一模一样的《宇宙风》。你和这两个刊物的关系似乎都很深。《天地人》虽然比它们"较少年"，是否也还是它们的姐妹？《人间世》和《宇宙风》里面有许多我爱读的文章，但是我觉得它们已算是尽了它们的使命了，如果再添上一个和它们同性质的刊物，恐怕成功也只是锦上添花，坏就不免画蛇添足了。

《人间世》和《宇宙风》所提倡的是小品文，尤其是明末的小品文。别人的印象我不知道，问我自己的良心，说句老实话，我对于许多聪明人大吹大擂所护送出来的小品文实在看腻了。我在《人间世》里也忝在特约撰述人之列，它和《宇宙风》的执笔者大半是我敬仰的朋友们，如果我对于他们表示不满，徐先生，你知道，我决不是一个恶意的批评者；我们要知道怎样爱护一个朋友，使他在脑子里常留一个好印象，我们也要知道怎样爱护一样爱吃的菜或爱玩的东西，别让我们觉得它腻，因而生反感。我的老妈子看见我欢喜吃菠菜，天天给菠菜我吃，结果使我一见到菠菜就生厌。《人间世》和《宇宙风》已经把小品文的趣味加以普遍化了，让我们歇歇口胃吧。

我从前颇爱看康南海的字，后来看到许多人模仿康南海写的字，皮貌未尝不像，但是总觉得它有些俗滥，因此我现在对于康南海字的情感也淡薄了许多。我对于晚明小品文也有同样的感觉，它自身本很新鲜，经许多人一模仿，就成为一种滥调了。我始终相信在艺术方面，一个人有一个人的独到，如果自己没有独到，专去模仿别人的一种独到的风格，这在学童时代做练习，固无不可，如果把它当作一种正经事业做，则似乎大可不必。中国人讲艺术的通病向来是在创造假古董。扬雄生在汉朝，偏要学周朝人说话，韩愈生在唐朝，偏要学汉朝人说话，归有光生在明朝，方苞生在清朝，偏都要学汉唐人说话。"古文"为世诟病，就因为它是假古董，我们生在二十世纪，硬要大吹大擂地捧晚明小品文，不是和归有光，方苞之流讲"古文"的人们同是闹制造假古董的把戏吗？归方派古文家和现在晚明小品文的信徒都极力向"雅"字方面做，他们所做到的只是"雅得俗不可耐"。要雅须是生来就雅，学雅总是不脱俗。嵇康谈忍小便的话不失其为雅，因为它是至性流露的话；一般吟风弄月的话学雅而落俗套，因为它是无个性的浮腔滥调。西施有心病捧心而矉，自是一种美风姿；东施无心病而捧心效矉，适足见其丑拙。制造假古董，无论它所称的时代是汉唐或是晚明，都不免使人生捧心效矉之感。

我并不敢菲薄晚明小品文，但是平心而论，我实在不觉得它有什么特别胜过别朝的小品文的地方，我觉得《檀弓》、《韩诗外传》、《史记》的列传，《世说新语》以及汉魏丛书里面许多作品也各别有风趣，我尤其不相信袁中郎的杂记比得上柳子厚，书信比得上苏东坡。我并不反对少数人特别嗜好晚明小品文，这是他们的自由，但是我反对这少数人把个人的特殊趣味加以鼓吹宣传，使它成为弥漫一世的风气。无论是个人的性格或是全民族的文化，最健全的理想是多方面的自由的发展。晚明式的小品文聊备一格未尝不可，但是如果以为"文章正轨"在此，恐怕要误尽天下苍生。专拿一个时代的风格做艺术的最高理想，这在中国也是自古有之。李梦阳，何景明之流拼命学唐诗，清末江西派诗人拼命学宋诗，他们的成绩何如呢？

"小品文"向来没有定义，有人说它相当于西方的 essay。这个字的原义是"尝试"，或许较恰当的译名是"试笔"，凡是一时兴到，偶书所见的文字都可以叫做"试笔"。这一类文字在西方有时是发挥思想，有时是抒写情趣，也有时是叙述故事。中文的"小品文"似乎义涵较广。凡是篇幅较短，性质不甚严重，起于一时兴会的文字似乎都属于小品文，所以书信游记书序语录以至于杂感都包含在内。如果照这样看，中国书属于"集"部的散文可以说大部分都是小品文。从汉朝以后，中国文人大部分都在这种小品文上面做工夫。现在一般人特别推尊小品文，也可以说是沿袭中国数千年来的一种旧风尚。这种旧风尚实在暴露中国文学的一个大缺点，就是缺乏伟大艺术所应有的"坚持的努力"。我并非说作品的价值大小完全可以篇幅长短为准。但是拿中国文学和欧洲文学相较，相差最远的是大部头的著作，这是无可讳言的。写一部《红楼梦》比写一篇《杜秋娘传》，写一部《西厢记》比写一篇《会真记》，都需要较大的"坚持的努力"，这也是大家所公认的事实。中国文人没有多创造类似《红楼梦》《西厢记》之类的长篇大作，原因固然很多，我以为其中之一就是太看重小品文。他们的精力大部分在小品文中消磨去了，所以不能作较大的企图。现在我们的新兴文艺刚展开翅膀作高飞远举的准备，我们又回到旧风尚去推尊小品文，在区区看来，窃期期以为不可。

现在一般文人偏向小品文，小品文又偏向"幽默"一条路走。小品文本身不是一件坏事，幽默本身也不是一件坏事。但是我相信幽默要有一个分寸，把这个分寸辨别恰到好处，却是一件极难的事。说高一点，陶潜和杜甫有他们的幽默，说低一点，平津说相声的焦德海和他们的同行也有他们的幽默。现在一般小品文的幽默究竟近于哪一个极端呢？滥调的小品文和低级的幽默合在一起，你想世间有比这更坏的东西么？极上品的幽默和最"高度的严肃"往往携手并行，要想一个伟大的文学产生，我们必须有"高度的严肃"，我们的小品文的幽默是否伴有这种"高度的严肃"呢？我理想中的中国文学刊物是和英国的 London Mercury 与 criterion 及法国 Nouvelle Revue Francaise 相类似的，但是我所见到的中国文学刊物每使我联想到 Punch 和 John O'London 之类的杂志。徐先生，如果你明白我心里的怅惘和忧虑，你也许能原谅我向你叨叨不休地表白一种愚拙的希望吧？

徐先生，你是一个文学刊物的编辑者，你知道，在现代中国，一个有势力的文学刊物比一个大学的影响还要更广大，更深长。这是否是一个好现象，我不敢断定。我所敢断定的你们编辑者实在负有一种极重大的责任。你们的听众，在这文盲遍地的中国，也往往有几十万人之多，你们是青年所敬仰的先进作者，你们的笔杆略一摇动，就有许多人跟着你们想，读你们所爱读的书，做你们所爱做的文章，你们是开导风气者。但是，徐先生，在一个无判别抉择力的群众中开导风气，有它的功劳，也有它的危险。你们高唱小品文，别人就会忘记小品文以外还有较重大的文学事业；你们高唱晚明小品文，别人就会忘记晚明以外的小品文也还值得一读。自然，小品文也是文学中的一格，晚明小品文也是小品文中的一格，都有存在的价值，你们欢喜它，是你们的自由，但是如果把它鼓吹成为风气，这就怕不免有我所忧惧的危险了。"始作俑者，其无后乎！"徐先生，这是多么可怕的一个警告！

北平仍在罢课期中，闲时气闷得很，我到东安市场书摊上闲逛，看见"八折九扣"的书中《袁中郎全集》和《秋水轩尺牍》、《鸿雪因缘》之类的书籍摆在一块，招邀许多青年男女的好奇的视线。你们编辑的刊物和"晚明小品"之类的书籍也就在隔壁，虽然是封面装潢比较来得精致一些。我回头听到未来大难中的神号鬼哭，猛然深深地觉到我们的文学和我们的时代环境间的离奇的隔阂，徐先生，你允许我们使《天地人》比较少年，你知道我多么热烈地希望你能实践这个允许啊！

光潜

1936 年 1 月 7 日深夜

欧洲书牍示例

在另外一篇文章里我已谈过中国书牍（见文学杂志三卷一期），原想再写一篇谈西方书牍以资参较，但是把材料搜集起来，真有"一部二十四史从何说起"之感。从罗马时代一直到现在，西方作者以书牍著名的多得简直不可胜数，而且西方人一向看重书牍这个艺术，凡是值得读的信札大半都印行出来了，一个人可以有几厚册之多。这究竟如何谈呢？谈中国书牍，我们不必处处征引原文，读者可以自己依着所谈到的去翻阅原著，至于西方书牍还没有一部好的选译本，读者对于它们是陌生的，只是一些人名书名决不能引起兴趣。但是谈到书牍，西方的又不能置之不谈，它们有许多优点是中国书牍所没有的。中国书牍，像我们已经谈过的，不是取法于六朝骈俪，就是取法于唐宋古文，如踩高跷行路，如拉腔调说话，都难免有几分做作；西方书牍就不然，它们自古就奠定了一种家常亲切的风格，有如好友对面谈天，什么话都可以说，所谓"称心而言"，言无不尽。我们读这种书牍，不但对于所说的事情一目了然，而且对于作者的性格和写信时的兴致都有一个活跃的印象。书牍的功用本来是代替面谈，必须有这种家常亲切的风味才能引人入胜。我们如果多读一些西方杰作，或许可以矫正中国书牍已往那种板面孔拉腔调的习气。所以这题目虽是难谈，却仍不能不谈。既不能原原本本地谈，我想最简便的办法是选择三两篇代表的书牍，就它们略加释评。这虽是以一斑窥全豹，究竟还比凭空立论较能给读者一个具体的印象。我选的三篇是西塞罗写给庇塔斯的，塞维尼夫人写给她的女儿的，和济慈写给赫塞的。第一篇代表纪元前一世纪的罗马，第二篇代表十七世纪的法国，第三篇代表十九世纪的英国。时代、国籍、性别以及信的内容都各个不同。为了篇幅限制，长信无法采入。本文的用意只在让读者知道一点西方书牍的风味，因而引起多阅读这类作品的兴趣。

一　西塞罗给庇塔斯的信

据圣茨伯里（Saintsbury）的看法，欧洲书牍达到文艺的地位是从罗马时代起。罗马人特重演说修辞，因为在他们的民主政体中，这是获取政权的敲门砖。尤其是在纪元前一世纪左右，罗马在鼎盛时代，文艺的发达登峰造极，书牍的素质也因之提高。当时书牍圣手有两人，一是西塞罗（Cicero），一是普林尼（Pliny），就中西塞罗尤其是首屈一指。西塞罗凭他演说的才能一跃而为罗马三执政之一，周旋于凯撒与庞培之间，在当时算是一位风云人物。他最为世人所推重的当然是他的演说词和哲学对话，但是他的信札现存的还有八百封之多，在他的作品中也占很重要的地位。现在姑译他写给庇塔斯（Papirius Paetus）的一封为例：

你的信给我双重的欣慰：它不仅叫我顶开心，而且也证明贵恙已康复，才能像你向来那样高兴热闹。你拿我来开玩笑，我倒不怪，本来我屡次向你挑衅，理应惹起你这一次的严酷的讥嘲。我只抱歉我为事所阻，不能如原来所打算的来登门造访，来做尊府的一分子，不仅做一个客，我若是真来了，你会看出我和从前大不相同了，那时候你老是拿败味的点心来塞我。现在我却谨慎地留肚子赴筵席，顶豪气地冲过来到面前的每一盘菜，从打前锋的鸡蛋一直到殿军的烤牛肉。你从前所夸奖的那位节约的不耗费的客人现在已过去了。我对爱国志士的一切忧虑都完全告别，并且和我的过去主张的仇敌合伙了：总之，我已经变成一个十足的享乐派哲学家了。可是你却不要以为我赞成近代宴享的流行风气，只图无抉择的丰盛，我们赏识的是较秀雅的奢豪，像从前你在经济状况较好时所常摆出的，不过当时你的田产也并不比现在多。所以请你准备着依这种情形来款待我，请记起你所款待的那一位不仅有顶大的食量，而且对于"食不厌精"的道理，让我告诉你，也很懂得一点，你明白，凡是晚来才动手研究任何一种艺术的人通常都带有一种特别的自足的神气。所以你不会觉得奇怪，如果我告诉你须把你的那些饼子和甜食扔掉，那些东西在一切时髦的菜单里现在已经完全不适用了。我对于吃的学问确实已很内行，所以常敢请你的那批讲究精致的朋友像 V 和 C 那样雅人来吃饭。还不仅此，我还更大胆，我请过霍提斯（注：当时著名的讲究吃的人）本人来吃晚饭，不过我得承认，我还不曾前进到请他吃孔雀。说句老实话，我的老实的厨夫还没有本领能仿制他的那种盛馔，只能仿制他的烟薰汤。

关于我的生活情状，我可以约略奉告。在早晨头一部分时间我会晤来问候的客人，其中有垂头丧气的爱国志士，也有欢天喜地的胜利者，后一批人待我尤其敬礼有加。这套礼节完了，我就退到我的书房，看书或是写作。这里我往往被一群听众包围着，他们把我看成一位顶有学问的人，也许只是因为我还不像他们自己那样愚昧。此外的时间我都花在与学问无大关系的事情上。我对我的不幸的国家已忧愁够了，我为着国家的苦难太息流涕，还胜过慈母哭独子的夭亡。

因为你想防备你所储藏的酒肴落到我的手里，我请你加意珍卫。我丝毫不客气地抱定了决心，不让你托病拒绝我"揩你的油"。祝你安好。

这是一封敲朋友竹杠要他请客的信。我们要记起西塞罗已经当过罗马执政，文学声誉满天下，而且是年近老迈的人，看他的那副诙谐口吻简直像一个血气方刚的热心于酒食游戏相征逐的少年。罗马人讲究生活安逸的风气，友朋宴享的情形，以及西塞罗自己的性格，他的自足和自恃，他对于文艺的勤勉以及他对于政治的灰心，在这封短简里都表现得很明显。最难得的是他不扮面孔，不摆架子，不打官话，自己站在一个平常人的地位，把对方也当作一个平常人，和他不拘形迹地谈家常话，读之如闻其语，如见其人。西塞罗的时代是纪元前一世纪，约当于中国西汉武昭时代。我们把西汉书牍和他的书牍相较，他的就"近代的"多，第一是他的话不那样简约，其次是他的口吻不那样古板正经。他比较富于"人气"，也比较富于现实性。我们觉得他不是另一个圈子中人，和我们平常人比较接近。他替欧洲书牍奠定了亲切家常的正轨，一直到现在，欧洲书牍作者从来没有抛弃这个正轨，走到类似中国骈俪或古文的那种弯曲的途径。

二　塞维尼夫人给她的女儿的信

如果一国书牍只推出一个选手，在任何国家这都不易办到，可是在法国推出塞维尼夫人（Madame De Sevigne）大概不会引起异议。她没有旁的著作，她写过四十多年的信，而这些信在法国书牍中是一座最高的纪念坊，有许多条件使她成为书牍圣手：她生在路易十四时代，那是文学风气最盛的时代；她生在贵族，受过很理想的教育，会写文章，也熟悉她所写的材料——当时朝廷中的轶闻；写信代替面谈，擅长谈话的人往往也擅长书牍，十七八世纪欧洲人最讲究谈话的艺术，尤其是"沙龙"中的贵妇；塞维尼夫人有一个最宠爱的女儿嫁到法国一个偏僻的城市，当时报章未发达，她须天天把巴黎的新闻传给爱女。有了这些因缘她于是在高乃依、拉辛、莫里哀诸人所照耀的文坛分得一席，现在就她给女儿的信中摘译一封最为人所熟知的：

女儿，许多年以前的今天，有一个人来到这世间，注定了要爱你甚于爱一切，请你不用左猜想，右猜想，那人就是我自己（注：这封信是1674年2月5日写的，正逢塞维尼夫人的生辰）。过去三年，我受尽生平最大的痛苦：你离开我到普罗温斯，现在你还留在那里。如果我要历陈别来一切的苦楚，我的信就会很长……今天我提笔给你写信，比平日稍早一点。Ｃ先生和Ｍ小姐在这里，我请他们吃了饭，我要去听摩利的一部小歌剧……

冉恩的主教昨天由圣觉曼地方回来，走得顶快，简直像一阵旋风，他自以为是一个了不起的大人物，他的随从们更以为他是这样。他们通过浪特尔（注：巴黎赛因河区），鞳拉，鞳拉，鞳拉！他们碰着一个人骑着马，卡达，卡达（注：鞳拉状车轮声，卡达状马蹄声）！这位可怜的家伙想让路，可是他的马不肯；结果车子和六匹马把那单人单马撞倒，就走人马身上滚过，人马正在车下，弄得那车子翻来覆去，在这时候那单人单马不想拿被碾断肢体来开心，奇巧得很，爬了起来，人骑上马，一溜烟似地尽往前跑，主教的仆人和车夫，连主教自己，都大声号喊：“站住，让这王八蛋站住，打他一百鞭！”主教谈起这件事，还说：“若是我抓住这个坏东西，我一定砍断他的胳膊，割去他的耳朵”……

以后是一些普通问讯的话。这封信比西塞罗的信在家常亲切上又进了一步。西塞罗还有意做文章，把许多话故意说得俏皮；塞维尼夫人写就恰如谈话，像一个多话的老太婆，只要是她觉得有趣的，无论大事小事，都拉杂地扯在一起，说得唠叨不休。可是她也是一个有训练的谈话家，尽管无意做文章，而文章仍是写得干净而生动。看她叙述主教车撞翻人马那一段，用很简单的几句话把一幕喜剧以及剧中人物写得多么活灵活现！同时她对于主教的讽刺既委婉而又尖锐，我们可以想象到她的微笑，她的活泼伶俐的贵妇的面孔，以及那副面孔所表现的心灵。通常人写信如罗文，总是苦于无话可说；真正会写信的人会发现到处都是可说的话，俯拾即是——甚至不值得说的话他们也会说得津津有味。塞维尼夫人的信就是如此。女人的感觉通常都比较细腻，女人的话通常也比较唠叨琐碎，这种特点最宜于家常亲切的书牍，所以西方有许多有名的书牍家都是女人。

三　济慈给赫塞的信

依一般见解，英国书牍的鼎盛时代是十八世纪，一则因为那是英国散文的黄金时代，一则因为当时谈话与写信都是很流行的消遣，作家对此都很讲究。有名的书牍家如蒙特遭夫人、蒲伯、斯威夫特、格雷、华尔浦尔、柯珀诸人的作品都是一般人所爱读的。我们在这里不在十八世纪选代表，因为当时英国书牍像一般文学一样，受法国的影响很深，他们的特点与优点在塞维尼夫人所代表的那种风格中都已经见出，那就是轻便活跃，偏重浮面的人事的描写与叙述。我们想说明欧洲书牍的一个较新的方向，就是主观的、内省的、沉思的那个方向（在近代小说、诗、日记乃至于戏剧各种体裁中都有这种倾向），所以选择诗人济慈（Keats）给赫塞的一封。济慈的长诗《月神曲》出版以后，大受守旧派批评家攻击，有人公布两信替他辩护，他的好友赫塞（Hessey）把这些信寄给他看，他回了这封信：

　　我对替辩护的那些先生们不能不感激，此外咧，我对自己的短长得失已开始有一点认识。——若是一个人对于美有不分彼此的爱好，使他对于他自己的作品成为严厉的批评者，世间毁誉对于他就只能如过眼云烟。我的自我批评所给我的苦痛是远非《黑树》和《季刊》（注：攻击济慈的两个杂志）的攻击所能比拟的。——也就为着这个缘故，我如果觉得自己对，旁人赞赏也不能给我像我私自欣赏真正好的东西时所感到的那种快慰，某君关于不修边幅的《月神曲》的话全是对的。它是如此，却不是我的过错。不是！这话听起来虽然有一点离奇。我的能力只能做到那样好——单凭我自己来做。如果我勉强求它完美，因而请人指教，战战兢兢地写每一页，它就不会写成；因为暗中摸路并不是我的本性——我要独立自主地写作。以往我独立自主地无审辨地写作，此后我可能独立自主地有审辨地写作。诗的精灵必须在一个人身上找到它自己的解救。它所借以成熟的不是法律和教条，而是感觉和醒觉本身。——是创造的东西就须创造它本身。在《月神曲》里我抱头直跳进大海，因此我摸熟了其中的深浅、流沙和礁石；如果我停留在青葱的海岸上，吹一支空洞的笛子，喝茶，采纳舒适的忠告，我就不能摸熟这些，我从来不怕失败：我宁愿失败，不愿不侧身于最伟大的作者之林。但是我一说话近于说大话了，罢了，请致意 T 与 W 诸君。

拜伦曾经散播了一种谣言，说济慈是被批评家们气死的。读了这封信，我们就知道那些是谣言，也就知道济慈是怎样坦白、镇定、谨严、冥心孤往，只知效忠于诗而不顾忌世人的毁誉。他要冒险深入，宁愿失败而不愿做些看来没有毛病而实肤浅轻巧的作品来博好评。在这短短的一封信里我们可以看出他的心的光与力以及他的独立不倚的诗艺主张。他不作态——有意谦虚或是有意骄傲——他只坦率地恰如其分地说明他的见地，同时也显出他的心境，而那心境是与杜甫写"文章千古事，得失寸心知"两句时的心境略相仿佛。济慈对于诗下过极刻苦的工夫，他在这里是以过来人的资格自道甘苦，所以看来虽是冷淡，却仍极亲切。拿这种语言来比较中国许多谈诗文的书牍，我们就会觉得那些皇皇大文常不免有"门面语"。

以上寥寥三例在欧洲书牍中只是太仓一粟，但是欧洲书牍的风味于此可略见一斑。它们的特色，像我们已经一再指出的，是家常亲切，平易近人。这特色的成因大抵有两种：第一是欧洲文与语的界限不像在中国那样清楚，写的和说的比较接近，所以自然流露的意味比较多；其次是欧洲人的性格比中国人较直率坦白，没有那么重的"头巾气"，有话就说，说就说一个畅快，不那么吞吞吐吐，装模作样的。这种作品对于史学家往往是很可宝贵的文献。它们的性质与日记最相近，不仅是对于爱好文艺者是一种富于兴趣的读品，对于心理学家也是了解个性所必依据的资料；像日记一样，它们的形式常为小说家所利用。欧洲有几部极著名的小说都是用书信体裁写成的，卢梭的《新爱洛绮丝》、理查逊的《克拉丽莎》（*Clarisa Har-lowe*），以及歌德的《少年维特之烦恼》都是著例。

不过欧洲书牍的黄金时代似已过去。这有几种原因：近代生活忙迫，没有那么多的闲暇谈不关重要的话；报章发达，许多新闻用不着借私信传递；邮电工具进步，近地方可以通电话，远地方可以打电报，写信的必要就去了一多半，而且近代人面前都有一座打字机，对着打字机写信总不免有几分"公事"意味，信笔直书的那种情调和气氛那就荡然无余了，这当然也叫书信减色不少，在近代文明中许多人情味道深厚的东西都逐渐衰谢或冲淡，书牍即其一端。

载 1948 年 6 月 14 日《天津民国日报》